著

野田尚吾

買い手と売り手の攻防の「変化」を察知し、
トレンドの「先行期」をいち早くキャッチする

天から底まで根こそぎ狙う

トレンドライン
ゾーン
分析

初心者の「総和」を
抗える勝負思考

Pan Rolling

はじめに

「相場の世界に答えはない」

　今、トレードをしている人のうち、この言葉を一度でも聞いたことがある方は多いかもしれません。私も相場に長い時間取り組んできたなかで「その通りだな」と感じることが多いです。

　例えば、どれほど正しく見えることをしていてもうまくいかないときはありますし、「なぜ、このトレードでうまくいったのか」がわからなくても勝ってしまうときもあります。

　最終的には、「確率論、結果論になる部分は少なからずある世界だ」と、我々は常に理解していないといけません。

　しかし、「完璧な答えがない」とは言うものの、まったく何もわからない状態でトレードするのと、自分がわかる範囲、コントロールできる範囲などを知ったうえでトレードするのとでは大きな差が出てくるのも確かです。

　このように何が正しいのかが誰にもわからない中でトレードしていくため、自分の中で何を考えの根幹として、何を根拠にしてトレードしていくのかが理解できたうえで体現できていないと、ただ霧の中を走っているのと変わらない状態でトレードしてしまうことになります。

　では、我々はどこまでの範囲を理解しておく必要があり、何をコントロールできて、何をコントロールできないのでしょうか？

　ここを最低限でも明確にしてトレードに取り組んでいく必要がありますよね。

本文中に何度も定義化、言語化についての記載があります。理解しているというのは自分で定義化、言語化できるレベルのことを指すと、私は考えています。

◎どこまでのことを最低限は知っている必要があるのか
◎なぜ知っていないといけないのか
◎それをどのように活用するのか

　こういう部分を定義化して、自分で言語化できてはじめて最低限は理解しているレベルと言えます。
　それだけではありません。言語化したことを体現できるようにしていくいう落とし込みの作業がトレードの世界では確実に求められます。
　どんなに知識が豊富だったとしても、トレードで体現、表現できていないのであれば、それはまったく理解できていない、体得できていないのと同じです。
　それよりも「1」を知った後に、その「1」を深掘りしながら次の「1」を加え、知識を知恵や技術に昇華させていけたとき、はじめて実践で体現できるものになってくると考えます。
　どの世界でも共通したことだとは思いますが、まずはひとつのことに集中して、それを深掘りしていくというのはトレードの世界でも同じことなのです。

■ベースはライン分析

　本書では「ライン分析」を元にしたトレードの考え方をお伝えしていきます。
　ライン分析とは、「チャートに水平線や斜めの線を引いていく分析」

を指します。線（ライン）をチャート上に視覚化して相場の状況を把握する、エントリーや損切り、利確のタイミングを計るという使い方をします。

「チャートにラインを引いていく」と言っても、やみくもに引くわけではありません。ラインを引く目的がわかっていて、かつ、意図してラインを引いていかないとトレードでは使い物になりません。

また、ラインを引く以前に「そもそもどのように引くのか」という部分も問われます。これには「ダウ理論」の理解が必須になってきます（ダウ理論については本文中でも説明があります）。

ライン分析が毛嫌いされているいうような話を、昔、どこかで聞いたことがあります。その理由も、おそらくは「そもそも事前の理解度がある程度ないとラインの引きようがない」というところにあるのかもしれません（現代人はすぐに結果が欲しくて、長い時間をかけて成功したいとは、基本、思わない傾向にあるので）。

ライン分析は、上記の通り、ダウ理論を始めとしてそもそもの前提となる理解力が備わっていないと、ラインをただ何となく引いて、何となくトレードに使ってみる、という事態に陥ってしまいます。

しかし、訓練を積んで、自分で意図してラインを引けるようになりますと、値動きの範疇をイメージできるようになります。当然、エントリーや損切り、利確の判断についても再現性を持って行うことができます。

トレードは値動きの予想をするゲームではありません。でも、他のテクニカル分析では捉えきれない動きも捉えられるようになってくるという点は、やはりライン分析の大きなアドバンテージではあります。

■ラインから一歩進んで、ゾーンという概念を採り入れる

　私が活用するライン分析は、１本のラインで判断するのではなく、**ゾーンの概念**を採り入れています。

　ホリゾンタルラインをゾーンにする方法は結構知られているかと思いますが、トレンドラインをゾーンにする分析の視点はまだあまり一般的ではないかもしれません。

　ホリゾンタルラインもトレンドラインも、広義では同じラインなので、ゾーンの概念も活きてきます。

　ゾーンについて、詳しくは本書で説明していきますが、簡単にゾーンの概念の説明だけしておきます。

　まず、２本のライン間をゾーンとみなし、そのゾーンをサポートゾーン、レジスタンスゾーンというように捉える形になります。

　「なぜ、ゾーンにして分析する意味があるのか」についても軽く触れておきます（ゾーンが成り立つ理由、仮説などについては本文で説明）。

　先に結論から言いますと、**大多数の市場参加者の意見をピンポイントで捉えるのは不可能に近い**、という点が挙げられます。

　マーケットには大口少数派の機関投資家や小口大多数派の一般トレーダー、実業で必要があるから為替取引をする製造会社など、多くの種類の市場参加者がいます。

　そのため、多数存在している取引目的も違う参加者たちの思惑をピンポイントで「こうだ」と判断するのは現実的ではありません。

　そこで、登場するのがゾーンです。ゾーンにして分析する視点があると、**各参加者の思惑、行動の軌跡をピンポイントで捉えるのではな**

く、均_{なら}した状態にして全体の総和を捉えることができます（移動平均線も似た概念の分析です）。

「全体の総和を捉える」とは、市場参加者の意見の平均を取っているということでもあります（ピンポイントの点としての意識ではなく、全体の総和を面の意識で捉えていく視点）。

全体の総和を捉えておけば、大まかにでも「どのあたりが意識されている価格帯なのか」が把握しやすくなりますし、「今のトレンド方向は上昇と下落のどちらがより強く意識されているのか」などもわかりやすくなります。

細かい話をしますと、ゾーンの概念やゾーンが成り立つ仮説などもまだまだ話すべきことが多々ありますが、いったん上記のように「意見を均すという発想で成り立っている」と理解いただければ今は大丈夫です。詳しくは本文の中で説明していきます。

■「際（先行期）」を狙うトレード

ライン分析に取り組むうえで、最初に陥りがちな部分で注意していきたいことなのですが、ライン分析である程度値動きの範疇が捉えられるからと言っても何でもかんでも値動きを捉えればよい、というわけでもありません。

自分が捉えたい動き、狙っている動きは何なのか、トレンドのどの局面から入ってどの局面で出口とするのかなど、自分がやりたいトレードを理解して繰り返していくことのほうが重要です。

なぜなら、我々は値動きを利用してトレードすることが目的であって、値動きの予想を当てることが目的ではないからです。

本書でメインにお伝えする、トレンドラインゾーンという概念を使

ったライン分析の目的は「トレンドの先行期」を捉えることにありま
す。むしろ、先行期に絞ります。

　他にもライン分析で捉えられるトレンドの局面はありますし、実践
的な活用の仕方はさまざまですが、前述でも述べた通り、まずはひと
つのことに集中して練習したほうが上達は早くなると考えるからで
す。

　もちろん、平行して他の練習をしても相互作用で上達することもあ
ります。ただ、それはある程度の熟練度が備わった段階でようやくで
きることです。最初のうちはひとつのことに絞ったほうがよいと思い
ます。

　焦らず、ひとつのことを実際にトレードで再現できるようになって
きてから、次のことを考えて練習していきましょう。

本書の特長（主な内容）について

1）「際」から「際」までを狙う

　「頭と尻尾はくれてやれ」という、有名な相場の格言があります。これは、相場の天底の値動きを魚に見立てて、「底値（尻尾）で買って天井（頭）で売ることを狙うと失敗しがちだから、天から少し下がったこと、底から少し上がったことを確認してから仕掛けましょう」というようなニュアンスの教えです。確かに、魚の一番おいしい部分は頭でも尻尾でもなく「身」の部分ですから、そこを狙うというのは理に適っている話です。

　でも、可能であれば、頭から尻尾まで狙いたいのがトレーダー心理でしょう。そのトレーダーの思いを実現すべく、できるかぎり"頭（際）から尻尾（際）まで狙っていこう"というトレードが、本書で紹介する内容です。

　もちろん、天井や底をピタリと狙うことは難しいですが、できるだけ天井や底に近いところをターゲットにすることは、やり方によっては可能です。そして、できるだけ天井や底に近い場所を本書では「際」と呼んでいます。

　際を狙うことの意義は、以下の2つにあります。

◎大きな利益を狙える
◎撤退場所が明確

　前者は言うまでもありません。際（頭）から際（尻尾）まで狙っている以上、それが実現できれば大きな利益になります。ただ、利確は「未来」の話になるので、結果論的な要素も含まれます。

むしろ大事なのは後者の考えです。「際」を狙って勝負している以上、もしもそれが否定された場合は「即撤退」ということがわかります。

これが、もしも中途半端なところで仕掛けていると、一時的に思惑と逆行しても「そのうち戻ってくるのではないか」という気持ちが芽生えてきて、撤退しにくくなります。

トレードでは大きく稼ぐことも大事ですが、それ以上に、資産を守ることも大切です。**資産を守りながら、大きな利益を狙っていく**という「際」の考え方は、トレーダーならば、身につけておくべきものだと思います。

2）ゾーンという概念

「際」を捉えるために使う考えが「ゾーン」です。具体的には「ホリゾンタルラインゾーン」と「トレンドラインゾーン」です。

例えば、上昇トレンドラインだとしたら、ある安値とある安値を1本の線（ライン）で結んで作ります。多くのトレーダーにも重宝されているように、それ自体はとても有効なツールですが、やはり1本の線だけで参加者の思惑や行動の軌跡を捉えるのは無理があります。

仮に、「行動の軌跡」を視覚化したいと考え、ある安値とある安値を線で結んだとしても（＝トレンドラインを引いても）、最終的に表示されるものは人それぞれになります。なぜなら、トレンドラインとひとくちに言っても、以下のように、4つのパターンに分かれるからです。

◎ヒゲとヒゲを結ぶライン　　◎ヒゲと実体を結ぶライン
◎実体とヒゲを結ぶライン　　◎実体と実体を結ぶライン

どのラインを選択するのかによって、今の戦場（買いと売りの攻防）の見方も違ってきます。

そこで、「総和」を取るという意味で「ゾーン」という考え方を採り入れています（詳しくは本文にて）。

ゾーンは、予測というよりも、現状把握に使います。単純に、ゾーンの上側をローソク足が推移しているときは「買い」、ゾーンの下側をローソク足が推移しているときは「売り」で、ゾーンをブレイク＆リターンしてきたら「意識」が変わるという判断をしていきます。この意識の変化する「ブレイク＆リターン」で仕掛けて、じっくり利益を膨らませていきます（詳しくは、本文で紹介）。

3）日足ベースのスイングトレード

本書では、日足ベースのスイングトレードを推奨しています。その理由は、以下の通りです。

◎「際」から「際」という大きな流れを狙っている
◎長い時間軸の「際」のほうが機能しやすい

短期トレードで細かく利益を積み重ねていくという方法もありますが、短期トレードの主戦場となる短い時間枠の「際」は、残念ながら「簡単に突破されやすい」という性質も持っています。

短期トレードというと、チャンスがたくさんあるように思われがちですが、裏を返せば、リスクもたくさんあるということになります。したがって、トレード歴も長く、酸いも甘いも経験した熟練者以外には、お勧めしにくいやり方です。

一方、長い時間軸の「際」は、それだけ長い間、「際」として機能してきただけあって、市場の注目度も高いです。多くのトレーダーが

意識するところなので、簡単に突破される怖れは低くなります（※もちろん、突破される可能性はゼロではありません。確率の問題です。ただ、突破されにくいからこそ、突破されたときには大きな意味を持ちます）。

　このように、できるだけ大きな「際」を捉えたいという理由で、先述した通り、日足のスイングトレードをお勧めしています。

　なお、「際」を狙ったトレードは、ダウ理論をベースにしています。本書の中では、大ダウ、中ダウ、小ダウという表現が出てきます（詳しくは本文にて）。特に、突破されにくい大ダウの「際」から「際」までという大きな流れを重視しています。

4）株式投資にも、FX にも、暗号資産にも使える

　本書の中では、説明の都合上、FX の例を多用していますが、ゾーンを意識しながら「際」を捉えるという考え方自体は、株式市場にも、暗号資産にも使えます。全市場型です。

●

　以上が、本書で紹介しているトレード法の主な特長です。頭から尻尾まで、「資産を守りながら、大きな利益を狙っていく」という部分は、数ある投資法の中でもあまり見ない、独特なところだと思います。リスク・リワードの観点から見ても、ひとつの技術としてマスターしておいて損はないでしょう。

パンローリング編集部

C O N T E N T S

第1章　トレードの基礎

第2章　ライン分析の基礎編

第3章　トレンドラインゾーンについて

第4章 「際(先行期)」を狙ったトレードの入口と出口の考え方

第5章　各要素の練習

第6章　トレードと我々の脳

第1章

トレードの基礎

～第1節～
本書で扱うのは、 ライン分析ベースのスイングトレード

1) 短期トレードでは「再現性」を求めにくい

　本書でお伝えするトレードスタイルは日足から4時間足（または1時間足）の流れを狙うスイングトレードがメインになります。

　いくつかあるスイングトレードのメリットのうち、代表的なものを紹介すると以下になります。

◎トレンドが一度発生すれば大きく利ザヤが取れる
◎時間的な余裕を持って相場に取り組める

　デイトレードやスキャルピングのような短期売買ですと、狙う動きがどうしても細かくなってきます。また、チャートの分析後、エントリーから損切り＆利確までの一連の動きが完結するまで時間的な余裕がありません。しかも、それを毎日繰り返すとなるとハードルはさらに高くなります。

　現実的には、専業トレーダーに近い形でトレードに臨める環境にいないのであれば、再現性のあるトレードを繰り返すことはかなり難しくなってきます。再現性がないということは、いつも行き当たりばったりのトレードになってしまうということでもあります。その状態で結果を求めようと思っても至難の業でしょう。

そのような理由から、「初心者のデイトレードやスキャルピングなどの短期売買」を、私はあまり推奨していません。

2）スイングトレードに向いているライン分析

　短期トレードの難しさを感じ、もしも長い目でトレードをしていくことを考えているのであれば、兼業として取り入れやすいスイングトレードから学ぶほうが、後々のメリットは大きいかと思います。

　スイングトレードは中期的な相場の動きを狙うスタイルになるので、なるべくトレンドの起点から終点までを長く取りにいく視点で臨んだほうがよいです。

　そこで、私は中期的な流れを把握しやすくするために**ライン分析**という分析手法を用います。

　ライン分析とは「チャートにライン（線）を引いて分析する方法」のことを指します（次節、次章以降で詳しく扱っていきます）。

　チャートにラインを引いて分析すると、相場の流れが読み取りやすくなります。具体的には、スイングトレードで狙うような"中期的な動き"をイメージしやすくする、というニュアンスで掴んでいただければ大丈夫です。

3）「なぜ」を考えよう！

　ライン分析をすでに知っている方は、ライン分析を「価格が反発するところを捉える分析方法」と思っている方もいるかもしれません。確かに、それはラインの役割のひとつではありますが、それがすべてではありません。「現状の相場状況（戦場）を分析・把握する」など、私が重要視しているライン分析の役割は他にもあります。

　本書では、私がどのような考え方を元にしてライン分析を用いる

のか、そこから何を読み取りたいのかなど、思考方法について重点を置いてお伝えしていきます。

　なぜなら、**「how to」というよりも、「Why」の部分に着目できていないと、結局、どの分析を使おうが適切に扱うことができないからです。**これは、学問、スポーツ、仕事などに限らず、どの分野の世界でも共通したことだと思います。

　冒頭でもお伝えしたように、相場の世界は「答えがない」という顕著な分野なので、根本的な理屈や「なぜ」という部分を深く考える癖がないと通用しません。

　本を読んで自分に都合の良い情報を適当に拾い集めるような感覚では、ファストファッション、ファストフードのような"ファスト知識"にしかなりません。そもそも読書とは、答えを求めるものではなく、材料を集めるための行動です。

　このあたりの「ファスト文化」は我々現代人の特徴なので、特に意識したいところです。

　私がライン分析をするうえで最も重要視していることは**『買い手と売り手の攻防がどうなっているのか捉えること』**です。

　買い手と売り手はお互いエントリーした価格帯を抜けられないように攻防しています。

　買い手のエントリーの痕跡は安値に姿を変えて残ります。同様に、売り手のエントリーの痕跡は高値に姿を変えて残ります。そこがお互いのプレイヤーにとって守りたい陣地のような状態になっています。

　その陣地状況を確認した新規のプレイヤーも、その陣地が形成されている価格帯で新たにエントリーしてきます。

　『買い手と売り手の攻防がどうなっているのか捉えること』というのは上記のようなお互いのプレイヤーの痕跡を読み取ることを指しています。

　ライン分析で買い手と売り手の陣地を視覚化して戦局を把握していき、そこからどう戦うのか戦略を立てていくイメージです（24 ～ 25 ページ参照）

買い手と売り手の行動は「安値、高値」として痕跡を残している
お互いのプレイヤーは、自分の陣地を抜けられないように攻防が行われる

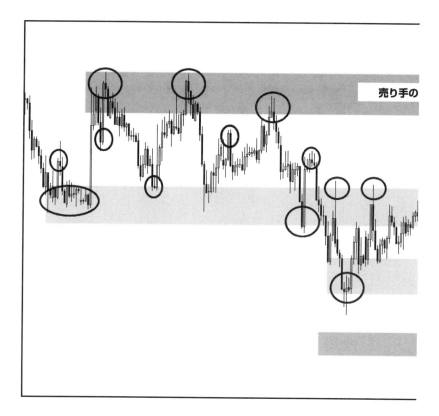

（編集部注）

　この書籍では「横長のチャート」を多用しているため、多くのチャートが見開き展開になっています。ただ、見開きではなく、1枚もののチャートで見たいという方もいらっしゃると思いますので、本書で使っているチャートについては、右記のQRコードからダウンロードできるようにしています。ご活用ください。

　その他、補足情報があれば、「パンローリングのホームページ→出版物一覧→現代の錬金術師シリーズ→トレンドラインゾーン分析（書籍紹介ページ）」でもお知らせします。

　なお、本書で使用しているチャートの著作権は著者に帰属します。無断で複写、複製、転写、転載等をすることは、著作権法上の例外を除き、禁じられています。

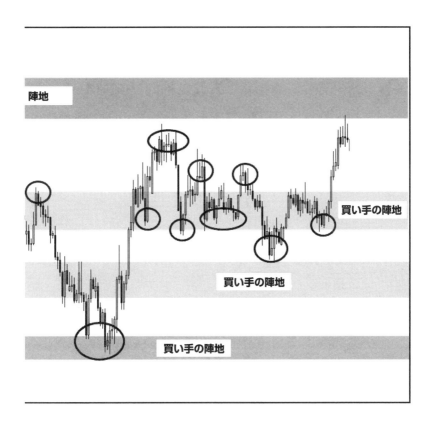

陣地

買い手の陣地

買い手の陣地

買い手の陣地

ラインは選ぶもの

　個人的な考えになりますが、ラインとは、本質的には"引く"もの
ではなく"選択する"ものだと考えています。
　脳内でラインのイメージが描けているからチャートに表面化させて
いるだけ、という側面もあります。

　私は、ラインを引いて先の動きを予想する、価格が反転するところ
を探すという発想を最優先していません。
　『買い手、売り手の攻防が、今、どうなっているのか捉えること』
を重要視していますので、先の動きを予想するためのツールとして
使っていません。
　バトルフィールドには、大きなフィールド、小さなフィールドとい
う具合に、複数のフィールドが同時に存在しています。それらを視覚
化したうえで自分が戦う場を選んでいきます。

　「複数ある戦場からどの戦場を視覚化するか」という行動自体も、
そもそも何かを排除して何かを残しているという思考プロセスを経て
います。ですから、ラインを引くということは最終的に**「どのライン**
を残すのかを選んでいる」ことになります。
　このような前提となる考え方がわかってないと、物を適切に使えず、
逆に物に使われている状態になってしまいます。

ラインを引く目的を
はき違えないことが大事

↓

ラインを引く目的は予測だけではない。
むしろ、現状の勢力を把握するために
使うことを優先する

↓

現状を捉えやすくするには
ラインを選択するべき

ラインは本質的に選ぶものである
すべての安値と高値から痕跡を判断しようとしても、
かえって混乱するし、目線がゴチャつく

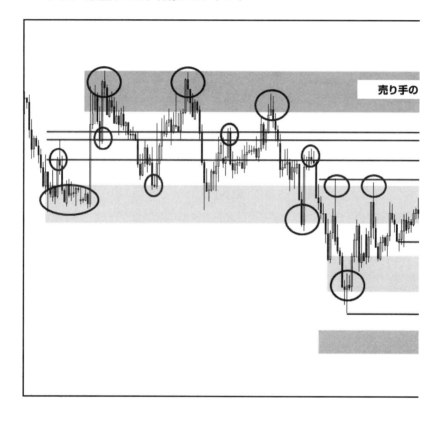

売り手の

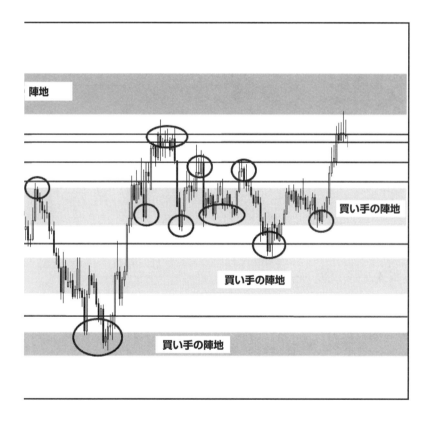

陣地

買い手の陣地

買い手の陣地

買い手の陣地

どの分析でも「ダウ理論」を
大前提に考える

　ダウ理論とは、ほぼすべてのチャート分析の元となっている理論です。これを理解せずにどのテクニカルを使って分析しても、おそらく適切に扱えない可能性が高いです。

　ライン分析もこのダウ理論が前提となっている分析です。ここでおさらいしておきましょう。

　ダウ理論はトレンドの定義、判断方法について説いている理論です。以下の６つの基礎法則から構成されています。

①価格（平均株価）はすべての事象を織り込む
②トレンドは短期・中期・長期の３つに分類される
③主要なトレンドは３つの段階から形成される
④価格は相互に確認される必要がある
⑤トレンドは出来高でも確認される必要がある
⑥トレンドは明確な転換シグナルが出るまで継続する

これらは、すべて重要な基本法則ではありますが、なかでも個人的に最も重要視しているものを挙げるならば『**トレンドは明確な転換シグナルが出るまで継続する**』です。

　そして、これを言い換えますと**「安値と高値の推移に着目しろ」**だと解釈しています。

　買い手と売り手の行動は安値と高値で痕跡として残っているので、そこに着目すれば、今のトレンドの方向感や強弱関係など、ある程度、目視だけでも掴めてきます。

　ライン分析も、その安値と高値に対してラインを引き、バトルフィールドを捉えて、そこからトレンドの判断をしていきます。

　このように、根本的にはダウ理論と密接に関係しています（32〜37ページの図解参照）。

安値と高値の推移からトレンドの判断をしていく
切り上げ、切り下げのリズムに変化がない限り、トレンドは継続する

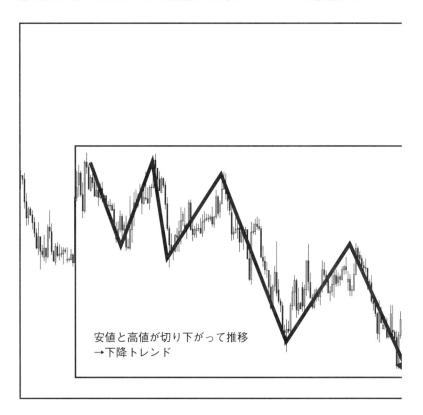

安値と高値が切り下がって推移
→下降トレンド

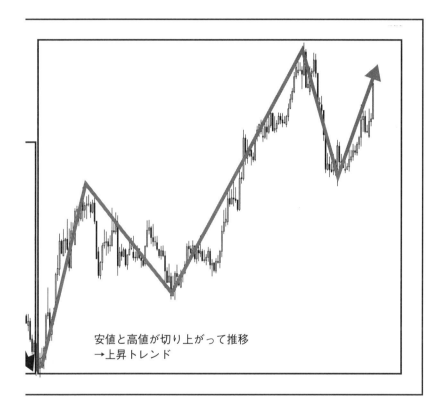

安値と高値が切り上がって推移
→上昇トレンド

安値と高値の推移を目視で確認するだけでも
トレンドが継続しているのか、変化が起きそうなのか、
判断できるようになる

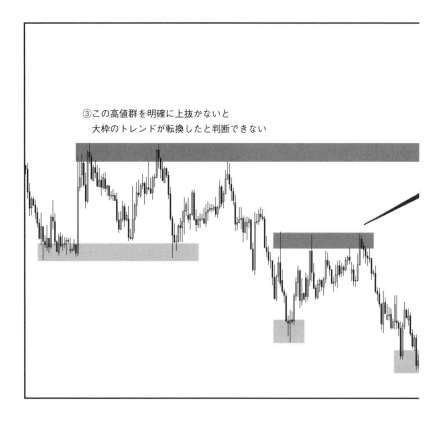

③この高値群を明確に上抜かないと
　大枠のトレンドが転換したと判断できない

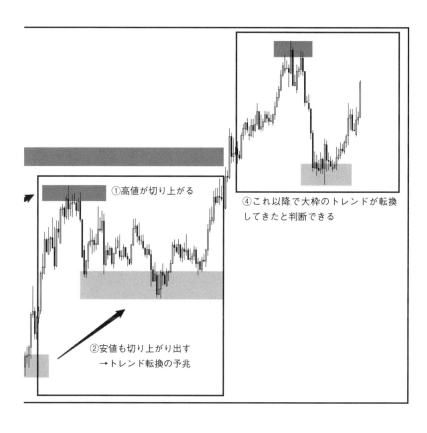

①高値が切り上がる

④これ以降で大枠のトレンドが転換
してきたと判断できる

②安値も切り上がり出す
→トレンド転換の予兆

細かく見ると、小さなトレンドはいくつも発見できる
ただし、トレンドは大きく捉えたほうがよいので
小さい"安値と高値"の痕跡まですべて考慮する必要はない

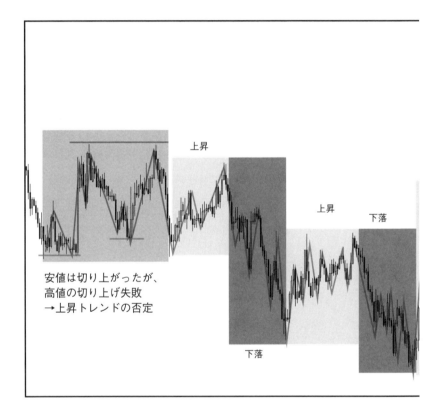

上昇

上昇

下落

安値は切り上がったが、
高値の切り上げ失敗
→上昇トレンドの否定

下落

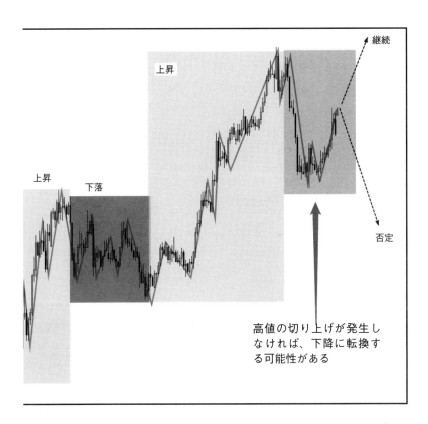

上昇

上昇

下落

上昇

継続

否定

高値の切り上げが発生し
なければ、下降に転換す
る可能性がある

第2章

ライン分析の
基礎編

～第1節～
買い手、売り手の攻防を捉える

　第1章で述べた通り、私が**ライン分析で重要視していることは、買い手、売り手の攻防がどうなっているのか捉えること**です。「買い手と売り手の攻防が今どこのフィールドで行われているのか」を知りたいわけです。

　また、買い手にとってのフィールドと、売り手にとってのフィールドもいくつか同時に存在して意識されていますので、それらを合わせたフィールドの把握を目的としています。

　このフィールドを捉えてトレンドの方向性や強弱などを判断していきます。

　さらに、戦略の部分でも重要視していることがあります。これには、大きく以下の2つの意図があります。それぞれ、次ページ以降で解説していきます。

①際で勝負をする
②値ごろ感のトレードを防ぐ

～第2節～
「際」で勝負する

「際」で勝負をするとはどういうことか？　これは、**「自分が不利に
なる勝負を避けるために"フィールドの際"から入る」**という意味です。

ここで言う「フィールドの際」とは、直近で勝負が行われている戦
場の買い手と売り手のお互いの陣地の「上限」「下限」を指しています。

「上限」「下限」については、「絶対にここだ！」とは言いにくいですが、
みんなが見てわかりやすい"いったんの最高値（もしくは最安値）付
近"を意識しているプレイヤーは多いので、そのあたりを「フィール
ドの際」と捉えてもよいでしょう（際の捉え方は後述します）。

勝負をするからには、わざわざ自分が不利になるような勝負はした
くないですよね。そのためには、常に自分が負けにくい、逃げやすい
状況下で勝負を仕掛ける必要があります。そこがフィールドの際です。

"フィールドの際"は買い手と売り手にとって破られると困る重要
分岐点（損益分岐点）になっています。つまり、"そこ"を破られな
いように死守するための攻防が起きやすくなります。

この"フィールドの際"で入っていくことによって、自分と同じ方
向に進みたい味方が発生してくる可能性があると同時に、自分が敗走
（損切り）しないといけない動きが把握しやすい、という強みが生ま

れます。

　もちろん、うまくシナリオが進んでいった場合、大きく利ザヤを伸ばしやすくなるというメリットもあります。

　ただし、前提として、**負けにくい勝負をすることがトレードで一番大切なこと**ですので、際で勝負をする目的として、「損切りがしやすい」という点は、優先順位が高いです。

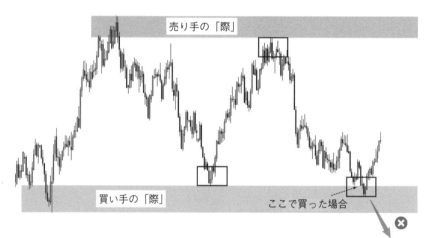

「際」で入ることで、自分が撤退しないといけない動きが視覚的にわかる

売り手の「際」

買い手の「際」

ここで買った場合

自分の陣地を抜けられたら撤退目安

トレンド方向がどちらに向いているのかも重要
トレンド方向に形成している「際」は強い

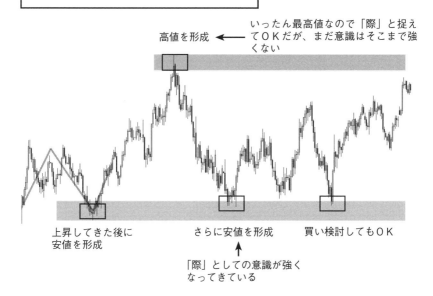

高値を形成 ←

いったん最高値なので「際」と捉え
てOKだが、まだ意識はそこまで強
くない

上昇してきた後に
安値を形成

さらに安値を形成

「際」としての意識が強く
なってきている

買い検討してもOK

「際」以外の陣地で仕掛けると、どこまで耐えていいのかなど、
撤退の判断がやや難しくなる

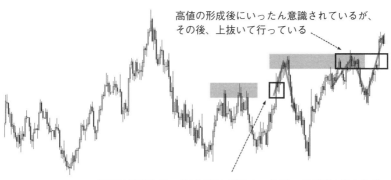

高値の形成後にいったん意識されているが、
その後、上抜いて行っている

高値は形成しているが「際」ではないので、すぐに上抜かれる
さらに戻ってきて判断が難しくなる

～第3節～
根拠のない値ごろ感のトレードを防ぐ

　「際で勝負をする」「負けにくい勝負をする」といった大前提の考え（＝根拠）は、なぜ必要なのでしょうか？

　少し想像してみてください。もしも何も根拠がなかったとしたら、深く考えることもしないで、何となくエントリーして勝負をしてしまうことでしょう。**「何となくこのまま上がっていきそう」「何となくそろそろ反転して下落していきそう」** など、あいまいな根拠でトレードを繰り返してしまうことになると思います。

　しかし、そのやり方では勝ち越すのは難しいです。

　本来、相場という世界には、あいまいな部分が多いものです。にもかかわらず、その中で戦っていく自分がさらにあいまいだとしたら、とてもやっていけません。
　答えが存在しない世界であるからこそ、なおさら自分なりの戦い方の根拠はしっかり定義して持っていたほうがよいと思います。

　そのためにも自分が勝負をしかける場所（＝際）を見極めて入っていく必要があります。**「際」以外では自分が勝負をする場所ではない** と判断して、あえてトレードする必要はありません。

勝負を仕掛けてもよい場所は他にもいくつか存在しますが、本書では**「際で戦う」**という思考をメインにお伝えしていきます。

トレーダーならば、勝負する根拠を持つべき 「何となく」はダメ

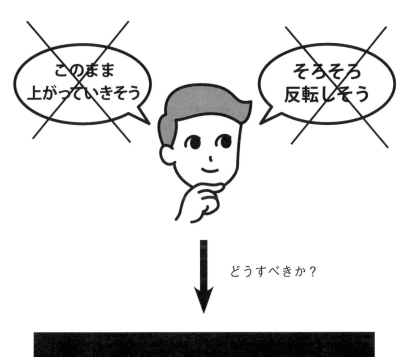

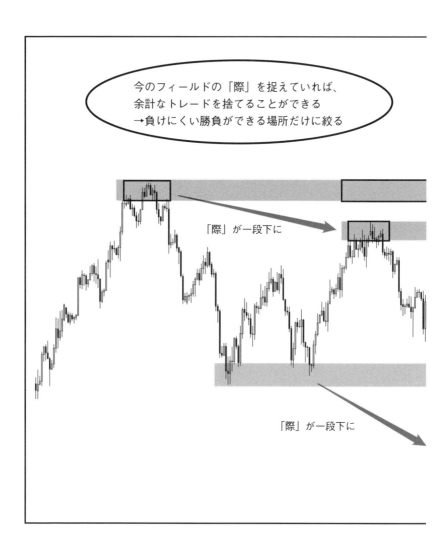

今のフィールドの「際」を捉えていれば、
余計なトレードを捨てることができる
→負けにくい勝負ができる場所だけに絞る

「際」が一段下に

「際」が一段下に

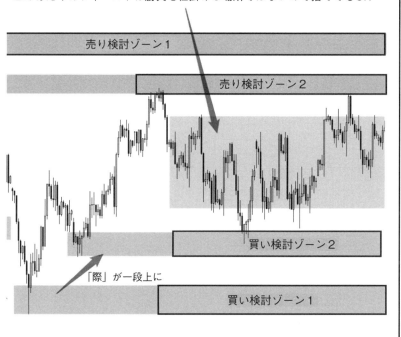

このあたりのフィールドは勝負を仕掛ける場所ではないので捨ててもOK

売り検討ゾーン1

売り検討ゾーン2

買い検討ゾーン2

「際」が一段上に

買い検討ゾーン1

～第4節～
「際」を捉えるための基本的なラインの種類と性質

　先述した通り「際で勝負する」「根拠のない値ごろ感のトレードを防ぐ」ことを大枠の目的として、本書では**ライン分析を活用・応用**していきます。

　ラインにはそれ以外の用途もありますが、本書では上記に焦点を当てて説明していきます。

　ところで、上記のようなトレードをしていくためにどのようなラインを活用していくのがよいのでしょうか？　その回答として、まずは使っていくラインの種類と性質について解説します。

　ラインの種類はさまざまですが、本書でお伝えしている「際で戦う」ために必要なものにいったん絞ります。自分が勝負をするために必要なものをまずは選別できていないと混乱するだけになります。よくありがちな、"ただ知っているだけ""何となく使っているだけ"になります。

　トレードでは、「捨てる」技術も非常に重要になります。こういう部分でも同様です。何でもかんでも使う必要はありません。自分で取り組みたいトレードの目的に合うものを選別できないとなりません。

1）3種類のライン

ラインは大きく以下の3種類に分かれます。

◎ホリゾンタルライン
◎トレンドライン
◎チャネルライン

細かく分類すると、これらのラインからさらに派生したラインなどもありますが、まずは基本となる上記3つのタイプのラインを理解して使いこなせるようにしましょう。

当然ですが、基本がわかってトレードで体現できるレベルになっていないと、派生したものを使ったところで、まともに扱いこなすのは難しいです。

以下、それぞれ解説します。

2）ホリゾンタルライン

①概要

ホリゾンタルラインとは、チャート上に水平に引くラインのことです。先ほどまでの図解で説明していたイメージのラインですね。

ある安値と高値が形成されたらそこが買い手と売り手の陣地のひとつとして意識されはじめます。そして、一定範囲の安値と高値までを今のバトルフィールドとして捉えていきます

トレーダーの多くはホリゾンタルラインを意識して見ています。それを目安にトレード判断をしている場合が多いのです。

例えば、ホリゾンタルラインからホリゾンタルラインまでをひとつ

のフィールドとして捉えて売買をするプレイヤーもいますし、ホリゾンタルラインを抜けていった後にトレードするプレイヤーもいます。

　前者はフィールド内でレンジ売買をするイメージで、後者はフィールドの変化を捉えてブレイクアウト戦略を取るイメージです。

　どちらの戦い方を採用するにせよ、大体のプレイヤーは上記のように意識して見ています。

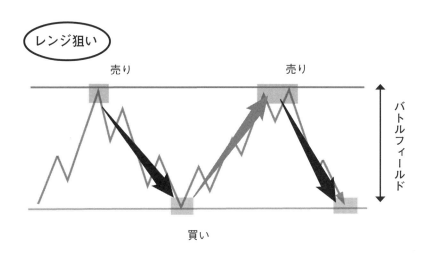

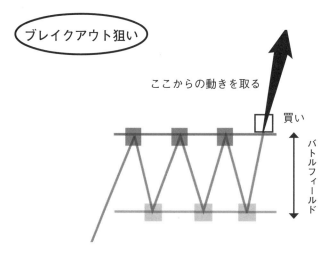

②ホリゾンタルラインの引き方、定義

ホリゾンタルラインの引き方も見ていきましょう。

一般的には、「価格が反転した高値と安値に合わせて引く」という
ルールを採用するケースが多いかもしれません。2回、3回とその高
値と安値で価格が反転している回数が多くなるほど、多くのプレイ
ヤーもそこに気づいて意識は強くなるからです。私の場合は、「際」
を大まかに捉えたいので、以下のように、ローソク足の「ヒゲの先か
ら実体まで」、もしくはローソク足の「実体から実体まで」をゾーン
にしていることが多いです。

A：ローソク足の「ヒゲの先から実体まで」をひとつのゾーンとして捉える

①レジスタンス＝高値のヒゲの先から実体の上限まで

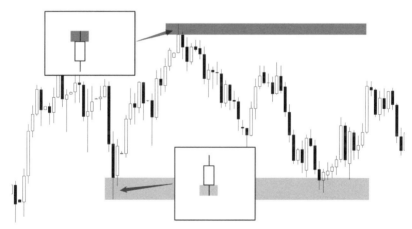

サポート＝安値のヒゲの先から実体の下限まで

<u>B：ローソク足の「実体から実体まで」をひとつのゾーンとして捉える</u>

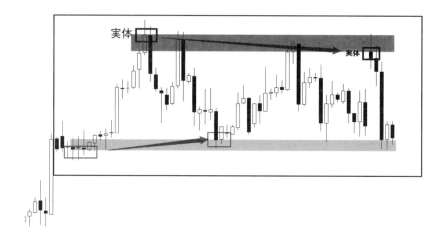

大まかに「際」を捉えたい場合は「実体から実体まで」をゾーンにする

　他のホリゾンタルラインの引き方もありますが、個人的には直近の
バトルフィールドを視覚化することを目的として見ていることが多い
ので、大枠でザックリと捉えられるようにしています。

　また、上記は、**「単体のローソク足でいったんの最高値、最安値を
形成しているのか。高値、安値が近い場所で密集しているのか」**によっ
て使い分けています。

3）トレンドライン

①概要

　トレンドラインはチャート上に斜めに引くラインのことです。個人
的にはホリゾンタルラインよりトレンドラインのほうを重視している
ので、トレンドラインだけ引いていることのほうが多いです。ただし、

どちらも重要です。

　ホリゾンタルラインの場合は、ある程度は脳内で引いてイメージしておくなどでカバーできます。ただし、日足以上の時間軸で重要な部分などは画面から外れていて忘れやすいので引いておくというイメージです。

　このあたりは視点の整え方として、どちらが好きかという好みもあります。

　繰り返しになりますが、ホリゾンタルラインも、トレンドラインも、同じように重要です。

　ただ、どちらかというと、ホリゾンタルラインよりトレンドラインのほうが、実戦のトレードで効果的に使えるようになるまで練習が必要かもしれません。

　ホリゾンタルラインは安値と高値として認識しやすい箇所に絞って捉えれば（上位足に絞るなど）、ある程度は引きやすいようになるかもしれませんが、トレンドラインは上位足を見ているときでも角度が伴うぶん、「どこの始点と終点を結んで引くのか」という、始めの段階ですでに難しい側面があります。ヒゲとヒゲを結ぶなどの引き方の定義（後述）を持っていないと、無数にラインを引いてしまうことになります。

　答えがない世界である以上、最低限、自分の行動の定義（ラインの引き方など）が固まってないと、再現性のない行動を繰り返すことになります。結果、負けにくいトレードは目指せません。

　何事も練習しかありません。トレードもスポーツとして考えれば同じ話です。練習して体に叩き込めていないと行動が伴わず目指すトレードを体現できません。

　例えば、スイングトレードなどの「中期的な波」を取りにいくスタ

イルの場合、トレンドを意識していることが多いので、結果、トレンドラインを重視して見ていることが多くなる、という具合です（その反面、横ばいの動きは積極的に狙って取りにいかないことが多くなります）。

　ここは、本当に好みと癖の問題です。目指しているトレードスタイルや狙いたい動き、また性格や癖なども顧慮して、総合的に考えていく必要があることも、トレードのおもしろい部分です。

　ここにも絶対の答えというものはありませんので、こういう部分で個人間のトレードスタイルの差が出てきます。どれが絶対合っているというわけではありません。

　「1＋1＝2」「AだからB」という答えがありきの考え方ではなく、「自分にとって最良のルール（定義）を定めて、そのルールに沿った行動を繰り返せるようにしていこう」というようなマインドセットのほうが相場に取り組むうえで非常に重要です。

　ただ悲しいことに、人間は頭でわかっている程度では行動できません。

　だからこそ、何度も何度も考え方を骨の髄まで叩き込んでいく作業が、トレードでは一番大事になってきます。正直、トレードの仕方や方法などは、二の次、三の次です。同じやり方をしても勝つ人、負ける人に分かれる事実がそれを証明していますね。

　以上を踏まえて、私も自戒を込めて同じことを何度もお伝えします。人間、一度聞いた程度ではいずれ忘れますし、何しろ腑に落ちませんからね。

　話が脱線しましたが、あらためてトレンドラインの引き方を見ていきましょう。

　トレンドラインは「上昇トレンドライン」「下降トレンドライン」

の2つを理解していればいったんOKです。この2つのラインの引き方、定義をしっかり押さえましょう。

②トレンドラインの引き方、定義

　言葉で語るよりも、目で見ていただいたほうが早いと思います。以下の図を見てください。この定義を絶対覚えてください。

　よくある話で、上昇トレンドラインのつもりで「切り上げた2点の高値で引く」、下降トレンドラインのつもりで「切り下げた2点の安値で引く」など反対にしてしまう人がいます（次ページの図）。

【上昇トレンドライン】切り上げた2点の安値で引く

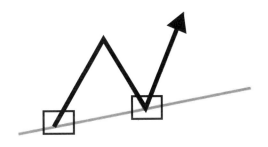

【下降トレンドライン】　切り下げた2点の高値で引く

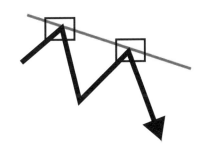

そういう引き方のラインも確かにありますが、それはトレンドラインではありません。

　こういう部分で定義や理解があやふやだと、ラインを引いた時点で自分が何の目的で、どういう役割のラインを引いているのかなど、まったくわかっていないことになります。それでは、かなり危ういトレードを繰り返すことになってしまいます。

　繰り返しますが、上記はトレンドラインではないので、役割も意識のされ方も別物であると解釈しています。こういう違いが認識できているかどうかもトレードの再現性の差につながります。

【よくある間違い①】上昇トレンドラインのつもり

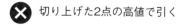
❌ 切り上げた2点の高値で引く

【よくある間違い②】下降トレンドラインのつもり

❌ 切り下げた2点の安値で引く

③トレンドラインの意識のされ方、引く目的

　では、次にトレンドラインの意識のされ方と、トレンドラインを引く目的について解説します。

　トレンドラインも、ホリゾンタルライン同様、買い手と売り手の陣地の境界のひとつとして意識されています。

　ホリゾンタルラインと違うところは「ターンが今どちら側なのか」を読み取るところにあります。

　「安値と高値の切り上げ中（上昇トレンド）」や「安値と高値の切り下げ中（下降トレンド）」のときは**安値から安値の切り上げた角度、高値から高値の切り下げた角度が意識されてトレンドが継続**していきます。これは、トレンドが発生しているときは特にわかりやすい現象です。

　トレンドラインを抜けてくるまでは、どちらかのプレイヤーの攻めるターンが継続していくイメージですね。

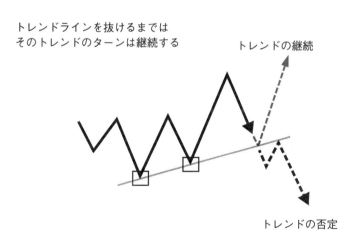

トレンドラインを抜けるまでは
そのトレンドのターンは継続する

トレンドの継続

トレンドの否定

また、角度は速度を表しています。そのエネルギー分の速度で敵を侵略していこうとしています。

　水平線の世界観でお互いの陣地を侵略しあっていて、その侵略スピードを斜めの世界観で表しているイメージです。

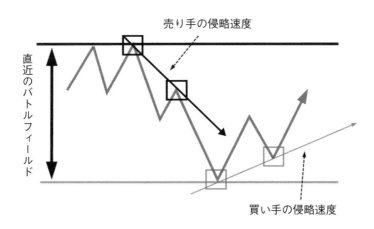

　トレンドラインにはホリゾンタルライン同様、バトルフィールドを捉えるという意図がありますが、それ以外にも実際にエントリーを狙っていく方法（後述するブレイク＆リターンなど）もあります。

　焦点をホリゾンタルラインで合わせるか、トレンドラインで合わせるかはそのときどきによりますが、個人的にはトレンドラインで見ているケースが多いです。ただ、これもやや好みが入ります。

　このあたりの説明はダウ理論を元にどういう局面を捉えて狙っていくのかなど、理解しておかないといけないことがまだまだあります。

　いったん、トレンドラインの基本的な説明は以上としておきますが、トレンドラインの引き方には、私なりの解釈がほかにもあります（ゾーンで考えるなど）。その部分は次章から説明をしていきます。

コラム①
個人的にトレンドラインを重視する理由

　私個人としては、トレンドラインのほうを重視していることが多いです。これが良いか悪いかは好みもあるので自由でよいのですが、一応、重視している理由はあります。

　私は、「相場は、角度があるから上昇したり下落したりするパワーが生まれる」と考えています。

　角度がないと横ばいで行ったり来たりの等価交換のエネルギーしか発生しません。これでは「高値と安値をさらに上に、さらに下に」と加速させていくエネルギーは発生しにくいのでは？　と考えられます。

　例えば、買いが10、売りが10と同じエネルギーを保有しているとして、横ばいの世界観でお互いが"ある安値a"と"ある高値a"を拠点にして陣地取りをしていると仮定します。

　すでにお互いの安値aと高値aの陣地で10のエネルギーを消費していたとしますと、ここから何かしらの理由で新規のエネルギーが追加されないと、どちらかの陣地を超えて奪っていく動きまでには至らない可能性も考えられます。

　もちろん、横ばいのお互いの陣地上で新規の買い、売りエネルギーがさらに追加されると、その後、どちらかの陣地を超えていくような動きにつながる可能性もあります。

　ここで、角度のある世界観で同じように考えますと、例え

ば、安値 a から切り上げるような新しい安値 b の陣地が形
成されたら、新規でエネルギーが追加されたとイメージがし
やすくなりますね（買い 10 にさらに 5 などのエネルギーが
追加されたというようなイメージ）。

　売り目線で考えますと、買いの勢力に新しいエネルギーが
追加されて安値が切り上がり、自分たちの陣地高値 a を侵略
してくるであろう、というのは視覚的にも確認しやすいです
よね。

　その後、高値 a まで買いが進行してきて到達したときに、
横ばいの世界観と比較してどういう意識の違いが生まれるの
かと推察しますと、以下のようなことを考えている可能性が
あります。

◎横ばいの世界観で高値 a に到達してきたときの売り目線
→ また高値 a の陣地を侵略されないよう死守するため新規
の売りがまだ発生しやすい地合いが残る

◎角度のある世界観で高値 a に到達してきたときの売り目線
→ 安値 a から安値 b へと角度が発生して、視覚的にも新規
の買いのエネルギーが追加されたことがわかりやすい。その
ため強い進行で攻めてくるかもしれないと考え、高値 a を死
守したいが様子を見る

　この 2 つの例はあくまで解釈のひとつに過ぎません。ただ、

横ばいと角度のある世界観で比べてみますと、同じ高値 a に到達されたときの意識の受け取り方に違いが生まれてくる可能性は十分あり得ます。

　私は、このような解釈を軸にして相場を見ていることが多いため、トレンドラインを重視しているというわけです。
　もちろん、この視点がデメリットに働くときも普通にあります。そこをわかっているかいないかはトレードをしていくうえで重要です。

コラム②
相場はエネルギーの交換がなされているという仮説

　エネルギー交換のイメージもお伝えしていますので、もう少しだけ解釈を加えておきます。
　前述までの話の例えで説明を続けます。ある地点に安値と高値が形成されていて買いが「10」、売りが「10」という同じくらいのエネルギーが発生している状況に、さらに買いに「5」のエネルギーが発生して安値が切り上がったというところまでが先ほどの話です。

　では、ここで高値 a を超えてくる前に売り側にも追加で売りのエネルギーが発生して（例えば「3」のエネルギーなど）高値 b が発生してきたとします。
　この場合、買いが計 15、売りが 13 というエネルギー状況

になっています。

　そのあと、買い勢力が続伸して高値 b を超えてきたらそこの陣地は奪われると同時に高値 b の売りのエネルギー 3 も奪われるイメージができます。

　こうなると、買い 15 にさらに奪った 3 が追加されるので計 18 になり、売りは 3 減って 10 に戻ります。

　この段階で考えられる流れは、このままさらに買いが続伸して高値 a を強く超えていきそうなエネルギーが溜まってきているイメージです。

　買いの痕跡は安値、売りの痕跡は高値として形成されています。安値と高値の痕跡具合から、お互いのエネルギーがどのくらい発生しているのか、残っているのか、どのあたりでエネルギー交換がされているのかといったイメージで捉えていっています。

4）チャネルライン

①概要
　チャネルラインはトレンドラインと平行に引くライン（＝トレンドラインと同じ角度で引くライン）のことです。個人的に、扱いが一番難しいと思っているものです。
　一般的には「トレンドラインと平行なラインを高値（上昇チャネルラインの場合）、安値（下降チャネルラインの場合）に合わせて引く方が多いかもしれませんが、「どこの安値と高値に合わせるのか？」という部分があいまいになっていると、扱いが難しくなります。

②チャネルラインの引き方、定義
　チャネルラインの定義をどのようにしていくのか、確認しましょう。

◎上昇チャネルライン
　上昇トレンドラインが引けた間にある直近の高値に合わせて引く

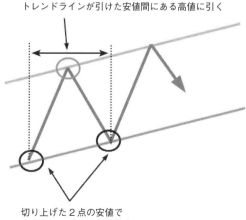

トレンドラインが引けた安値間にある高値に引く

切り上げた2点の安値で
上昇トレンドラインを引く

◎下降チャネルライン
　下降トレンドラインが引けた間にある直近の安値に合わせて引く

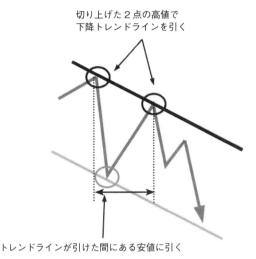

切り上げた2点の高値で
下降トレンドラインを引く

トレンドラインが引けた間にある安値に引く

　前述の通り、チャネルラインは扱いの難易度が上がります。直近の高値、安値がいくつもある場合、どこに合わせてよいのかわからない、という問題が出てくるからです。

　直近最高値、直近最安値以外の高値と安値でチャネルラインを合わせる方法もありますが、ラインを引く目的で優先したいことは何かというと、**「大きなバトルフィールドを捉えること」**です。まずは直近最高値と最安値を選択することを基本形として定義を作っておくとよいかもしれません。

　それ以外の途中にある高値と安値に合わせる場合は、「なぜ、あえてそこに合わせるのか。それで何を捉えたいのか」という意図がわかってないと使う意味がありません。使ってもトレードにうまく活用できません。

もちろん、小さなフィールドを捉える場合は、途中の高値と安値を選択していくこともあります。ただ、そういうチャネルラインを引きすぎるとチャートがゴチャつくため、個人的には多用はしません。

　実際、途中にある高値、安値に合わせたチャネルラインを引き、それらを利用してトレードする方法もありますが、どのラインを選択するのかは個人のトレードスタイルと好みに左右されます。

　ただ、やはり基本は「フィールドの際になり得る」と仮定できる部分で使うイメージです（下図）。どこで使ってくるか、何を捉えたいのか、このあたりが理解できていないうちは無暗に引いても適切に使いこなすのは難しいかもしれません。

◆チャネルラインの基本形

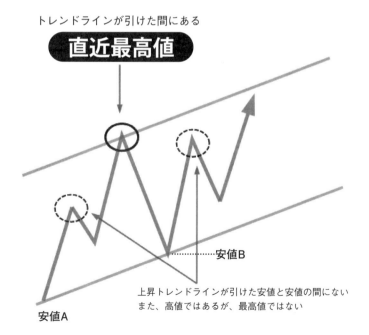

トレンドラインが引けた間にある
直近最高値

安値B

上昇トレンドラインが引けた安値と安値の間にない
また、高値ではあるが、最高値ではない

安値A

③チャネルラインの意識のされ方、引く目的

次にチャネルラインをなぜ引くのかについて見ていきましょう。

チャネルラインは「利確目標値」として意識されていることが多いです。買い手からしたら利確売り目標、売り手からしたら利確買い目標として意識されている感じですね。

利確目標と言っても、いったんの利確水準くらいに考えておいたほうがよいでしょう(次ページ参照)。チャネルラインの性質は弱いので、そこまで強く意識されているわけではありません。

では、なぜチャネルラインの性質が弱いのか、という個人的な考察をお伝えします。

チャネルラインは利確目標として意識されていることが多いという仮定を前提に考えます。このとき、チャネルラインに到達しただけでは直近のトレンドと反対方向の新規のエントリーはそこまで強く入ってこないという捉え方もできます。

新規のエントリーが多く入ってこない場合、直近で発生しているトレンドのターンを終了させるまでの動きには至りにくいです。そのため、そのままトレンドが続伸していく可能性のほうが高いと考えられます。

上記のような基本的な定義からも「なぜ、チャネルラインの性質が弱いのか」は十分考察できます。つまり、チャネルラインに到達したからといって、直近のトレンド方向に対して逆向き（チャネルラインの向きとは逆）のエントリーをすると非常に危険であることもわかります。

例えば、69ページ上段の図解の通り、チャネルラインを引きすぎると、チャートがゴチャつくうえに考慮しないといけないことが増え

【上昇チャネルラインは利確売り目標】

いったんの利確売り目線になる

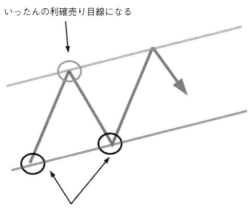

買い手がいたとして

【下降チャネルラインは利確買い目標】

売り手がいたとして

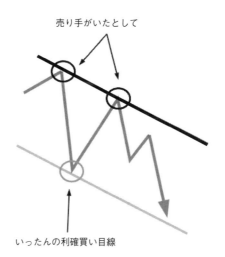

いったんの利確買い目線

すぎて、自分の目線が定まらず行動にも一貫性がなくなります。

トレードで大事なことは「捨てる力」でもあります。

　あえて小さい世界観の動きは判断から捨てるというのも（この場合は途中の利確が入る動きを捨てる）、一貫した行動を繰り返すために必要な手段です。

　チャネルラインについてもまだ説明が必要ですが、まずはここまでの基本を押さえていただければ結構です。詳しくは、次章以降で説明をしていきます。

5）ラインの性質

　これまでで各ラインの基本となる説明をしました。もう一度、ラインの性質を整理しておきましょう。

　ホリゾンタルライン、トレンドライン、チャネルラインという、各ラインの定義や性質には、細かく見るとさまざまな違いがありますが、まずは大枠の理解が大事です。

　ラインの性質は大きく分けて**「サポート」「レジスタンス」**の2種類です（移動平均線のような平均乖離、回帰などを見ていく役割もありますが、本書では説明しません）。

　まず、ザックリと説明します。「サポート」とは、買いの意識が集まっているゾーン（価格帯）を指します。価格を下から買い支えようとする意識が発生しやすい場所になります。

　「レジスタンス」とは、売りの意識が集まっているゾーン（価格帯）を指します。価格を上から売り叩こうとする意識が発生しやすい場所

◆チャネルラインを引きすぎるとゴチャつく

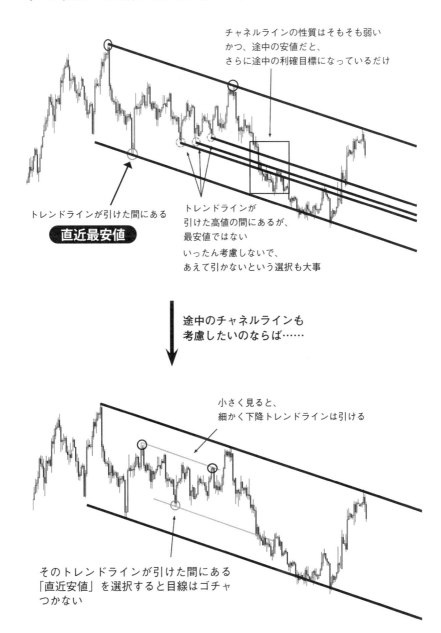

チャネルラインの性質はそもそも弱い
かつ、途中の安値だと、
さらに途中の利確目標になっているだけ

トレンドラインが引けた間にある
直近最安値

トレンドラインが
引けた高値の間にあるが、
最安値ではない
いったん考慮しないで、
あえて引かないという選択も大事

途中のチャネルラインも
考慮したいのならば……

小さく見ると、
細かく下降トレンドラインは引ける

そのトレンドラインが引けた間にある
「直近安値」を選択すると目線はゴチャ
つかない

になります。

　サポート、レジスタンスは上記のように認識していればいったんは OK です（※略して「サポ、レジ」とも呼びます）。

　これはホリゾンタルラインでもトレンドラインでも基本的には同じです。

　安値や高値を形成している部分には、「買いが発生して安値となり、買い手の陣地を形成した」「売りが発生して高値となり、売り手の陣地を形成した」という事実が残ります。

　多くのプレイヤーも同じようにその事実を意識して価格帯を見始めます。その後もお互いにとって陣地となった安値、高値を超えられないように攻防を起こしてきます（その範囲がバトルフィールドになります）。これが大まかなサポート、レジスタンスの意識のされ方、役割です。

　ただし、チャネルラインについては、上記2つのラインのサポート、レジスタンスとしての性質の強さとは区別しておいたほうがよいです。

　前述の通り、**チャネルラインは利確目標値**として意識されていることが多いので、サポート、レジスタンスの性質としてはそもそも強くありません。

　利確目標として意識されているので、いったんは利確買いなり、利確売りが入る可能性はあります。ただ、チャネルラインに対して価格が何らかの反応をしているように見えても、強いサポート、レジスタンスの意識があるから反応しているわけではありません。

　利確のアクションが入り、少し価格が反転しているだけに過ぎません。普通にそのまま続伸していく可能性を考慮したほうがよいです。

◆サポート・レジスタンスのイメージ（ホリゾンタルの場合）

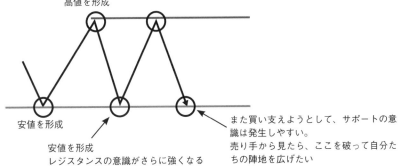

高値を形成
レジスタンスの意識がさらに強くなる

高値を形成

安値を形成

安値を形成
レジスタンスの意識がさらに強くなる

また買い支えようとして、サポートの意
識は発生しやすい。
売り手から見たら、ここを破って自分た
ちの陣地を広げたい

◆サポート・レジスタンスのイメージ（トレンドラインの場合）

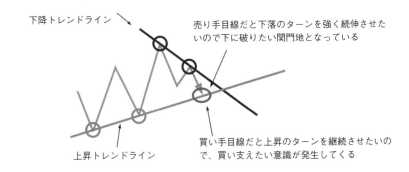

下降トレンドライン

売り手目線だと下落のターンを強く続伸させた
いので下に破りたい関門地となっている

上昇トレンドライン

買い手目線だと上昇のターンを継続させたいの
で、買い支えたい意識が発生してくる

◆サポート・レジスタンスのイメージ（チャネルラインの場合）

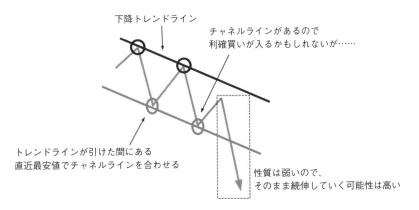

下降トレンドライン

チャネルラインがあるので
利確買いが入るかもしれないが……

トレンドラインが引けた間にある
直近最安値でチャネルラインを合わせる

性質は弱いので、
そのまま続伸していく可能性は高い

71

～第5節～
ラインの強弱について

1）大きな時間軸のほうが強度が高い

　ラインのサポート、レジスタンスとしての強度についてお話しします。これは一般的に言われている通り、**月足＞週足＞日足＞8時間足＞4時間足＞それ以下の時間軸の順**で意識が弱くなっていきます。

　理由はさまざまだとは思いますが、なかでもまず挙げられるものとして「銀行、機関投資家などの大口のトレーダーたちが大きな時間軸を重視しているから」が考えられます（大口トレーダーは短期トレードもしますが、方向性を決めたりするのはやはり大きな時間足です）。

　小さな時間足を見て取引をしている個人トレーダーたちでは相場を動かすほどの資金量がないため、その中の売買攻防で発生した事象も、結局、大口のプレイヤーが注視していなければ、事実としては意思決定に至るほどには重要にならない可能性があります。

　上記のような理由からも、大きな時間足を見て判断していくトレードを心掛けたほうがよいです。

　他にも、各時間軸でラインを引いたときに重複するようなラインも意識としては強くなります。

　週足で引いたラインと日足のラインが重なる、または日足で引いた

別のラインが同じようなところで重なるなど、こういう箇所は多数の
サポート、レジスタンスの意識が密集している場所になります。

　さらには、角度のゆるいトレンドラインなども強度があるラインの
タイプになります。

　このあたりのラインの選別はかなり重要になってきますので、その
都度、説明をしていきます。

【強度のあるラインの選択例】

・月足、週足、日足の順に、時間軸が大きなローソク足で引いたライン
・異なる時間軸のラインが同じような価格帯で重複している
・角度がゆるやかなトレンドライン
・レジ、サポ反転が明確に起きているライン

2）ブレイク＆リターン

　ライン分析を活用したトレードをするうえで必ず押さえておきたい
アクションがあります。それが**ラインのブレイク＆リターン**です。

　各ラインはブレイクされると「買い」と「売り」のどちらかの意識
が弱くなり、サポート、レジスタンスの意識が反対になりやすい、と
いう性質があります。

　例えば、安値を形成していたホリゾンタルラインや上昇トレンドラ
インを下にブレイクした後は、そのまま一気に下落するのではなく、
再度、リターンムーブでホリゾンタルライン、上昇トレンドラインま
で上げてくる傾向が多いです。

　今までそのラインを目安に買っていたプレイヤーがブレイク後に逃
げ出すので「新規の売り目線」が出現しやすいタイミングになります。

反対に、高値を形成していたホリゾンタルラインや下降トレンドラインを上にブレイクした後も、そのまま一気に上昇するのではなく、再度、リターンムーブでホリゾンタルライン、下降トレンドラインまで下落してくる傾向が多いです。

　ところで、ラインをブレイクした後に、「なぜ、逆の意識が発生しやすくなる（ラインの役割が変わる）」のでしょうか？

　この原理が働く理由として、「買いと売りのプレイヤーが、各ラインを目安にエントリーしていることが多いから」ということがまず挙げられます。

　ホリゾンタルやトレンドラインのサポート帯を目安に買っているプレイヤーや、逆にそれらのレジスタンス帯を目安に売っているプレイヤーなど、サポート帯やレジスタンス帯を目処に行動しているトレーダーは一定数存在します。

　例えば、エントリーの目安にしているラインを、仮にサポート帯とします。そこをブレイクしていくと、サポート帯で買いエントリーしていたプレイヤーＡは損切りして逃げ出します（損切りせずに堪えているプレイヤーもいます）。そして、撤退が起きていると想定した新たな売りのプレイヤーＢも出現してきます。

　その新たな売り目線のプレイヤーＢが何を根拠にエントリーしてくるかと言いますと、先ほどのプレイヤーＡがエントリー目安にしていたライン（サポート帯）です。それを目安に反対の方向の売買を仕掛けてきます。

　そういう理屈で、この例の場合では、買い目線のプレイヤーＡが目安にしていたサポートと反対の力が働きやすくなるのです。

　買い目線のプレイヤーＡがエントリーの目安にしていたライン（サポート帯）は、ブレイク後には反対プレイヤーのエントリー目安のライン（レジスタンス）に切り替わってくる、というイメージです。

　もちろん、こういう現象を他のプレイヤーが認識しているからこそ、

◆ブレイク＆リターン

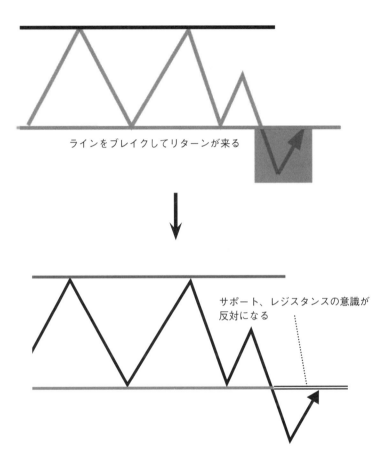

ラインをブレイクしてリターンが来る

サポート、レジスタンスの意識が
反対になる

※注釈
　ラインをブレイクした後、そのブレイクしたラインに対して戻ってくる動き自
体をリターンムーブと呼んだりします。
　ラインをブレイクした後にリターンムーブがくるので、そのアクションまでを
指して「ブレイク＆リターン」と言っています（英語圏ではフック＆ゴーと呼
ばれています）。

さらに現象が働きやすくなる側面もあります。

　ラインのブレイク時に起きていると仮定できる現象については77〜78ページに簡単にまとめておきました。最低限でもこれは理解してないとトレードで使うには危険なので確実に押さえましょう。

　ひとつ、次章以降で実際のチャートを使ってあらためて説明しているように、気をつけたいことがあります。

　それは、「ホリゾンタルラインやトレンドラインをブレイクしたからといってもトレンドが完全に転換するわけではない」ということです。

　そのラインがどのあたりのバトルフィールドを捉えているかにもよりますが、ラインをブレイクするアクションが起こると、その捉えているフィールドの変化が起きやすくなるというだけです。

　他のフィールドも同時に意識されていて相場は動いているので、複数のフィールドの状況を総合的に見て判断していかないといけません。このあたりの説明はフィールドの捉え方、トレンドのターンなど、他にも判断方法が必要になります。

◆安値ブレイクのリターンムーブ

　安値を形成しているホリゾンタルライン、または上昇トレンドラインを下にブレイク（買い手がエントリーの目安にしている）

↓

買いの意識が弱くなるので、いったん強く上昇しにくくなる

↓

新規プレイヤーにとって売りの目安になる

◆安値を形成しているホリゾンタルのブレイク＆リターン

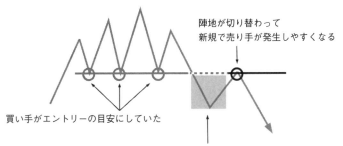

陣地が切り替わって
新規で売り手が発生しやすくなる

買い手がエントリーの目安にしていた

買い手が撤退し始める（損切り）。陣地にひびが入ったイメージ

◆上昇トレンドラインのブレイク＆リターン

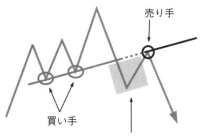

売り手

買い手

買い手が撤退し始める

◆高値ブレイクのリターンムーブ

高値を形成しているホリゾンタルライン、または下降トレン
ドラインを上にブレイク（売り手がエントリー目安にしている）
↓
売りの意識が弱くなるので、いったん強く下落しにくくなる
↓
新規プレイヤーにとって買いの目安になる

◆高値を形成しているホリゾンタルのブレイク＆リターン

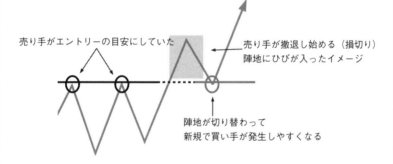

売り手がエントリーの目安にしていた

売り手が撤退し始める（損切り）
陣地にひびが入ったイメージ

陣地が切り替わって
新規で買い手が発生しやすくなる

◆下降トレンドラインのブレイク＆リターン

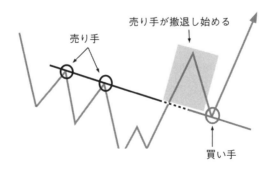

売り手が撤退し始める

売り手

買い手

次にチャネルラインのブレイク＆リターンについて解説します。何度もお伝えしている通り、チャネルラインの扱いには特に注意が必要です。チャネルラインの定義をしっかり覚えておかないと、特にトレンドラインと混同してあやふやになります。

◎上昇チャネルラインを上にブレイク
　利確売りが発生しやすい水準。上にブレイクしていくことでさらに上昇のターンが続伸していく（81 ページ上段）

◎下降チャネルラインを下にブレイク
　利確買いが発生しやすい水準。下にブレイクしていくことでさらに下降のターンが続伸していく（81 ページ中段）

　チャネルラインのブレイク＆リターンの現象については、ホリゾンタルとトレンドラインの“それ”とは解釈が変わってきますので注意してください。
　ホリゾンタルとトレンドラインでは、「それらのラインを元に新規のエントリーが発生しやすいので、ブレイク後、ラインに対して意識が反転して逆のエントリーをするプレイヤーが出現してくる」というのが上記２つのラインのブレイク＆リターンの理屈でした。
　一方、チャネルラインの場合は、利確の目標値として意識されていることが多いだけです。新規でエントリーをしている人や、待機しているプレイヤーが出現しにくいということが、ホリゾンタルラインやトレンドラインとは大前提で違います（上昇チャネルラインに対して、利確売りは発生しても、新規の売りは出現しにくい）。
　そのため、チャネルラインをブレイクしたからといっても、新規でエントリーしているプレイヤーが少ない分、反対の意識に変化する可

能性は低い、という理屈になります。

　チャネルラインのブレイク＆リターンは、トレンドラインのブレイク＆リターンと同じように見えても、「トレンドの意識が反転、変化する」という現象ではなく、「目標値を超えていったことでさらにトレンドが続伸していく」という現象と捉えるほうがよいです。こういう部分の解釈がチャネルラインを活用したいのであれば特に重要です。

　また、チャネルラインはラインの性質として弱いので、トレンド方向に続伸するブレイク＆リターンが発生したとしても、その後、再度、チャネルラインに戻ってくると、（そのチャネルラインは）ブレイクされやすい側面もあります（次ページ下段）。

　例えば、今のトレンド方向（トレンドライン＆チャネルラインの方向）とは逆向きに上位足でトレンドが継続していたとします。このとき、おそらくそのチャネルラインは抜けやすい地合いになってきます。このあたりがチャネルラインの難しい部分でもあります。

　このように、上位足も絡めながらのマッピングがきちんとできていない状態で、目先の動きに付いていこうとしたら、本来のトレンド復活の動きにやられてしまいますので特に注意しましょう。

　チャネルラインのブレイク＆リターンに乗り遅れても焦らず、上位足のトレンドに復活してくる動きに合わせて乗りなおすなど、やはり「待ち」の姿勢が大事になります。

　まず、ここまでは各ラインに対してのアクションの説明に留めておきます。全体観の把握をしたうえでそのラインに対して何のアクションを捉えていくのかが重要になってきます。

　私はトレンドラインとチャネルラインを使ったトレードが好きなの

◆上昇チャネルラインのブレイク＆リターン

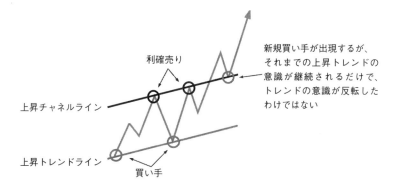

新規買い手が出現するが、それまでの上昇トレンドの意識が継続されるだけで、トレンドの意識が反転したわけではない

利確売り

上昇チャネルライン

上昇トレンドライン

買い手

◆下降チャネルラインのブレイク＆リターン

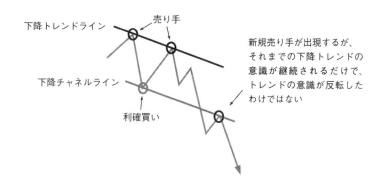

下降トレンドライン

売り手

新規売り手が出現するが、それまでの下降トレンドの意識が継続されるだけで、トレンドの意識が反転したわけではない

下降チャネルライン

利確買い

◆チャネルラインは性質が弱い

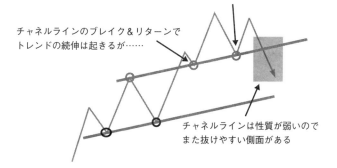

レンジが一段上に上がったので継続させようとしている

チャネルラインのブレイク＆リターンでトレンドの続伸は起きるが……

チャネルラインは性質が弱いのでまた抜けやすい側面がある

で、上記以外のブレイク＆リターンの現象の解釈方法や捉える視点もさまざま持っているのですが、本書でお伝えしたいトレードスタイルとやや違う話になってくる可能性がありますのでいったん割愛します。

　ここまで理解できていれば、捉えるアクションを絞ってトレードをすることはできます。いきなりすべてを実践しようとしても無理がありますので、まずはひとつのことに集中しましょう。そのほうが、結果は出やすいです。

　上記でお伝えした各ラインに対してのブレイク＆リターンを捉えてトレードしていけるようにしましょう。

　ただし、上記は全体観を把握したうえでラインに対してのアクションを捉えていくイメージになりますので、使いどころを考えずにただアクションだけ見て入ってしまうと、うまくいきません。

　どの時間軸の何の波を狙っているか、損切りや利確をどうするのかなど、総合的に判断しないとなりません。だから、ブレイク＆リターンを捉えられただけでは、単発のトレードはうまくいくことがあったとしても、回数を重ねるごとにうまくいかないことが多くなるはずです。

第**3**章

トレンドライン
ゾーンについて

~第1節~
トレンドラインゾーンとは

1）相場参加者の総意を捉えるツール

　第2章のホリゾンタルラインの説明で「ヒゲの先から実体まで」「実体から実体まで」をゾーンとして捉えるという視点をお伝えしました。

　同様に、トレンドラインとチャネルラインもゾーンの視点で捉えると、安値と高値の推移が読み取りやすくなります。本書では前者をトレンドラインゾーン、後者をチャネルラインゾーンと称します。

　後述しているように、**相場参加者の総意を捉える**ために、私はライン（点と点を結んだ線）ではなく、ゾーン（面）を好んでいます。

　ただ、ゾーンの捉え方にもいくつかありますので、状況によって使い分けています。

　本節では、その中でも使う頻度と優先順が高いゾーンの取り方を「基本形」と「変則形」に分けて紹介します。

第3章以降、トレンドラインやチャネル（ライン）、ホリゾンタル（ライン）という表記が出てくるかもしれませんが、それらは基本的に「ゾーン」という概念を含めた意味で使っています。

トレンドラインゾーン

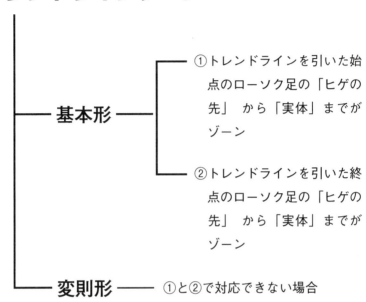

基本形 ── ① トレンドラインを引いた始点のローソク足の「ヒゲの先」から「実体」までがゾーン

② トレンドラインを引いた終点のローソク足の「ヒゲの先」から「実体」までがゾーン

変則形 ── ①と②で対応できない場合

※最初に着目するのは、始点のローソク足の「ヒゲ」です。その次に着目するのが終点のローソク足の「ヒゲ」です。基本形の①と②で対応が難しい場合、変則形で対応します。

※ MT4 の場合は「平行チャネルを作成」でチャネルラインを作り、そこにマウスを合わせて「Ctrl ＆左クリック」すると、ラインを複製できる。詳しくは、本章末で紹介。

２）基本形①のゾーンの作り方（上昇トレンドの場合）

　基本形は２つあります。**基本形①（トレンドラインを引いた始点の
ローソク足の「ヒゲの先」 から「実体」までがゾーン）**の上昇トレ
ンドの場合の作り方は、以下の通りです。

①切り上げた２点の安値（始点と終点）の「ヒゲ」と「ヒゲ」を結び
ます。

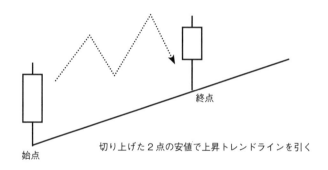

切り上げた２点の安値で上昇トレンドラインを引く

②「ヒゲ」と「ヒゲ」を結んだラインと同じ角度のラインを追加しま
す。このとき、**始点の実体**に合わせます（下図の太線）。

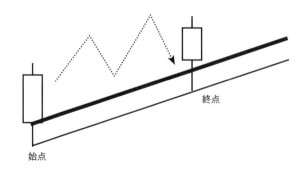

③この２本のラインで囲まれたところ（下図の点線を含む部分）がゾーンになります。

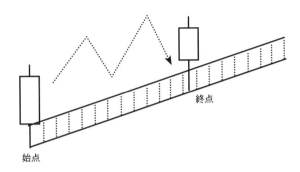

始点

終点

④チャネルゾーンについては、トレンドラインと同じ角度のゾーンをそのままチャネルラインに使います。

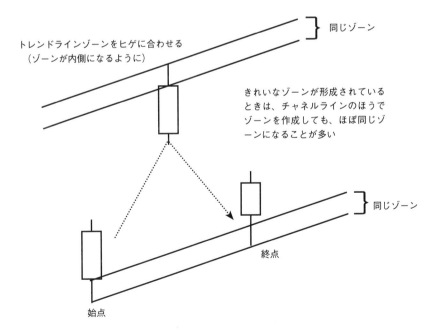

同じゾーン

トレンドラインゾーンをヒゲに合わせる
（ゾーンが内側になるように）

きれいなゾーンが形成されているときは、チャネルラインのほうでゾーンを作成しても、ほぼ同じゾーンになることが多い

同じゾーン

終点

始点

3）基本形①のゾーンの作り方（下降トレンドの場合）

基本形①（トレンドラインを引いた始点のローソク足の「ヒゲの先」から「実体」までがゾーン） の下降トレンドの場合の作り方は、以下の通りです。

①切り下げた2点の高値（始点と終点）の「ヒゲ」と「ヒゲ」を結びます。

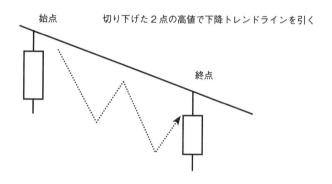

②「ヒゲ」と「ヒゲ」を結んだラインと同じ角度のラインを追加します。このとき、**始点の実体**に合わせます（下図の太線）。

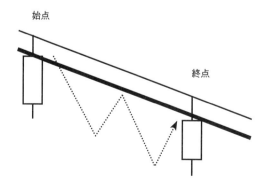

88

③この2本のラインで囲まれたところ（下図の点線を含む部分）がゾーンになります。

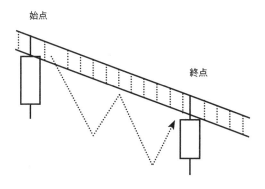

④チャネルゾーンについては、トレンドラインと同じ角度のゾーンをそのままチャネルラインに使います。

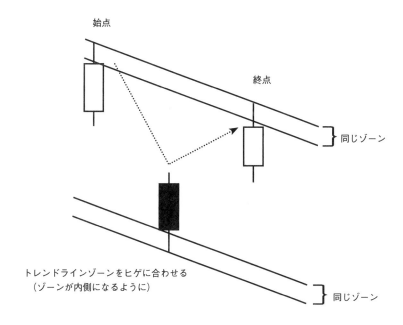

４）基本形②のゾーンの作り方（上昇トレンドの場合）

基本形②（トレンドラインを引いた終点のローソク足の「ヒゲの先」から「実体」までがゾーン）の上昇トレンドの場合の作り方は、以下の通りです。

①切り上げた２点の安値（始点と終点）の「ヒゲ」と「ヒゲ」を結びます。

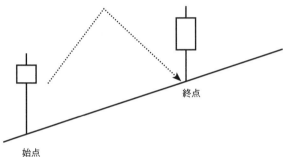

②「ヒゲ」と「ヒゲ」を結んだラインと同じ角度のラインを追加します。このとき、始点のローソク足にノイズ（ヒゲが長すぎるとか、ヒゲが短すぎるとか）があるときは、基本形①とは違い、**終点の実体**にラインを合わせます（下図の太線）。

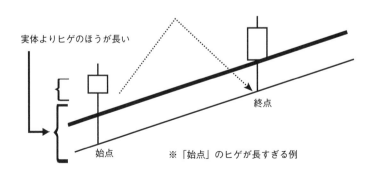

③この２本のラインで囲まれたところ（下図の点線を含む部分）がゾーンになります。

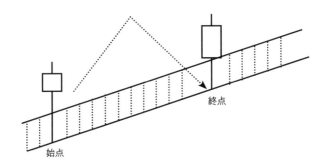

終点

始点

④チャネルゾーンについては、トレンドラインと同じ角度のゾーンをそのままチャネルラインに使います。

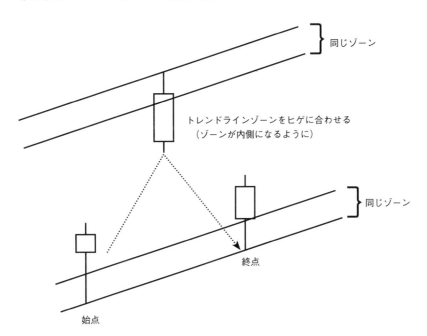

同じゾーン

トレンドラインゾーンをヒゲに合わせる
（ゾーンが内側になるように）

同じゾーン

終点

始点

5）基本形②のゾーンの作り方（下降トレンドの場合）

　基本形②（トレンドラインを引いた終点のローソク足の「ヒゲの先」から「実体」までがゾーン） の下降トレンドの場合の作り方は、以下の通りです。

①切り下げた2点の高値（始点と終点）の「ヒゲ」と「ヒゲ」を結びます。

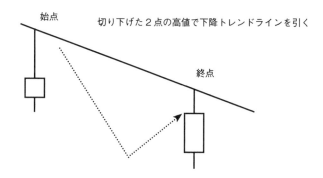

②「ヒゲ」と「ヒゲ」を結んだラインと同じ角度のラインを追加します。このとき、始点のローソク足にノイズがあるときは、**終点の実体**にラインを合わせます（下図の太線）。

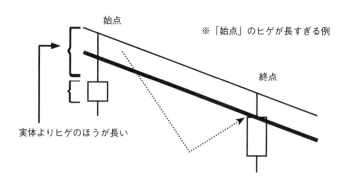

③この２本のラインで囲まれたところ（下図の点線を含む部分）がゾーンになります。

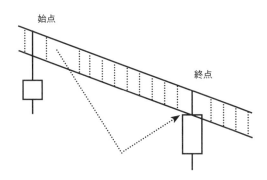

④チャネルゾーンについては、トレンドラインと同じ角度のゾーンをそのままチャネルラインに使います。

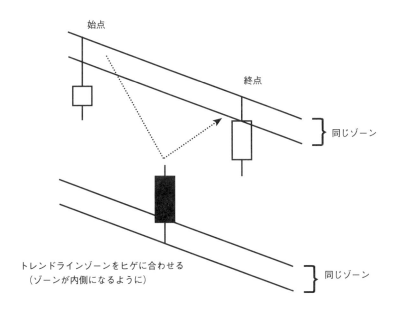

6）変則形のゾーンの作り方

　チャネルラインからトレンドラインのゾーンに逆輸入してくる**変則形は、「始点と終点のローソク足のヒゲがほぼないか、実体しかない、実体に対してヒゲが長すぎる」**という場合に採用します。その場合のゾーンの作り方は以下の通りです（※上昇トレンドの場合のみで説明）。

①始点と終点のローソク足を確認したとき、始点のローソクにも、終点のローソク足にもノイズがある場合［「ヒゲの先」から「実体」までの間隔が広すぎる（もしくは狭すぎる）場合］、ゾーンにしても参加者の意識を「均す」ことにはならない。

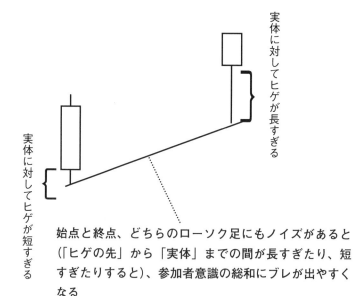

実体に対してヒゲが長すぎる

実体に対してヒゲが短すぎる

始点と終点、どちらのローソク足にもノイズがあると（「ヒゲの先」から「実体」までの間が長すぎたり、短すぎたりすると）、参加者意識の総和にブレが出やすくなる

②そこで、このケースでは、変則形としてチャネルラインのゾーンを先に作り、それをトレンドラインゾーンとして移植する。

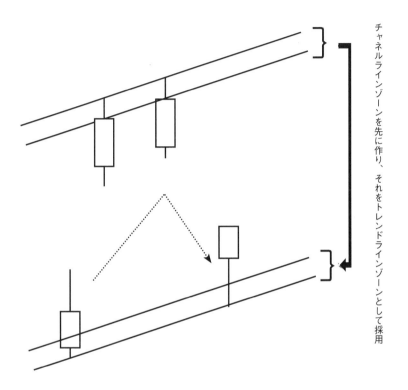

チャネルラインゾーンを先に作り、それをトレンドラインゾーンとして採用

　上記以外の理由がない限り、先ほど通り、基本形の①か②のどちらかのゾーンの作り方で対応しています（なお、きれいなゾーンが形成されているときは、"トレンドラインの始点のローソク足のヒゲと実体のゾーン"と"チャネルラインを合わせるローソク足のヒゲと実体のゾーン"がほぼ同じになっていることが多いです。これは、相場のおもしろい現象のひとつです）。

　したがって、基本的には①か②のどちらかで対応していれば、トレンドラインゾーンの作成で困ることはあまりないです。

ここで、「なぜ、チャネルラインのローソク足のヒゲと実体までのゾーンをトレンドラインのほうにゾーンを取っても成り立つときがあるのか、また意識されやすいのか」について、個人的な考察をお伝えします。

　解釈の仕方はいくつかありますが、個人的に解釈しやすい考え方として以下の2つがあります。

◎当初想定されていた動きから行き過ぎた
◎もう少し角度の急なトレンドライン＆チャネルラインが意識された

　まずは、この2つが実際の現象として起きる可能性があります。解釈としても考えやすいかと思います。

　この事象についてもう少し深掘りしてみると「上昇（下降）トレンドラインゾーンの広がりがチャネルラインゾーンに継承された」という解釈も考えられます。

　こちらのほうはエネルギー交換の観点に着目していて「買い（売り）のエネルギーが、売り（買い）という反対勢力のエネルギーに転換される」という発想からきています。

　例えば、売りのエネルギーが買いのエネルギーに転換される視点として、ブレイク＆リターン後に安値と高値の関係性が転換される、という話を前述しました。

　このように、意識の反転だけがエネルギー交換ではなく、売りのエネルギーが転換されず買いのエネルギーにそのまま継承されるというエネルギー交換の仕方も現象として起きていることがあります（98～101ページ参照）。

【上昇トレンドラインゾーンが下降チャネルラインゾーンに継承される】

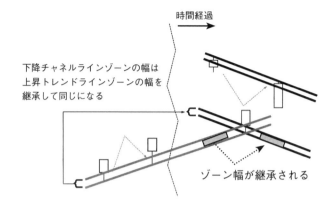

時間経過

下降チャネルラインゾーンの幅は
上昇トレンドラインゾーンの幅を
継承して同じになる

ゾーン幅が継承される

【下降トレンドラインゾーンが上昇チャネルラインゾーンに継承される】

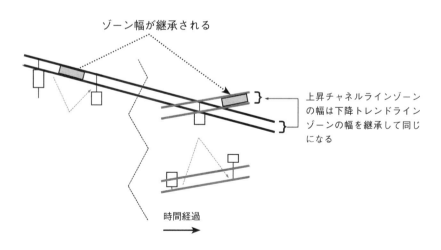

ゾーン幅が継承される

上昇チャネルラインゾーン
の幅は下降トレンドライン
ゾーンの幅を継承して同じ
になる

時間経過

◆ゾーンには、エネルギーが引き継がれる傾向がある　その1

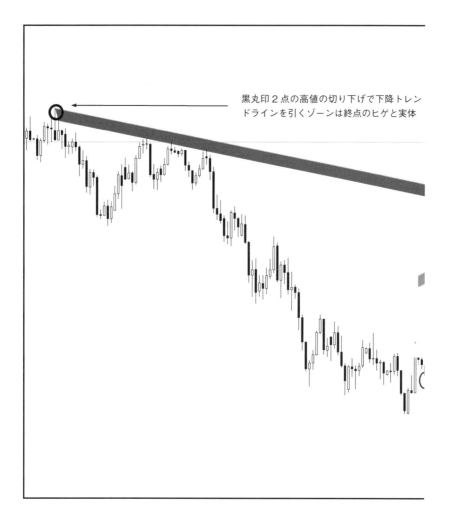

黒丸印2点の高値の切り下げで下降トレン
ドラインを引くゾーンは終点のヒゲと実体

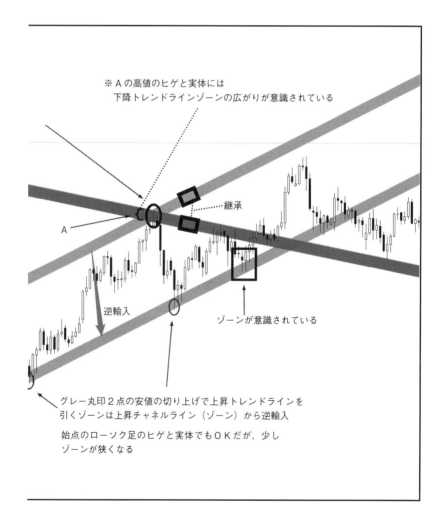

※Aの高値のヒゲと実体には
　下降トレンドラインゾーンの広がりが意識されている

継承

A

逆輸入

ゾーンが意識されている

グレー丸印2点の安値の切り上げで上昇トレンドラインを
引くゾーンは上昇チャネルライン（ゾーン）から逆輸入

始点のローソク足のヒゲと実体でもOKだが、少し
ゾーンが狭くなる

◆ゾーンには、エネルギーが引き継がれる傾向がある　その２

相場がきれいなときは、
ゾーンの広がりがほぼ等
しく継承されている

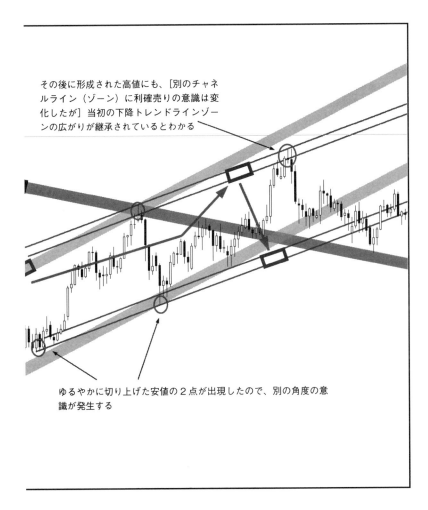

その後に形成された高値にも、[別のチャネ
ルライン（ゾーン）に利確売りの意識は変
化したが］当初の下降トレンドラインゾー
ンの広がりが継承されているとわかる

ゆるやかに切り上げた安値の2点が出現したので、別の角度の意
識が発生する

ここまでがトレンドライン（チャネルライン）ゾーンの基本的な考え方になります。他にもいくつかゾーンの取り方はありますが、まずは基本となるゾーンを捉える方法で半年から1年は一貫したほうが再現性を保つ意味でもよいかと思います。

　それくらいの期間を通してトライ＆エラーを繰り返さないと、視点の捉え方が自分のやりたいトレードスタイルと合っているのかなど、検証の数が足りません（もちろん、その視点に自分を合わせるというのも必要です）。

トレンドラインゾーンを引く目的
～3つのフィールドに分ける～

1）意図してラインを使い分ける

　第2章の第4節と本章第1節で、基本的なラインの種類と性質、ブレイク＆リターン、トレンドラインゾーンなどについて説明しました。

　ライン自体は「引こう」と思ったら無数に引けます。大事なのは**「各ラインを何のために引いているのか」**を自分でわかっていることです。これができていないと、ラインを引く意味がありません。例えるならば、マップとコンパスは準備したものの、自分が今いる場所のものではなく、まったく別の場所のマップとコンパスを持っている状態に近いです。

　そこで本節では、ラインをもう少し分類して、名称や役割についてお伝えします。例えば、以下のような状態はまさに「ラインを引いてしまっている」にすぎません。

【例】
◎1時間足で下降トレンドラインを引いて、そのラインに到達したから売りエントリー（日足は上昇トレンド）

◎上昇チャネルラインのブレイク＆リターンで買いエントリー（日足は下降トレンド）

冒頭でもお伝えしたように、「意図してラインを選択」しなければなりません。

そのために、目的別にラインの区別をしておいたほうがそれぞれ違うものと認識できますし、ラインによって取る行動も変えやすくなります。

最優先したいことは『買い手、売り手の攻防がどうなっているのか捉えること』でしたが、それ以外にどういうことを捉えて、どういう行動を採用すべきなのか、見てみましょう。

2）トレンドラインから捉えたいフィールドを３つに区別する

ひとくちにトレンドラインと言っても、角度の急なトレンドラインなのか、ゆるいトレンドラインなのか、または広範囲なのか、狭い範囲なのかによって、扱いはさまざまです。すべて同じトレンドラインではあるのですが、意識のされ方や強弱、継続性など、それぞれ役割が変わってきます。

そこで、まずは**ダウ理論を元に**、捉えたい**フィールドの区別**をします。この作業をすることで「自分がどういうフィールドを捉えているのか」を区別できるようになります。

◆大ダウ（フィールドライン）
　◎広範囲の安値と高値の推移、フィールドを捉えた視点
　◎今の値動きの「際（きわ）」を捉えたい目的で引く
　◎一度も抜かれていない安値、高値でトレンドラインをゆるく引く
　　（直近意識されている大きなバトルフィールドを捉えたい）

◆中ダウ

◎大ダウの中のトレンドとみなせる安値と高値の推移、フィールドを捉えた視点

◎最安値、最高値以外の安値、高値を始点と終点にして引くことが多い（大ダウのフィールドの中でトレンドが発生している動きを捉えたい）

◆小ダウ

◎中ダウの中で発生する保ち合いに近い安値と高値の推移、フィールドを捉えた視点

◎保ち合い中で形成する安値と高値を始点、終点にしてくる（細かい安値と高値の推移になってくるので、引く目的、意図がない場合はあえて引かなくても OK）

上記3つの名称は、私が普段そう呼んでいるものになります。大きなダウのリズムだから大ダウ、中くらいのリズムだから中ダウ、というイメージです（106 ～ 107 ページの図解参照）。

各トレンドライン（ゾーン）からチャネルライン（ゾーン）までをひとつのフィールドとして捉えて、短期～長期目線のプレイヤーがどのように自分の戦場を捉えているのかなど、視覚的に把握することを目的としています（108 ～ 109 ページの図解参照）。

◆大ダウ～小ダウのラインを引いたイメージ

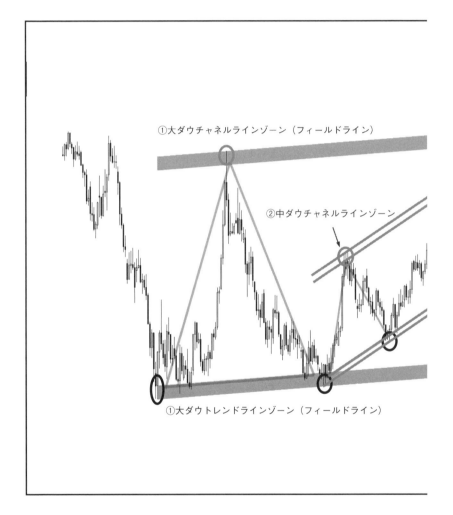

①大ダウチャネルラインゾーン（フィールドライン）

②中ダウチャネルラインゾーン

①大ダウトレンドラインゾーン（フィールドライン）

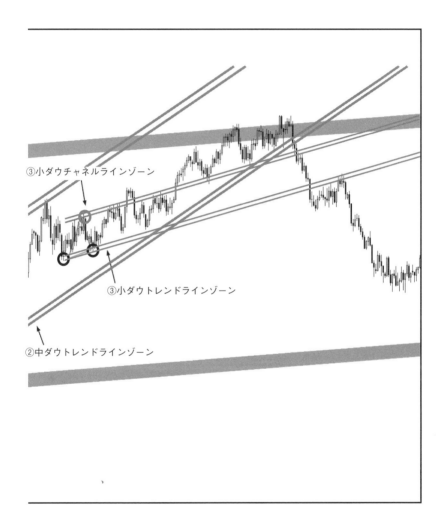

③小ダウチャネルラインゾーン

③小ダウトレンドラインゾーン

②中ダウトレンドラインゾーン

◆脳内で描いている、大ダウ～小ダウのフィールドのイメージ

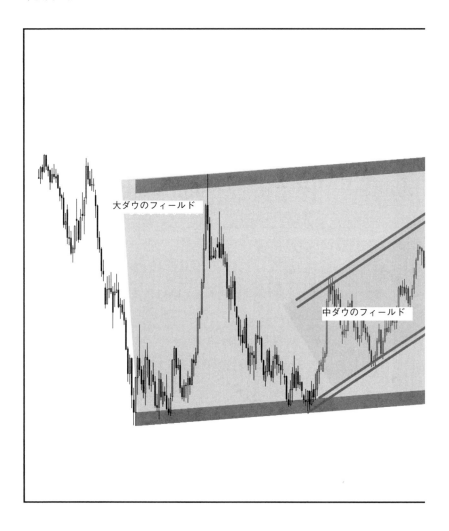

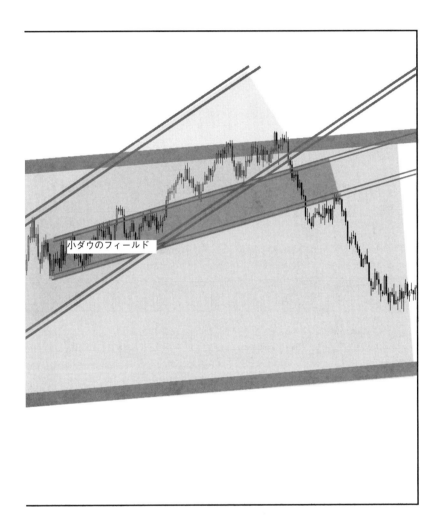

この大ダウ、中ダウ、小ダウの考え方のベースは、先述の通り、もちろん**ダウ理論**です。ダウ理論のトレンドの定義の中に「トレンドは短期・中期・長期の３つに分類される」「主要なトレンドは３つの段階から形成される」という法則があります。

　短期～長期はトレンドの形成期間を指していて、各トレンドは「主要トレンド」「二次トレンド」「小トレンド」という形で分類されています。

　大きな主要トレンドに対して二次トレンドで調整の動き（利確がメイン）が入り、その二次トレンドの中にさらに調整の動きで小トレンドが発生してくる、というイメージです。

　また、その中で最も波が大きく形成期間的にも長くなる主要トレンドについては「（主要トレンドは）３つの段階（局面）から形成される」ということも説いています。

　このトレンドの３つの段階で一般的に言われている名称は「先行期」「追随期」「利食い期」の３つです。「先行局面」「本格局面」「最終局面」という呼ばれ方もあります。トレンドのどの段階、局面について指しているのかわかれば、特に差し支えはないかと思いますので、本書ではこちらの名称を使います。

　上記のダウ理論の法則で言われているトレンドの定義とは違うのですが、イメージとしては各トレンドの推移を大ダウから小ダウへと視覚的に区別しています。安値、高値の推移、リズムの違いから「どこがバトルフィールドになっているのか」を３つのレベルに分けて捉えているわけです（108 ～ 109 ページ参照）。

　例えば、大ダウのフィールドは直近で意識されている値動きの「際」が今どのあたりなのかを捉えたい目的がメインなので、トレンドの３つの段階（先行・本格・最終）とは異なったニュアンスで捉えようとしています。

これらのフィールドをイメージすることは、ラインを引くときに常に必ず考えます。すべてただのトレンドラインとして認識しているだけだと、「自分が一体何を捉えたいからラインを引いているのか」について判断できなくなってしまうからです。

　大ダウ〜小ダウのトレンドラインは、フィールドを捉えるという明確な目的があって引くものですが、本書でお伝えするトレードスタイルで捉えたいラインに対してのアクション（主にブレイク＆リターン）は、それ専用に別のラインを引いていきます（後述）。

　もちろん、フィールド確認用のラインも、アクション用のラインも、表面上はすべて同じですので、ラインに基づく行動自体も同じように働くかもしれませんが、要するに、フィールドの視覚化とアクションを捉える視点は、また別でイメージしているわけです。

　私は、ブレイク＆リターンは「点」というより「面」の現象として捉えています。「今のフィールドが崩されかけてきた」という現象に着目していますので、イメージでは面の推移を見ています。

　今のフィールドに変化が出なければ、保ち合いでの戦闘（角度があってもレンジ内の戦い）ですし、どちらかに崩されていき変化が出れば、次のフィールドに戦場が移る、というフィールドの変化が発生する予兆として見ているアクションがブレイク＆リターンです。

　安値と高値の反転（点）も確かにブレイク＆リターンですが、それよりもフィールドの変化（面）に着目しているわけです。例えば、上昇トレンドも、大きな目線で見ると上昇基調のひとつのフィールド（範囲内）でしかないので、そのフィールドを超えていかない限りは変化したとはみなしていません。

　これはエントリーしていくときの考え方や「ホールドをどうするのか」など、ポジション管理の考え方にも直結してきます。点でアクションを捉えていると、ホールド力に難が出てきます。

また、実際に引いていることは少ないですが、直近のトレンドを確認するためのトレンドラインについても、補足で触れておきます（※引いていることが少ない理由は、直近のトレンドが継続しているのかどうかを確認するだけなので、視点が広くなく、引かなくても脳内でイメージできるからです）。

　個人的にはトレンドはターン制のバトルに近いものとしてイメージしています。安値と高値の推移に変化がない限り、そのトレンドのターンは継続しやすいです。

　したがって、その直近の短期的な安値と高値の推移をひとつのターンとして捉えて今のターンが継続しているのか、一服しかけているのか、だけに着目します。

　これは、前述のトレンドラインと同じ名称だと区別しづらいので「ターンライン」と仮称します。

**　ターンラインはひとつの安値と高値の切り上げ、切り下げのリズムが継続しているかどうか見ているだけの視点になり、長続きするタイプのトレンドラインではありません。**

　ブレイクした後もラインとしてのアクション（ブレイク＆リターンなど）は働きますが、個人的には、それを捉えてトレードするスタイルではないので、今のトレンドのターンが一服するのかだけを見ています。

　トレンドラインとは、侵略速度を表すラインであることはすでに述べました。角度が急すぎるトレンドラインですと、それを見ているプレイヤーが動きに追い付いていない可能性があります。

　もちろん、そのひとつの波だけ取りに来ている短期目線のトレーダーもいるでしょうが、短期目線のプレイヤーだけに、早々に利確などしてしまうため、トレンドが継続しにくいと考えられます。

　そのため、角度のゆるい、その他のプレイヤーも付いてきやすいト

レンドラインのほうがスイング目線としては好ましいと考えています。

　短期目線（デイトレやスキャル）では、ひとつの短期的なトレンドのターンが一服したタイミングで、逆張り（※1）のエントリーを仕掛けるスタイルを採用するトレーダーもいます。

　スイング目線では今のトレンドが一服して調整の動きが入って持ち合いになるか、または押し目、戻し目を形成しにくるかどうか見ていき、順張り（※2）の方向にエントリーできるかどうかを検討するトレーダーもいます。これもトレードスタイルによりますので、どれが合っているか、間違っているかなどは断言できません。

　それよりも、自分がどの視点でフィールドを捉えていて、どのトレンドの動き、どの波を狙っているのか、入口と出口はどうするのかなど、すべて理解したうえでトレードすることのほうが重要です。

※1：トレンドと逆方向に入るエントリー

　この例では、短期的でも今のトレンド方向と逆方向に入るから逆張りという表現にしています

※2：トレンド方向に入るエントリー

　この例では、中期的なトレンド方向に入るのを順張りと表現しています

◆今のターンのみを確認するライン（＝ターンライン）

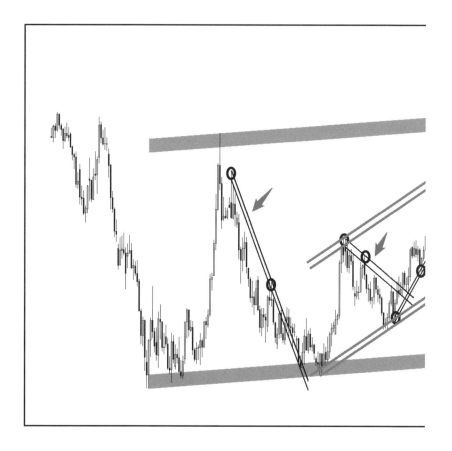

◎フィールドでは複数の上げ下げを見ることになるが、ターンライン（矢印で指

◎目的はあくまでもフィールドを捉えること。脳内でイメージできるのであえて

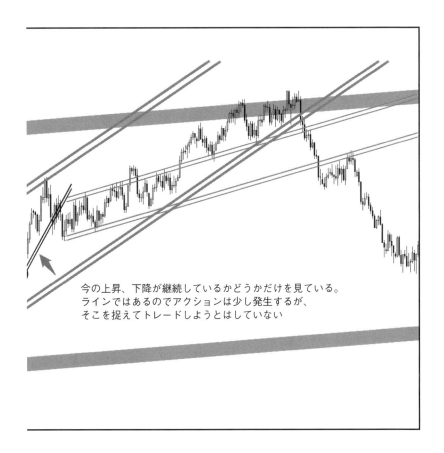

今の上昇、下降が継続しているかどうかだけを見ている。
ラインではあるのでアクションは少し発生するが、
そこを捉えてトレードしようとはしていない

しているライン）は「今」のひとつの上げ下げだけを見ている

引かない

◆何でもかんでもラインを引くと「引いてしまっている」状態になる

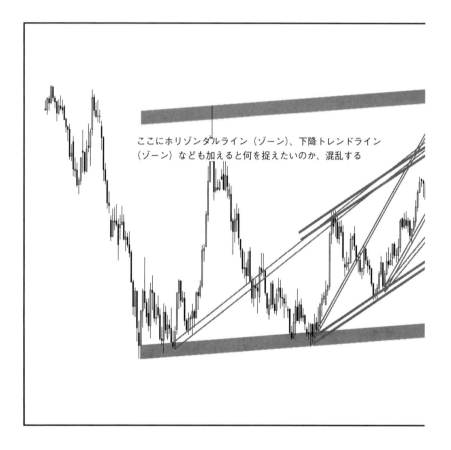

ここにホリゾンタルライン（ゾーン）、下降トレンドライン
（ゾーン）なども加えると何を捉えたいのか、混乱する

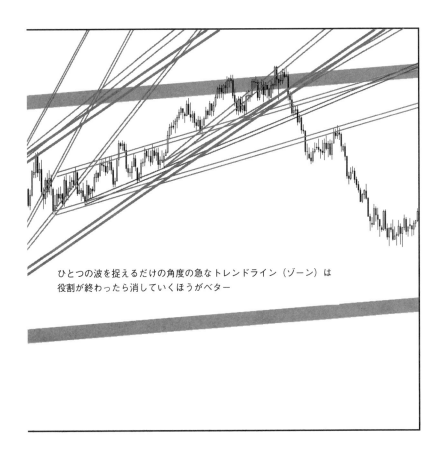

ひとつの波を捉えるだけの角度の急なトレンドライン（ゾーン）は
役割が終わったら消していくほうがベター

帰納法と演繹法を心得ておく

1）テクニカルは、ある種、決めつけの前提

　次節（第4節）で「そもそも、なぜゾーンが存在するのか、なり得るのか？」という部分に触れますが、その前に、相場で頻繁に使用することになるであろう論理的思考回路について、本節で押さえておきます。有名なものでは「帰納法」と「演繹法」の2つがあります。

　大多数のテクニカルの理論（セオリー）や論理（ロジック）には多かれ少なかれ、「そうなっていることが多い」という、ある種、決めつけの側面があります。

　ここを大前提で理解できていないと、どのテクニカルを活用して分析しようが、相場に考えがマッチせず、うまくトレードに取り入れることはできません。

　一般的に広く知られている理論を例に挙げますと、「ダウ理論」「グランビルの法則」「エリオット波動」などがあります。

　これらも、ある種、決めつけの理論でもあり、また、帰納的思考（大量のデータなどから共通するルールを見つけ、それらを総合して結論を導く思考法）で成り立っている部分が強い要素はあります。

　過去の値動きを観測、検証した結果、「ある条件下では○○という現象が働きやすい（発生しやすい）」などの傾向を、過去のデータか

ら共通した事象を抽出して結論付けられ定義化、理論化されているものが多いです。

　そして、過去の偉人たちが発見してきたこのような理論を活用してトレードを行うことが多いので、我々は演繹的思考（一般論など、複数の事実を足し合わせて結論を出す思考法）でトレードをしていることになります。

　例えば、普段トレーダーが行っているであろう思考回路を例に挙げますと、以下のような手順などを考えている場合が多いかと思います。

◎ダウ理論の視点では、大枠の安値と高値を切り上げて推移しているから上昇トレンドと仮定できる

◎グランビルの法則の視点では、短期と中期の移動平均線がまだゆるやかに下向きから横ばい気味の推移だが、長期の移動平均線は上向きをキープしているから全体観としてはゆるやかな上昇トレンドと仮定できる

◎エリオット波動の視点では、前回形成した安値を切り上げて、新たな安値が形成されている。そして直近高値も下抜いていないから3波の途中か、4波を形成中くらいと判断できる。さらに5波で上昇が継続するか？

基本戦略は買い方向。

ただし、**直近の上昇ほど強い上昇にまた、転じられるか？**

このように、過去の観測、検証から導き出された「(帰納的) 各理論」をルールの大前提として、各理論を関連付け、総合的にトレード判断していく (演繹的)、というイメージです。

2) 理論も根本の「なぜ?」を考える

　さて、ここでひとつ、留意しておきたいことがあります。それは、私たちは帰納的思考で導き出された大前提となる理論などを用いて演繹的思考でトレードを考えていきますが、その**大前提となる理論などが「ある条件下では……」などのように絶対的に当てはまるわけではない**ということです (もしくは、前提となる理論やロジック自体が、大きな欠陥や間違いをはらんでいる可能性もあります)。

　もちろん、上記で紹介したメジャーな理論は、ある程度は普遍的な事象を抽出して導き出されていますので、かなり優位性のあるものではありますが、それを用いる我々があまりにも演繹的思考ばかりに頼るとトレードでうまくいかなくなる、というジレンマに陥ります。

　簡単に言うと、「A だから B」「1 + 1 = 2」という答えありきの思考回路になってはいけないということです。上記の例のようにいくら理論で根拠を重ねても、そのようにならないときにはならないものです。

　特に、日本人は義務教育の段階でこのような思考回路になる教育を受けていますので、無意識に演繹的思考に偏る傾向にあります。意識的に気をつけたほうがよいかもしれません。

　「A だから B」という思考に洗脳されている私たちは忘れがちですが**「相場に絶対はない」**のです。すべての理論はあくまで**「そのような可能性がある (優位性が高い)」**というだけの話です。トレードの仮説を立てるための考え方として使う、というだけのものです (考え方の指針)。

そもそも「なぜ、その理論ではそのような物事の定義がされているのか」「ある事象を抽出して法則化されてあるのか」など、根本的な部分に着目して考えるほうがトレーダーの思考回路としては適切です。

　どの理論も、相場に対して完全できれいに理論通りに当てはまるわけではないのです。したがって、**活用できる部分をうまく取り入れ、それ以外をあえて捨てるという作業が欠かせません。**取捨選択ができるようになるためにも、根本的な部分の理解をどれほど深く落とし込んで考えられているのかが大切になってきます。

　表面上の理論やロジックを知ったところで、根本的な部分をわかっていないと先人たちの知恵も無用の長物になります。それでは、もったいないです。常に意識したいところです。

　よく言われていることですが、その理論や物事が「使えない」のではなく、理論等を「自分が使いこなせていないだけではないか」ということを常日頃から問う癖をつけたほうが、トレーダーとしては好ましいです。

　「AだからB」の演繹的思考に偏っていると、Aが通用しない、つまりAは使えない、よってBにもならない、という思考になってしまいます。

　優位性はあったとしても、そもそも相場に答えなどないのですから、演繹的思考法は相場に向いた思考回路ではありません。**我々が求めていることは、答えではなく「再現性」「優位性」なのです。**

　「トレードをするうえでは、演繹的思考のほうが適しているかもしれませんが、相場自体を考えるうえでは帰納的思考のほうが向いているのではないか」という意見を私個人としては持っています。ただ、これもどちらが向いているかは人によるのかもしれません。

　いずれにせよ、帰納的思考と演繹的思考をバランスよく用いたほうがよいに越したことはないですが、あまり演繹的思考にばかり偏るのもよろしくないかもしれませんよ、ということもお伝えしておきます。

「AだからB」「1 + 1 = 2」という答えが決まっているという前提の思考回路ですと相場にうまくマッチしませんし、テクニカルをうまく活用できなくなります。

なぜ、ゾーンなのか？
～ゾーンが成り立つ仮説～

1）ゾーンとはどういう概念か？

①ゾーンは「参加者の意識を均す」ことに着目している

前節までで、テクニカルを使用するときの注意点を帰納的思考と演繹的思考の2つで説明しました。

ここから説明する「ゾーン」の概念も「そういう現象が発生しやすい」という、長年相場を観測してきて気がついた、ある種の相場の癖のようなものを抽出した概念になります。

「なぜ、そのような現象が発生するのか。なり得るのか」という解釈が自分なりにでもしっかりと落とし込めていないと、それを扱う自分自身がうまく取り込めません（くどいようですが、すべてのテクニカルに言えることです）。

こういう部分をどれだけ落とし込めているかによって、実際のトレードの判断や行動の自信の差につながります。それは大きい取引量になってくればくるほど差が出ます。あいまいな解釈のものを使っても、ただ恐怖になるだけで、大きな取引量で勝負できません。

さらには、ポジションを作ることよりも重要な"損切り"が自信を持ってできるのかにも直結します。仮に連続して損切りになったとき、その後も、「そのままいつもと同じ行動が繰り返せるのか」という部

分にも差が出ます。

②面の意識でトレンドラインを考える

　さて、第1節でトレンドラインゾーンについて説明したように、ホリゾンタルラインもトレンドラインも、点と点を結ぶ線（ライン）ではなく、面（ゾーン）の意識で見るほうが好ましいです。

　数多くいるプレイヤーたちの意見を**ピンポイントの点の意識で捉えるのは、ほぼ不可能に近い**です。もちろん、不可能ではないですが、再現性が極端に落ちるので意味がありません。

　では、「トレンドラインを面（ゾーン）の意識で捉えるためにどうするか」という視点で考えたものが "トレンドラインゾーン" です。

　トレンドラインをゾーンにする目的のひとつとして**「各プレイヤーたちの総和を捉えておきたいから」**ということが挙げられます。別の言い方をすれば、「さまざまな意見を均した状態にしたい」という感じです。

　つまり、「トレンドラインについての意見を均す」ということなので、複数あるトレンドラインの引き方で見ているプレイヤーの視点を平均化したい、というイメージに近いです。

　移動平均線やボリンジャーバンドの標準偏差などとも近い概念です。

2）仮説1：複数のプレイヤーがいろいろなトレンドラインを見ている

　ゾーンが成り立つ理由としては、解釈として本当に正しいものが何かはわかりませんが、前述した通り、おそらく「各プレイヤーたちの行動の総和だから」ということが考えられます。

　ゾーンを形成するときのトレンドラインの捉え方として、以下の4

つが挙げられます。

①ヒゲと実体を結ぶライン：（ひ）ー（実）
②実体と実体を結ぶライン：（実）ー（実）
③ヒゲとヒゲを結ぶライン：（ひ）ー（ひ）
④実体とヒゲを結ぶライン：（実）ー（ひ）

　図で表すと以下のようになります。

◆各トレンドラインの位置関係

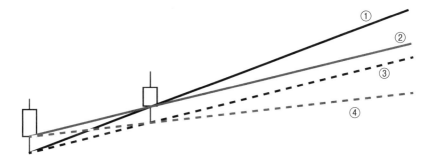

```
①：（ひ）ー（実）　外側の意識
②：（実）ー（実）　内側の意識
③：（ひ）ー（ひ）　内側の意識
④：（実）ー（ひ）　外側の意識
```

あるプレイヤーはヒゲとヒゲで引いたトレンドラインを見ていて、別のあるプレイヤーは実体と実体で引いたトレンドラインを見ているというように、お互い、自分が見ているラインを元に行動している可能性は十分あり得ます。

　さらには、同じ始点と終点でトレンドラインを引く場合であっても、引き方によってはトレンドラインの角度が変わります。当然、その後のトレンドラインが示す場所も変わってきます（※ 例えば、実体とヒゲ、ヒゲと実体など。ただし、そうする状況はある程度限られてくる）。
　これらについても、どれが正しいというわけではありません。ただ、それらを元に行動しているプレイヤーが多かれ少なかれ存在しているというのは確かなので、どれもやはり意識はされています。

3）仮説２：一度発生した角度は継続する

　さて、話を戻します。私は、「トレードの一貫性を保つためにどのようにしようか」と相場を長いこと観測し続けていたあるとき、ある安値と安値の切り上がり方、高値と高値の切り下がり方に着目しました。
　その結果、「ひとつのトレンドラインの角度が、新しく形成された安値や高値から、同じ意識で再出発していることが多かった」ことに気づきました。
　一度、あるトレンドラインの角度が形成されると、それを元に行動したプレイヤーがいる（※トレンドラインが引ける前に行動しているプレイヤーになりますが）のは、他のプレイヤーも気づいていますので、その意識が継承されている可能性は、当然、考えられます。

　トレンドラインは、直近のトレンドのターンを継続させるうえで<u>破</u>

られてはならない目安になります。

　ひとつの解釈としての仮説ではありますが、後続者たちもそのトレンドを継続させようとして同じ角度のトレンドラインを意識しているのかもしれません。

　このような意識の結果なのか、そもそも安値の切り上げ、高値の切り下げはゾーンを元に発生しているという現象が働いていることが多いです。

　そして、それらの現象が発生しやすいという仮説を取り入れるのであれば、始めからその視点をチャート上に表現しておくと、安値と高値が切り上がる、切り下がる動きを事前に捉えやすくなります。

　また、このゾーンを利用した価格の抜き差し、ゾーン間での切り上げ下げなどから、値動きの反応度の強弱やトレンドの継続の可能性などの見極めもできます。

　言葉だけではイメージが掴みにくいと思いますので、128〜130ページに、ゾーンが成り立つ仮説についての考察を、図解で紹介しておきます。なお、説明の便宜上、各トレンドラインを以下のように略します。

・ヒゲとヒゲ：トレンドライン（ひーひ）
・実体と実体：トレンドライン（実ー実）
・実体とヒゲ：トレンドライン（実ーひ）
・ヒゲと実体：トレンドライン（ひー実）

◆考察１：そもそもトレンドライン１本では参加者の意識を捉えにくい

　最安値付近の陰線、陽線を見てください。「どちらのローソク足を始点にするか」という問題はありますが、「大枠の"際"を捉える」という意識を優先するのであれば最安値を選択します。

　このとき、「際」を狙うという目的があるので、ヒゲとヒゲを結ぶトレンドラインを軸にします。もちろん、ヒゲとヒゲ以外で引くトレンドラインでも「際」を捉えられなくはないですが、「毎回、そうするかどうか」という再現性に問題が出ます。

　そのため、まずはヒゲとヒゲで引くトレンドライン、かつ、「際」を捉える意識の視点で捉えられるようにしたいです。

　ただ、１本のトレンドラインでは、参加者の意識をピンポイントで捉えることになります。先述したように、これはなかなか難しいです。

◆考察２：切り上げた安値から同じ意識のトレンドラインが生まれている

　下の図を見てください。ｂ部分（買いの意識ｂ部分）を「切り上げた安値」と表現できるかは、ダウ理論の視点でも難しいところです（下位足では切り上げたと認識できるかもしれませんが……）。

　ただ、陰線で安値を形成したあとに陽線で強い買いが入った痕跡であると考えてみると、ｂ部分はａの部分と違う積極的な買いの意識が発生した場所という解釈もできます。実際、細かく見るとａとｂでは買いの意識も微妙に違います。

　さらに、深く観察してみると、切り上げた安値（買いの意識ｂ）から、買いの意識ａと同じ角度の「トレンドライン」が再出発していることも見て取れます。

　このことから、切り上げた安値から同じ角度の「トレンドライン」の意識が再出発している可能性があるとわかります。

◆考察３：買いの意識の総和を取る＝ゾーン

　「考察１」と「考察２」の結果、買いの意識ａと買いの意識ｂから同じ角度のトレンドラインが出現していることがわかりました。要するに、買いの意識ａと買いの意識ｂに囲まれたゾーンが生まれている、というわけです。ならば、事前にゾーンにしておけば、買いの意識ａと買いの意識ｂの総和を取ることができます。

　ゾーンを作るときには、基本、始点のローソク足の実体でゾーンを取ったほうが楽ですが、陰線と陽線の買いの意識の違いを認識したうえで考慮するのであれば、ひとつ隣の陽線からゾーンを取るという方法でもよいでしょう。

　ただし、違いを認識していないのであれば、ゾーンを取れば細かい差でしかないので、気にしなくても問題ありません。

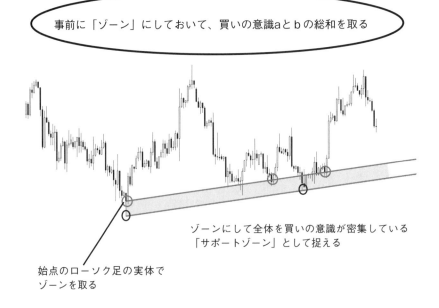

事前に「ゾーン」にしておいて、買いの意識ａとｂの総和を取る

ゾーンにして全体を買いの意識が密集している
「サポートゾーン」として捉える

始点のローソク足の実体で
ゾーンを取る

4）補足：ゾーンにする場合も上位足を優先する

　下位足で細かい部分に着目するよりも上位足を優先したほうがよいのは、以下の例でもわかります。ダウ理論の通り、値動きは大きな時間軸の流れに集約されていきます。

　もちろん、変化の兆しは、下位足から波紋のように広がり、上位足にも派生していきます。要するに、上位足と下位足は、相互作用の意識で動いているのです。

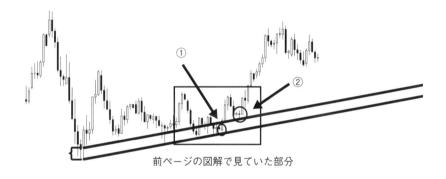

上位足を優先したほうが各時間軸のプレイヤーの総和が取れる

前ページの図解で見ていた部分

①下位足で捉えようとしていた安値の切り上げ
②上位足を見ているプレイヤーからしたらこちらが捉えたい安値の切り上げ

各FX会社によってローソク足の形成、ヒゲの出方などに差があります。その点も考慮すると、実体を選択する引き方の意味合いを見出せます。

　上位足のゾーンを下位足にしてみるとゾーンが広く見えますが、上位足優先で考えるのであれば、それに従うほうがベター。トレードに活かしにくいと感じるのであれば、この中にさらに下位足の意識を重ねてみるのもありです（ただ、チャートがゴチャつくので個人的には好きではありません）。

①上位足のローソク足のイメージ
②下位足でトレンドラインを引いていた2点の安値
　　そもそも、終点がそこに形成された理由も、上位足の意識の延長線上にあるから
③131ページで指していた②の安値の切り上げ部分

ここまで、ゾーンが成り立つ仮説について考察しました。ほかにも、解釈としてはいくつかあります。

　ただし、それらも説明しますと話が先に進まなくなりますので、いったんシンプルに解釈するのであれば、ここまでの理屈で「成り立っている可能性がある」という理解に留めておいても問題ありません（ここをあまり追求してもトレードに使える知識になるかどうかは別問題になってきますので）。

~第5節~
なぜ、「ヒゲ」と「ヒゲ」なのか？

1）「際」を狙うならば「ヒゲとヒゲ」

　先述した通り、私は、大多数のプレイヤーが見ているであろう「ヒゲとヒゲでトレンドラインを引く」ことを優先しています（125ページの図の③）。そのほうがリアルタイムのその時々の判断を考えると再現性があるからです。

　「ヒゲとヒゲ」以外で個人的に引いている頻度が高いのは「実体とヒゲ」です（125ページの図の④）。理由としては、そのほうがゆるいトレンドラインが引けて、大枠のフィールドのイメージがしやすくなるからです（※ただし、ゾーンの取り方について別の考え方が必要になりコツがいる）。

　その次に「実体と実体」でしょうか（125ページの図の②）。こちらはやや頻度としては低いです。「ヒゲとヒゲ」「実体とヒゲ」の2つよりもさらに角度がゆるくなる場合、または安値群、高値群が密集していて、かつ、長いヒゲが多すぎるなどの限られた状況のときに選択することになります。

　最後に、これらの選択基準から外れてくる「ヒゲと実体」は角度が急になることが多いのでほぼ使うことはありません。

　ただ、これもラインで何を捉えたいのかによります。私は大枠の

フィールドを捉えることを優先していますので、角度が急になるようなラインを選択してくることが少ない、という行動指針の定義があります。

したがって、ラインを引くときもサポート＆レジスタンスとも「外側の際」の意識を捉えることを優先しています。そのため、それを捉えやすくなる「ヒゲとヒゲ」「実体とヒゲ」のパターンになる場合が多いのです。

ローソク足の形成状況によってはこの選択の仕方も変わりますが、外側の「際」の意識を捉えることを優先したいからゆるく引けるラインを選択しています。

ただし、ゆるく引けるラインを選択することによって「外側の際」の意識を捉えられることが多くなる反面で、安値や高値を切り上げ、切り下げさせるときの「内側の意識」は捨てていることが多い、と言い換えることもできます。

ここでも、やはり何かを捨てる部分は出てきます。何かを得るには何かを捨てないといけないわけです。すべて考慮できるならば、それに越したことはないですが、私自身にはそこまでのキャパがありません。

もちろん、各ラインは、脳内である程度はイメージ＆カバーしていますが、実際、チャートに視覚化して表現しているのは「ヒゲとヒゲ」「実体とヒゲ」の２つに留めているときが多いです。

チャートがゴチャゴチャすると（＝見た目が複雑だと）、見ている自分も混乱します（148 〜 149 ページ）。

さらに、ラインの角度による捉える視点の違いについては時間の観点も出てきます。これは継続性の問題に関わってきますが、今回は説明を割愛します。

2)「何をしたいのか」を考えてラインを引く

　上記までのラインの選択の仕方は、結局、人によって「何がしたいのか」「何を捉えたいのか」という部分で差が出てきます。それによって、ライン選択の優先順位も変わってくると思います。

　何度も言いますが、**重要なのは自分が何をしたいのか**です。ここを投資哲学、思想で作っていく作業が確実に必要です。

　この前提部分によって選択する目線の整え方や行動も変わります。それを考えられるようにするためにも練習段階で自己との向き合いを続けることが必要です。

　分析自体に自分を合わせることも必要ですが、「自分が何をしたいのか」によって「どういう分析をすべきかを考える力（分析を選択する力）」も必要です。いろいろなことが作用して、自分のトレードスタイルや好みが変わることもあります。そういう変化もトレードをしていくうえで楽しめるとよいと思います。

3）選択基準は「自分が納得して行動を繰り返せるか？」でもよい

　最初に相場を始めたころは、どのラインもまんべんなく引いてトレードしようとしていましたが、常にいくつかの視点で引いたトレンドラインを考慮し続けた結果、自分の視点が定まらず、余計に混乱していました。

　どれも意識されているが自分はどれを参考に行動したらよいのかがわからなくなります。しかも、どちらがより意識されているかは状況によって違ったりもします。

　ただ、慣れてくると、直近でより意識されているトレンドラインがどれかなど、状況によって判断できるようにはなってきます。

　さらに、各トレンドラインを考慮していけばレンジ売買に活用する

などもできなくはないです。ただ、難易度が一段、二段と高くなり、難しくなってくるという意味で最初はお勧めできません。

　そもそも、メインの「大枠の際」を狙ってトレードする視点としては、いくつもラインを引くとゴチャつきます。

　自分の行動に一貫性を保つということを選択基準で最優先するのであれば、メインで使うトレンドラインはどれかに絞っていたほうがよいいかと思います。

　基本は大多数のプレイヤーが見ている「ヒゲとヒゲ」で引くトレンドラインから最低でも1年は練習したほうがベターです。それくらいは経験値の蓄積が必要です。

　その間に、どのようなときにヒゲとヒゲ以外のトレンドラインが意識されていることが多いのかなどを検証していき、あらためて大枠以外のトレンドラインの検証も加えていくほうが習得度は上がります。

　例えば、実際にトレードしているときに対応しにくいと感じることが増えてきた（気になってきた）など、ある程度の知識と経験が蓄積されてきたときのほうが好ましいです。最低でも200回分はその検証のデータは欲しいところですね。

　理想を言うと、統計的には2000回は欲しいですが、自分の感情の推移やトレードの再現性など、さまざまなデータが蓄積できまるまでの期間が1年では収まらなくなるほど長くなりますので、このあたりは自分が納得して行動を繰り返せるようになるかどうかを基準にしてもよいと思います。

　人間、自分が納得していない行動基準を作ってもその通りに行動できません。自分が納得して行動を繰り返せるかどうかも、選択基準として重要です。

◆ヒゲとヒゲを結んだトレンドラインと、実体と実体を結んだトレンドラインを

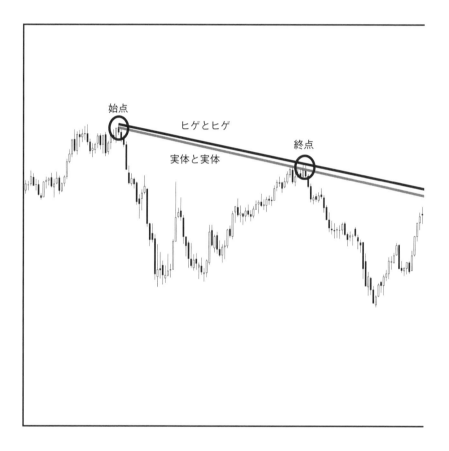

比較してみる

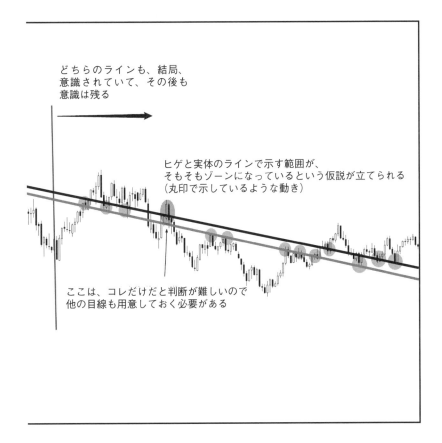

どちらのラインも、結局、
意識されていて、その後も
意識は残る

ヒゲと実体のラインで示す範囲が、
そもそもゾーンになっているという仮説が立てられる
（丸印で示しているような動き）

ここは、コレだけだと判断が難しいので
他の目線も用意しておく必要がある

◆4種類のトレンドラインを表示して、比較してみる

始点

終点

①

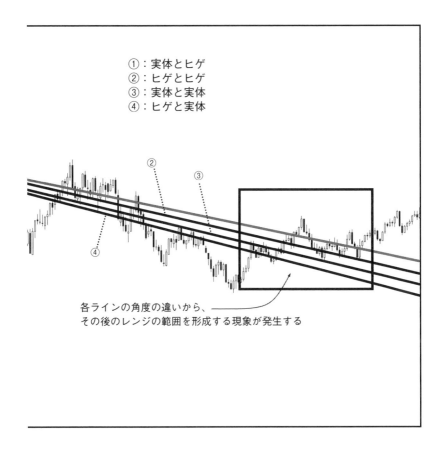

①：実体とヒゲ
②：ヒゲとヒゲ
③：実体と実体
④：ヒゲと実体

各ラインの角度の違いから、
その後のレンジの範囲を形成する現象が発生する

◆4種類のトレンドラインを表示して、比較してみる（さらに時間が経過）

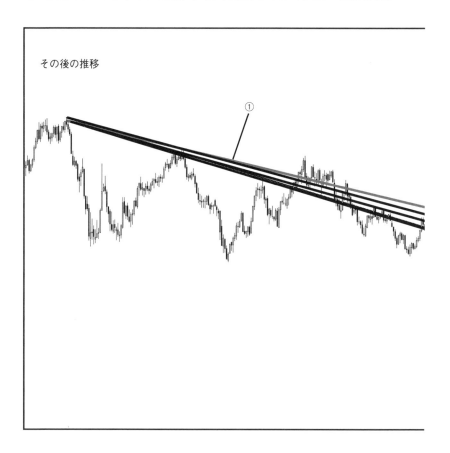

その後の推移

①

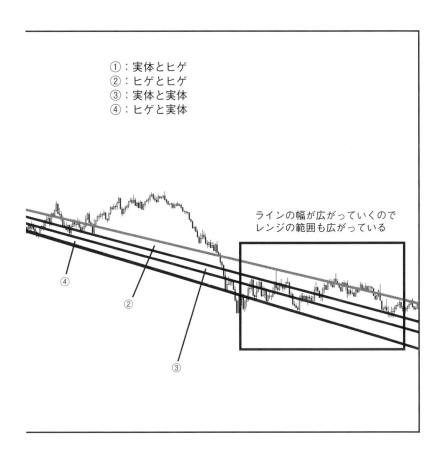

①：実体とヒゲ
②：ヒゲとヒゲ
③：実体と実体
④：ヒゲと実体

ラインの幅が広がっていくので
レンジの範囲も広がっている

◆時間経過で引けるトレンドラインも加えると……

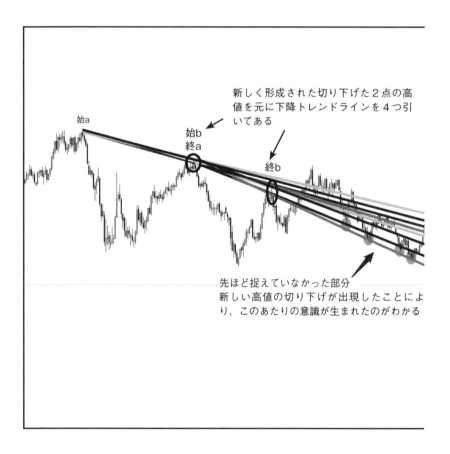

始a

新しく形成された切り下げた2点の高
値を元に下降トレンドラインを4つ引
いてある

始b
終a

終b

先ほど捉えていなかった部分
新しい高値の切り下げが出現したことによ
り、このあたりの意識が生まれたのがわかる

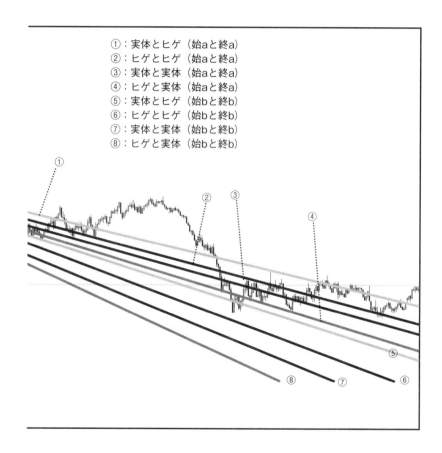

①：実体とヒゲ（始aと終a）
②：ヒゲとヒゲ（始aと終a）
③：実体と実体（始aと終a）
④：ヒゲと実体（始aと終a）
⑤：実体とヒゲ（始bと終b）
⑥：ヒゲとヒゲ（始bと終b）
⑦：実体と実体（始bと終b）
⑧：ヒゲと実体（始bと終b）

◆時間経過で見ると、角度のゆるいトレンドラインのほうが継続しやすい

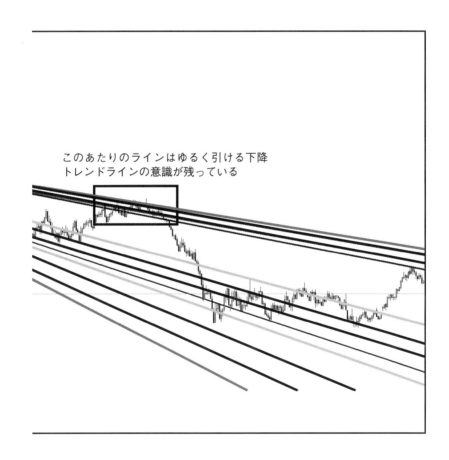

このあたりのラインはゆるく引ける下降
トレンドラインの意識が残っている

◆最終的に、ラインは自分で選択しないといけない

ラインをすべて考慮すると地獄絵図のようになる

中間の高値でもトレンドラインは引ける

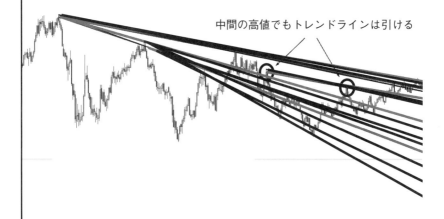

これでトレードできますか？

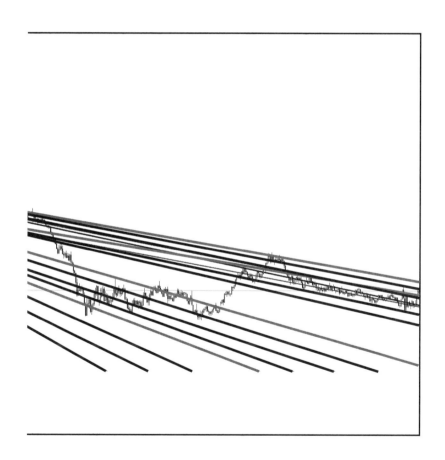

では、先ほどの148〜149ページで見ていたチャートを、もう一度、ゾーンにした状態で見てみましょう（152〜153ページ）。

　まずは選択基準の基本となるトレンドライン（ひーひ）だけ視覚化しています。各ラインをすべては考慮していないため、捉えきれない部分は出てきますが、そこはあえて捨てています。前述通り、フィールドの外側の「際」の意識を捉えることを最優先しているからです。

　何を捉えることを優先しているのかによって、何を捨てる部分が出てくるのか？　ここが理解できていれば、それを視覚化してチャートにいったん表現しておけばOKです。混乱するものをチャートに表現してもトレードで使えなくなります。

　チャートはシンプルに捉えようとよく言われています。シンプルにするためには、さまざまな思惑や視点など、いったん把握したうえで、そこから自分が捉えたいことは何かを定義化して、最終的に何を捨てないといけないのかを選択する、という思考の過程が必要です。

　ここで、以下の2つについて、少し考えてみてください。

◎「5」だけわかっているから「5」だけ表現する（実際は「3」も
　表現できていないことがある）
◎「10」まで把握しているが、視点がゴチャつくからあえて「5」
　だけ考慮する（表現する）

　上記2つは「5」というものを表面化させているのは同じですが、表面化させるに至る思考の過程などは、まったく別レベルです。同じものを見ていたとしても判断の仕方も違うし、トレードで体現できていることは違うものになりますね。

　ここで、152〜153ページの図をもう一度見てください。これは、

基本となる「トレンドライン（ひ－ひ）」から角度の中心を捉えよう
としている視点になります。

　中心になる「トレンドライン（ひ－ひ）」を優先して見ているのは
各トレンドラインを見ているプレイヤーの意識を均した状態にしたい
からです（意識の平均化）。各トレンドラインの平均に近いトレンド
ラインに対してゾーンの視点を加えて幅を持たせることで、さらに均
した状態で捉えるという目的があって、トレンドラインゾーンとして
視覚化しています。

　ゾーンにして捉えたいことの目的としては上記のことが大枠になり
ます。もちろん、他にも目的や役割などありますが、いったんここま
で理解できていれば OK です。

　ただし、目的や意図が理解できず無意味にゾーンにしても判断に迷
うことになり、トレードに活用しにくくなるのであれば採用しなくて
もよろしいかとは思います。

　これが、帰納的思考と演繹的思考の項目で説明していた、すべての
理論やテクニカルに共通して言えることでしたね。

◆ヒゲとヒゲのトレンドラインゾーンのみ描写

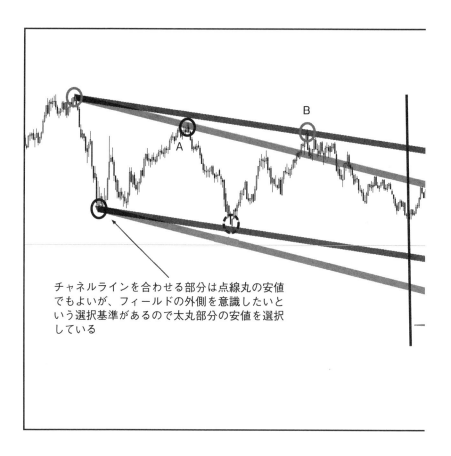

チャネルラインを合わせる部分は点線丸の安値
でもよいが、フィールドの外側を意識したいと
いう選択基準があるので太丸部分の安値を選択
している

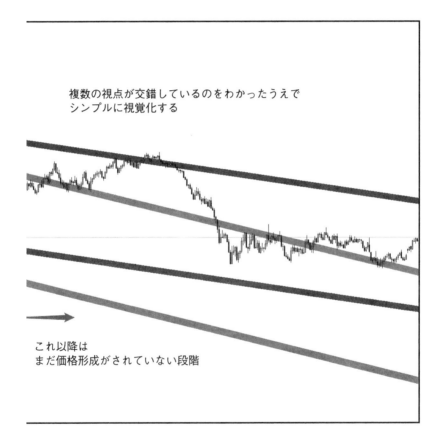

複数の視点が交錯しているのをわかったうえで
シンプルに視覚化する

これ以降は
まだ価格形成がされていない段階

～章末コラム：メタトレーダー４でのゾーンの作り方～

　ここでは、メタトレーダー４でのゾーンの作り方の順序について解説します。

① 「平行チャネルを作成」を選択。

②すると、以下のような平行チャネルラインが表示される。

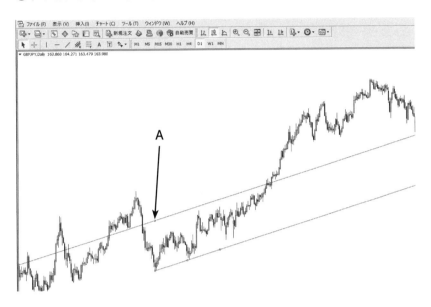

③ラインの幅を調整する（②のチャート上のAで調整する）。

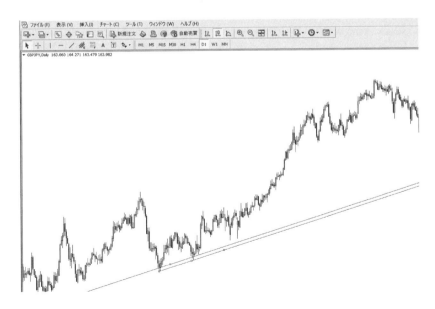

④チャネルラインを右クリックして、Channelプロパティ（B）を表示。

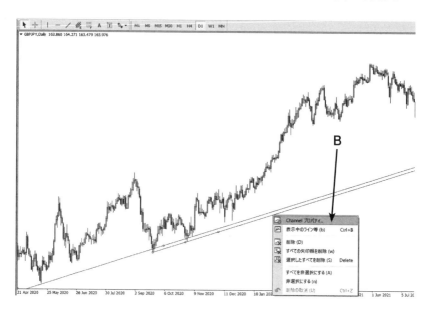

⑤「背景として表示」にチェックを入れる（C)。

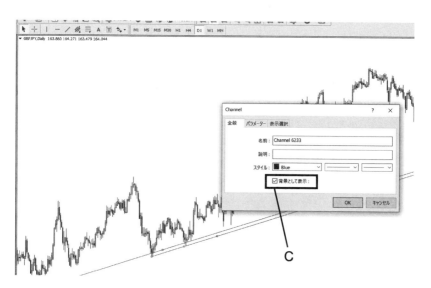

⑥平行チャネルがゾーン（トレンドラインゾーン）として表示される。

⑦「⑥」のチャートのDをドラッグして、ゾーンを整える。

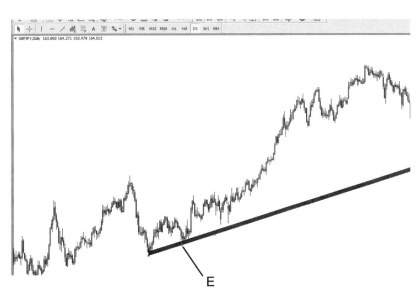

⑧「⑦」のチャートのE（真ん中の□）にカーソルを合わせて「コントロール（Ctrl）を押しながら左クリックすると、ゾーンが複製される。

M30 H1 H4 D1 W1 MN

⑨複製されたゾーンを、チャネルゾーンとして使用する。

M30 H1 H4 D1 W1 MN

第4章

「際（先行期）」を狙ったトレードの入口と出口の考え方

～第1節～
トレンドラインゾーンを使った「際」を狙うトレードの手順

ここからは、「際」を狙ったトレードの具体的な解説に入ります。

複雑なことをやろうと思っても長続きしません。複雑なことをやったからといって結果につながるわけでもありません。

トレードに限った話ではないですが、ルール自体はシンプルが一番です。簡単なことを続けながら、投資資金やトレードスキルを少しずつ蓄積していくスタイルが理想です。

トレンドラインゾーンで「際」を狙うトレードも、やるべきことは単純です。まずは、全体像として、以下の流れを理解してください。

●

ステップ1：状況確認

大ダウ目線のトレンドラインゾーンを引いて、現在の方向性（流れ）を確認。

ステップ2－1：先行期を狙った仕掛け

大ダウ目線のトレンドラインゾーンの「際」にレートが到達したことを確認後、小ダウ目線のトレンドラインゾーンやホリゾンタルラインゾーンのブレイク＆リターンが発生するまで待機する。そして、実際にブレイク＆リターンが発生してきたら、小ダウのラインを元にエ

ントリーする。

ステップ２－２：決済（損切り設定）

　自分のエントリー根拠が崩れたら損切り。もしくは、資金管理で損切り（投資資金の２％マイナスで損切り）。厳密には、この段階でポジション量も決定する（後述）。

ステップ３：決済（利確）

　今のトレンド方向の大ダウ「チャネルラインゾーン」（トレンドの目標値）に到達したら決済。もしくは、今のトレンドと逆方向の大ダウ「トレンドラインゾーン、ホリゾンタルラインゾーン」に到達したら決済。

●

　なお、仕掛けと損切り設定、利確設定は、便宜上、順番を付けていますが、ほぼ同時に行っています。

　この流れに沿って、トレードします。最初は、このやり方をひたすら続けてください。基本ルールがマスターできないうちに、勝手にトレードしても自滅するだけです。

狙うべき「際（先行期）」とは どこを指すのか？

　本書でお伝えするトレードで狙う「際」という部分は、ダウ理論で言う3つの局面の 「先行期」に当たります。

　ただ、「先行期」とひとくちに言っても、その定義ができていない状態ですと、各々がそれぞれの「際（先行期）」を設定してしまうことになると思います。

　そこで、本節では、「どこを"際"とみなすのか」について解説していきます。

1）大ダウの「際」に注目する

　前述通り、本書でお伝えするトレードで狙う局面は「際」です。これは、言い換えると、ここから「買い」なり、「売り」なりが始まる先行期［※ここから（先）と略します］です。

　そこで、まずはラインでフィールドを捉えていき、この（先）をどう判断していくのかを見ていきましょう。

　判断方法としては、次ページ上段の2つのパターンから判断していくのが、優先順位としては高いです。細かい判断目安を優先するよりも、まずは大枠でザックリと相場を捉えられるように目線を鍛えたほうが、その後のことも考えますと再現性を高く保てます。

◎aパターン
価格が、今のトレンド方向の大ダウ「トレンドラインゾーン」に到達してきたタイミング

◎bパターン
価格が、今のトレンド方向の大ダウ「チャネルラインゾーン」に到達してきたタイミング

　上記の2つ（aパターンとbパターン）はともに大ダウの広範囲を捉えたフィールドの視点になります。今のバトルフィールドの「際」になりえる部分はトレンド方向に対して見ると最終局面［ここから（終）と略します］になり得ます。

　例えば、今のトレンドが大ダウで上昇トレンドだと仮定した場合では、上昇トレンドの（終）は買い目線のプレイヤーからしたらポジションを利確するタイミングとなります。

　同時に、買い目線の（終）は、売り目線のプレイヤーからしたら、新規で売りをエントリーしていきたいタイミング、つまり下降トレンドの（先）になり得る可能性がある、というイメージです。

　最初は、トレンド方向についていくaパターンを推奨します。bパターンは、今のトレンドに対して逆方向に入ること（逆張り）になります。そのため、慣れないうちは推奨しません。

◆図解 a：大ダウトレンドラインゾーンに到達してきた場合（下降トレンドの例）

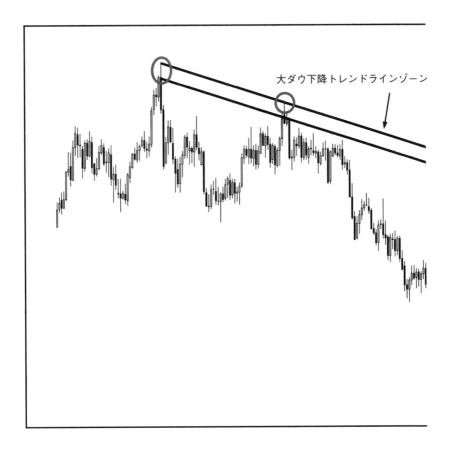

※この例は、166 〜 167 ページの図解 B のチャネルラインゾーンに到達してき
る意識が再度発生するタイミングを示したもの

※ A の部分は、大ダウトレンドラインゾーンだけでなく、小ダウの上昇チャネル
でもある　⇒ 大ダウ目線：新規の売りの意識の発生＆小ダウ目線：短期買い

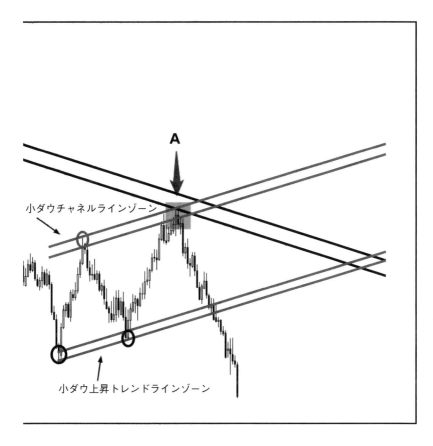

A

小ダウチャネルラインゾーン

小ダウ上昇トレンドラインゾーン

た場合と違い、今のトレンド（大ダウ下降トレンドラインゾーン）　を継続させ

ラインゾーンにも到達してきているので、短期的な買い目線の利確のタイミング
目線の利確売りの発生＝２つの売りの意識が重なっている

◆図解 b：大ダウチャネルラインゾーンに到達してきた場合（上昇トレンドの例）

※この例では、大ダウ上昇チャネルラインゾーンと小ダウ上昇チャネルライン
※Ａの部分は大ダウのプレイヤーが利確するタイミング。これだけでもある程度
　重なっていると、２種類の買いプレイヤーの利確のタイミングになるのでさら

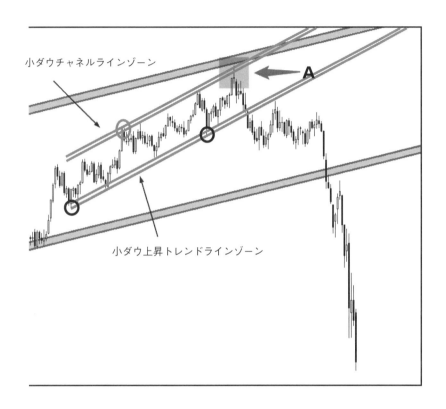

小ダウチャネルラインゾーン

A

小ダウ上昇トレンドラインゾーン

ゾーンの2つに到達してきている

（終）になり得る可能性はあるが、小ダウのプレイヤーが利確するタイミングも
によい

上記２つの図解ａと図解ｂの判断方法の例を挙げてみました。どちらも大ダウの広範囲目線で、今のフィールドの「際」になり得る部分を捉えようとしています。

　大事なのは、**小〜中ダウのフィールドの「際」ではなく、大ダウのフィールドの「際」を捉えること**です。小〜中ダウのフィールドの「際」になり得る部分でも、利確や新規エントリーなど、何かしらのアクションは発生しているため、値動きに多少の変化が出る可能性はありますが、今の大枠のトレンドの流れを変えるまでのアクションに派生する可能性は低い傾向にあります。

　大きなトレンドが発生しているときは、価格が動けるフィールドの範囲も広く、時間的な観点でもトレンド形成期間は長くなる以上、大ダウの大枠で「際」を捉える意識は常に必要です。

２）小ダウ目線のプレイヤーの利確タイミングも重なるとベター

　ここで、ひとつ、留意しておきたいことがあります。「図解ａ」と「図解ｂ」では、「図解ｂより図解ａのほうが根拠としては強いときが多い」ということです。

　これは、ラインの性質の話でもお伝えしていたように、**トレンドラインのほうが意識のされ方が強くて、チャネルラインのほうが弱い**という部分によります。

　先の「ｂ」の図解の例では、大ダウチャネルラインゾーン以外にも小ダウチャネルラインゾーンも重なっていたので、結果的に、大ダウと小ダウ、２つの目線の買いプレイヤーが利確するタイミング（＝新規売りのタイミング）となっています。

　このとき、もしも「大ダウ上昇チャネルラインゾーンに到達したから」という理由だけで新規売りのエントリーをしていたとしたら、どうでしょうか。

チャネルラインの性質上、根拠としては弱いです。今回は小ダウチャネルラインゾーンの利確とも重なり、その後、幸運にも新規売りも追随して強い下落に転換していったという流れになっていますが、いつもそううまくいくとは限りません。チャネルラインゾーンをさらに超えていく可能性は十分あり得ます。

　それに対して、「a」の大ダウ下降トレンドラインゾーンに到達してきた例では、小ダウ上昇トレンドラインゾーンの利確のタイミングであると同時に、広範囲（大ダウ下降トレンドラインゾーン）で見ているプレイヤーの新規売りが発生しやすいタイミングと捉えることもできます。

　要するに、小ダウ目線の買いプレイヤーが利確売りするタイミング（出口）と、大ダウ目線の売りプレイヤーが新規売りするタイミング（入口）の2つをエントリー根拠として重ねて見ているのです。したがって、エントリーするときの根拠としては、「図解a」のほうが「図解b」の例より強いという話になります。

　もちろん、絶対に"そうなる"ということはなく、そのままトレンドラインゾーンをブレイクしていく動きにつながる可能性もあります。ですが、あいまいな相場の世界では、大ダウと小ダウのプレイヤーの目線も一致しているかどうかという考え方は重要です。各ラインによって性質、強弱の違いなどありますが、複数の目線で根拠を見ていくべきです。

「際（先行期）」を、4つの観点から総合的に判断する

　第2節でお伝えしたように、「大ダウトレンドラインゾーンと大ダウチャネルラインゾーンの"際"に注目する」という考え方で基本は大丈夫です。

　ただ、万全を期すために、知識として以下の4つの観点から「際」を判断することも覚えておきましょう。

1）高値と安値の推移を捉える
2）ターンの観点でも局面を捉える
3）トレンドのどの局面か
4）押し目と戻し目

　それぞれ解説します。

1）高値と安値の推移を捉える

　前章でもダウ理論の安値と高値の読み取りが一番重要だと記載していましたね。

　「際」を捉えるために大ダウのラインを選択してきますが、その前に安値と高値の読み取りから大ダウの推移をイメージできていないとそもそも大ダウのラインの選択ができません。

◆4つの観点で「際」を判断する

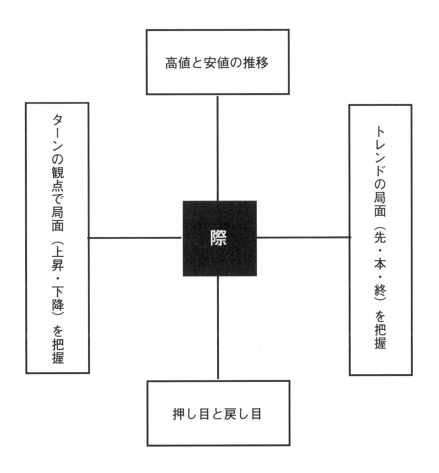

すべての安値と高値を判断基準に入れてしまうと、細かすぎる小ダウの推移まで追いかけすぎて「目線がガチャつく」「視点がばらつく」などの弊害もかなり出てきます。

　やはり、まずはザックリと安値と高値の推移を読み取るのが優先です。

　ここでザックリという言葉だけだと判断基準の定義化があいまいになってきますので、以下に大ダウの安値と高値の定義を追加しておきます（※第3章で述べていた大ダウの定義は大ダウのラインの定義なので、安値と高値の定義とはまた若干違います）。

■大ダウの安値と高値の定義
◎ひとつのターン中の最高値、最安値と仮定できる部分
◎小ダウの安値、高値が複数回形成されている密集群をひとつの大ダウとみなすのもOK
◎小ダウの安値と高値の推移に変化がない限り、大ダウの安値と高値とはみなさない

　わかりやすい判断基準として、いったんこのように定義化しておくと判断にブレが出にくいかと思います。

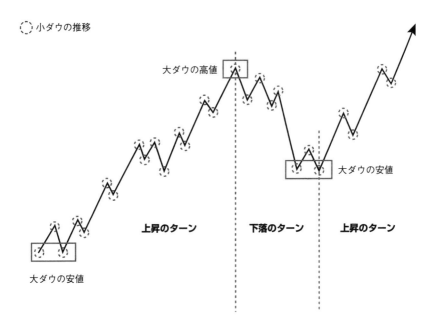

小ダウの推移

大ダウの高値

大ダウの安値

上昇のターン　下落のターン　上昇のターン

大ダウの安値

◆図解 a のケースでの 大ダウと小ダウの高値と安値の推移イメージ

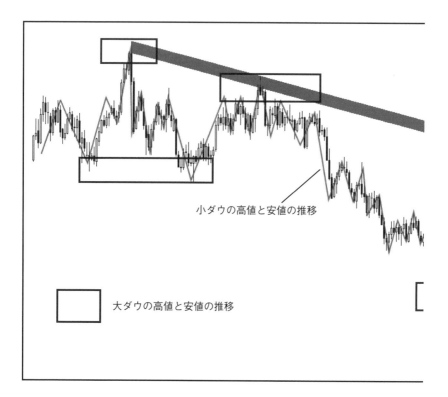

小ダウの高値と安値の推移

大ダウの高値と安値の推移

※大ダウの安値、高値は大枠のトレンド（チャネル）ラインゾーンや、上位足
※今の下落の動き（？の部分）は、直前の大ダウの安値（A）を切り下げてきて

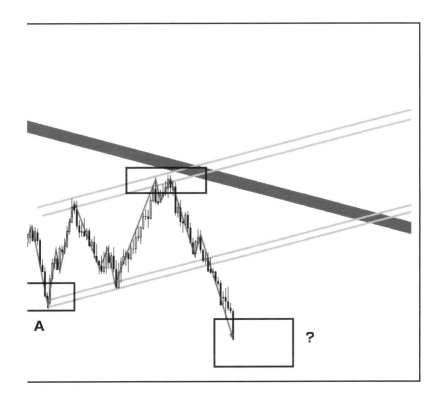

のホリゾンタルラインゾーン付近とみなすとイメージしやすい

いるので、次の大ダウの安値を形成しにきているターン中と判断する

◆図解ｂのケースでの 大ダウと小ダウの高値と安値の推移イメージ

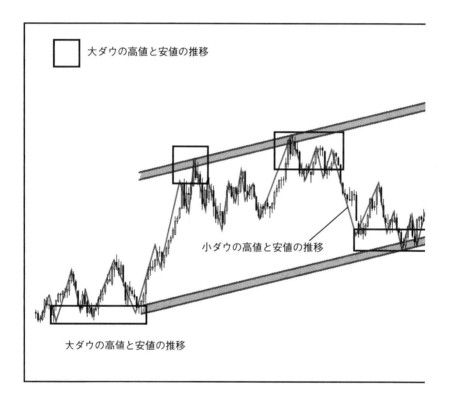

※今後上昇で戻してくる場合、いったん次の大ダウの高値（Ｂ）を形成しにいく

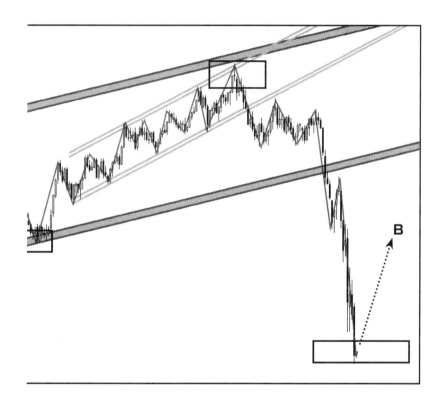

可能性を考える

2）ターンの観点でも局面を捉える

　第1章のダウ理論の説明のときにも軽くお伝えしたように、トレンドは細かく捉えると、大きなトレンドの中に小さなトレンドが複数存在しています（ダウ理論で言う主要トレンド、二次トレンド、三次トレンド）。

　大まかに局面を判断していくのであれば、大ダウ目線でザックリと安値と高値の推移を読み取り、「安値と高値の推移に変化がなければひとつの局面中、変化があれば別の局面に移行した」というように判断していけばOK です。

　一方、中ダウ、小ダウのような視点も加えて局面を判断していくのであれば、もう少し細かく安値と高値の推移を読み取っていく必要が出てきます（この部分が二次トレンド、三次トレンドのイメージに近い）。

　そこで、安値と高値の推移から上げ、下げのひと波をひとつのターンとして捉えていく視点を加えます。こうすることで、より詳細に各局面の区切りや変化を読み取ることもできるようになります。

　これはダウ理論の**「トレンドは明確な転換シグナル（※例えば、上昇トレンド中のときに、直近安値を下回る動きが出てきたら、風向きが変わった可能性があるというイメージ）が出るまで継続する」**という理論と密接に関わっています。安値と高値の推移が一区切りするまではひとつのターンとしてみなす、という見方になります。

　ここでも、大〜小ダウの観点が必要になります。**大きくザックリとした安値と高値の推移で見ていくのか、それとも、小さな安値と高値の推移で見ていくのか**によって、ターンの区別をしないといけません。よく推奨されている方法は「押し目買い、戻り売り」と言われているものですが、このトレード方法を優先するにしても、ターンを読み取る感覚は重要になります。

どのあたりを押し目（※1）と戻し目（※2）と判断するのか、そこで入っていったとしてどこまでをひとつのターンとして捉えて取りにいくことになるのかなど、トレードの判断にも直結していきます。

本書では、大ダウのフィールドの「際」を狙う方法をお伝えしていますので、大ダウのフィールドの「際」を押し目や戻し目と判断していくイメージになります（もちろん、中ダウ、小ダウのフィールドの中で押し目や戻し目を狙っていく方法もあります）。

上記のように、自分がどのトレンドの局面を取りにいっているのか、どのフィールド内の押し目や戻し目を待って入っていくのかなど、入口から出口までの考え方に直結してきます。とても重要な要素になりますので、ターンの区切り方は練習していくことをお勧めします。慣れてくると、目視だけで大体のことは把握できるようにはなってきます。

※1　押し目
価格が上昇したあと、利確売りや新規売りでいったん下落して、その後、再び上昇していった際に形成した安値のこと

※2　戻し目
価格が下落したあと、利確買いや新規買いでいったん上昇して、その後再び下落していった際に形成した高値のこと（戻り目とも言う）

◆図解 a のケースでのターンの区切りのイメージ

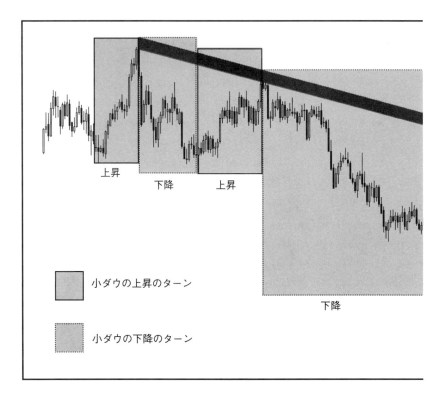

※小ダウ目線では、安値＆高値の推移を細かく見る視点になる。ひと波のリズム中なのでひとつの下落ターン中とみなしている

※３つ目の小ダウ上昇のターンは、さらに細かく見ると小ダウの上昇、下落と

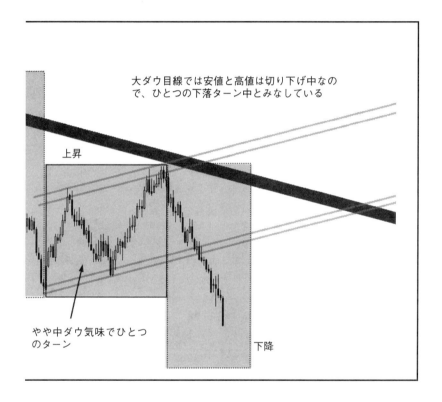

大ダウ目線では安値と高値は切り下げ中なの
で、ひとつの下落ターン中とみなしている

上昇

やや中ダウ気味でひとつ
のターン

下降

ムをひとつのターンとして区切る。この例では大ダウ目線は安値＆高値は切り下

区切って判断しても間違いではない

◆図解ｂのケースでのターンの区切りのイメージ

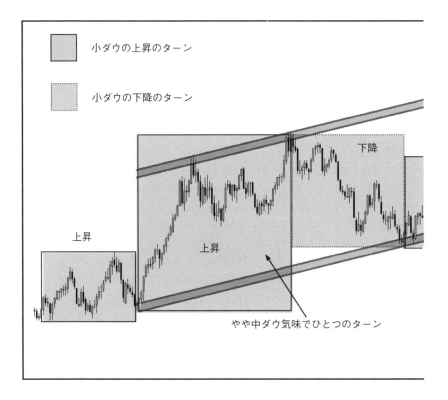

※この例も、細かい視点の安値と高値の推移で区切ると、さらに小さくターン
※その場合は、２つ目の小ダウ上昇のターンをさらに４つほどに区切って判断
　うが判断は楽（あまり細かくターンを見ても全体のトレンドに変化があるわけ

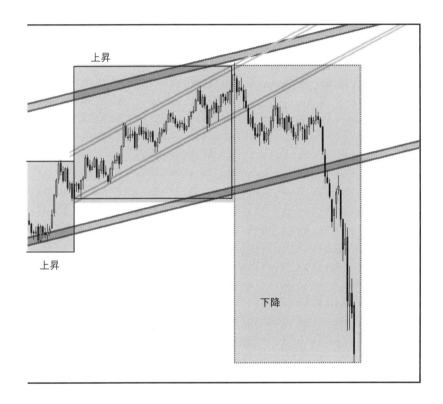

を区切ることができる

することもできるが、ザックリと中ダウ気味にひとつの上昇ターンとみなしたほ
ではない)

3）トレンドの局面の判断について

　次にトレンドの局面判断について補足をお伝えします。

　ダウ理論で言われているトレンドの局面は「先行期」「本格局面」「最終局面」の3つです［※本格局面については、以降、（本）と表記］。

　厳密に言いますと、原文では「主要トレンドのときは3つの局面で形成される」と書かれてあり、細かい違いはありますが、（私は）大きいトレンドでも、小さいトレンドでも、3つの局面に分けて判断している場合が多いです。

　すべての動きが3つの局面に分かれているわけではないのですが、小ダウのトレンドの局面、大ダウのトレンドの局面と分けて判断したいのであえてそうしています。

　優先したいのは大ダウのトレンドの先行期を狙う視点ですので、大ダウのトレンドの局面を常に考慮に入れておくのは当然ですが、小ダウのトレンドでも細かく見ると3つの局面に分かれているときがあるので、そこまで考慮に入れて判断できると全体のトレンドの流れと二次トレンドの流れなどの違いがわかるようになってきます。

　では、トレンドの局面をどのように判断しているのかについて紹介します。慣れないうちは小ダウの観点でトレンドの局面を3つに区切って考えるようにするとよいかもしれません。

　大ダウのトレンドの局面を考える場合は、大ダウのライン以外にもさらに上位足のラインを考慮してフィールドを捉えていないと、スケール観が掴めず、うまく局面を考えることができません。

　トレンドの局面は後から考えを修正していくことも多々ありますし、事前にはっきりとわかるというよりかは、進展具合を見ながら考えていることが多くなります。その都度の修正力が問われてくる側面

が強いです。

■トレンドの局面の定義
◎大ダウのラインで形成した安値と高値からトレンドの先行期と仮定
　する
◎今のトレンドと逆方向の大ダウのラインまで到達してくるタイミン
　グをトレンドの最終局面と仮定する
◎途中で角度が急になってくる部分を本格局面と仮定する

　上記以外の判断方法もありますが、再現性を保つ意味では、これく
らいザックリとした判断方法で大丈夫です。
　この判断方法も、大ダウのフィールドの中に小ダウのトレンドの局
面が３つに分かれているというイメージに近い判断方法になってきま
す。したがって、大ダウのトレンドの局面を考えるときはさらに上位
足（日足を見ているときは週足）を見ないと、今見ている時間軸の大
ダウのトレンドの局面を区別しにくいという点には注意が必要です。
　大ダウのトレンドの局面を考えるときは、上位足で見たときの小ダ
ウを捉えるくらいの感覚がニュアンスとして近いです（ここも定義と
しては他にあるのですが、本筋から外れてくるので割愛します）。

◆図解 a のケースでのトレンドの局面のイメージ

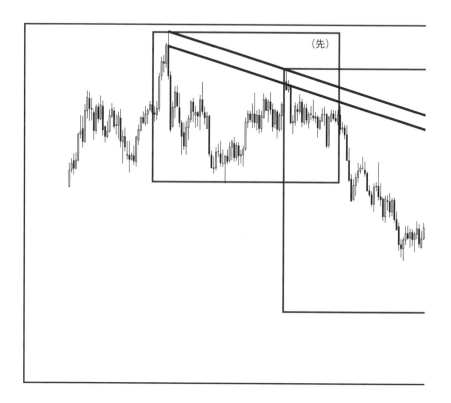

（先）

※この例は大ダウ下降トレンドを３つの局面に分けたイメージ。始点と終点は
　え方にも再現性の問題が出るので大まかなほうが好ましい）

※各局面の中にも小ダウの局面が複数存在していて、主要トレンドの中に二次

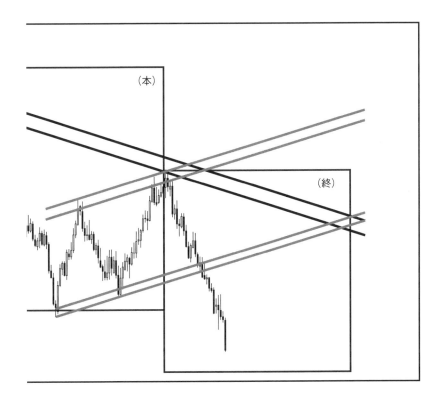

大まかに捉えているが、細かい視点で捉えると、また違った捉え方はできる（捉

トレンド、三次トレンドが存在している

◆図解 b のケースでのトレンドの局面のイメージ

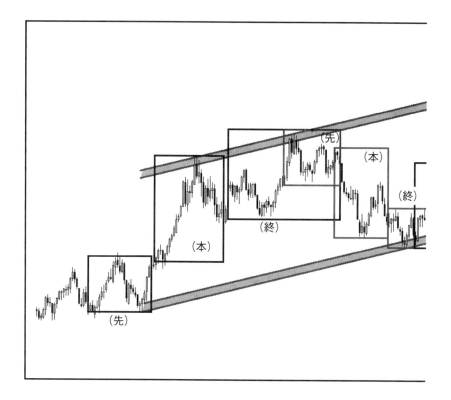

※この例は大ダウ上昇トレンド中に、小ダウで「上昇の（先）～（終）」「下落の（先）

　中ダウの視点では、小ダウの（先）～（終）の1セットの上げ、下げをひとつ

※最後の下落（本）は、今までの下落に対してスケール感が大きいことを考えると、

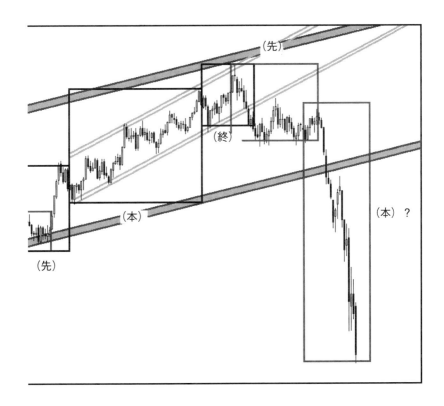

～（終）」に分かれているイメージ

のターンと捉える目線になる

大ダウの下落局面（本）に派生していっている可能性がある

4）押し目と戻し目の感覚について

　この話は大ダウの「際」とはまた違います。「どこがトレンドの起点なのか」という観点の話になります（ここで言うトレンドの起点とは、先行期から最終局面までの各局面の起点を指しています）

　押し目と戻し目については、「トレンドが発生しているとき（またはこれから発生するとき）、いったんトレンドと逆方向の動きで戻ってくる動きのこと」とザックリ理解していても問題ありません。

　この動きが一体どういう部分なのかということがわかっていれば、「自分が待機して待つ部分」「狙っていく部分」などを、ある程度想定しておくことができるので、イメージは掴めていたほうがよいです。

　ここでも小ダウ、大ダウどちらの動きに対して「押し目、戻し目を待っているのか」など区別ができていないとなりません。どんな判断基準を採用するにしても、やはり安値と高値の読み取りにすべてかかってくるわけです。定義としてはターンの概念で考えれば理解しやすいです。

■押し目、戻し目の定義
・ひとつのターン中の最高値、最安値をトレンドの起点とみなす場合
・ひとつのターン中、（小ダウ）で形成される安値と高値が小ダウの
　押し目、戻し目
・2つ以上のターンをまたいで形成される安値と高値が大ダウの押し
　目、戻し目
・小ダウ目線の高値、安値に対してブレイク＆リターンで形成される
　安値と高値

　大まかな定義を書くとこのような判断基準になります。文章だと意味不明だと思いますので、これもイメージ図を用意しておきました（次ページ）。

他にも、フィボナッチ比率での判断や移動平均線の水準など判断方法はありますが、本書では触れません。

　我々が狙う動きは大ダウのトレンドの先行期なので、下図で言うと「大ダウ目線の押し目」と記載があるような部分でエントリーしていくことになります。

　その他の小ダウの押し目や戻し目を狙っても構いませんが、本書の本筋とは違う箇所を指していることと、個人的に細かいトレードがあまり好きではないので、あえて取りにいかないことが多いです。

　仮に、この図が日足であれば狙うかもしれませんが、1時間足などの動きであれば、中期スイング目線のトレーダーとしてはあまり狙いません。このあたりは「自分がどういうトレードスタイルを採用しているのか」に関わっていきますので、それが合っている、間違っているという話ではありません。

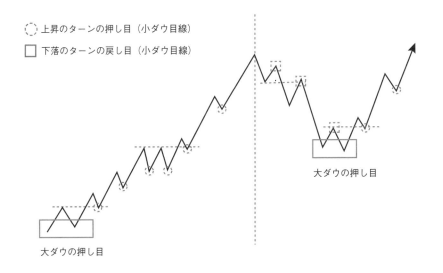

上昇のターンの押し目（小ダウ目線）
下落のターンの戻し目（小ダウ目線）

大ダウの押し目

大ダウの押し目

◆図解 a のケースでの小ダウの押し目＆戻し目のイメージ

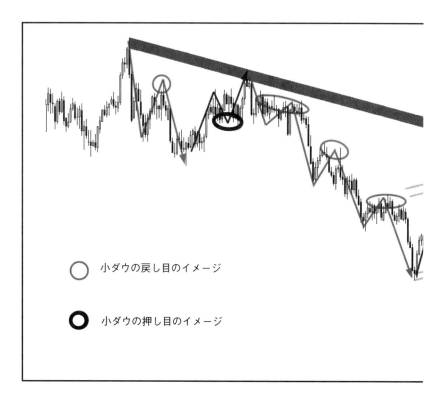

○　小ダウの戻し目のイメージ

●　小ダウの押し目のイメージ

※小ダウの押し目や戻し目は、小さな波形のひとつのターン中に形成される部
※どのくらいの大きさの波形を小ダウと判断するかには個人差が出るので、上

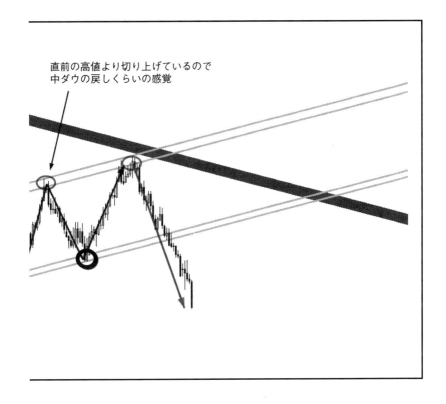

直前の高値より切り上げているので
中ダウの戻しくらいの感覚

分のイメージ

図の判断が絶対に合っているというわけではない

◆図解 a のケースでの大ダウの戻し目のイメージ

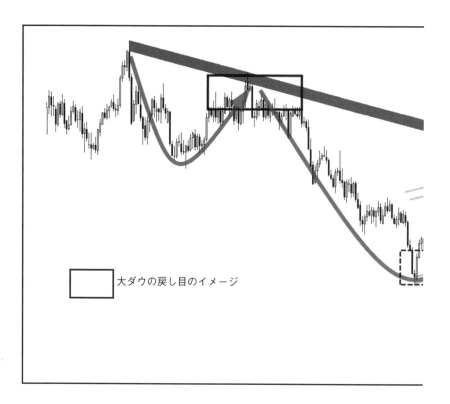

大ダウの戻し目のイメージ

※この例では、大ダウで下降トレンドが発生してきているので、いったん大ダ
　形成してから、再度、下落が続行しているため、大ダウの押し目と捉えてロン

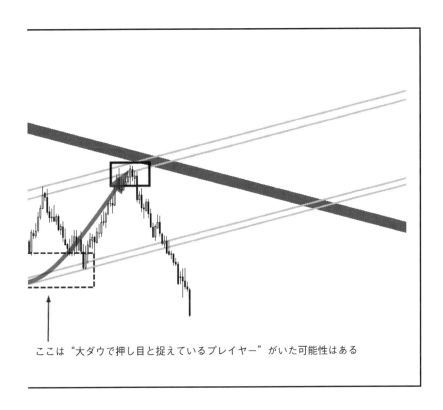

ここは"大ダウで押し目と捉えているプレイヤー"がいた可能性はある

ウの押し目だったと仮定できるのは黒破線枠部分付近。その後、大ダウの高値を
グしたプレイヤーは撤退することになる

◆図解ｂのケースでの小ダウの押し目＆戻し目のイメージ

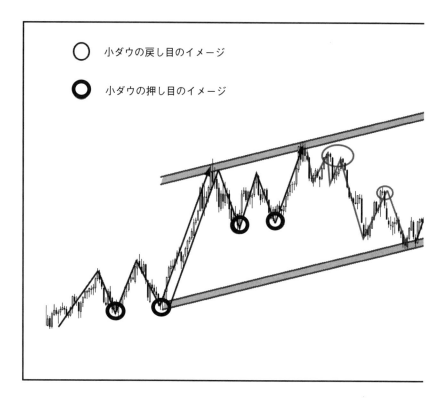

○　小ダウの戻し目のイメージ

●　小ダウの押し目のイメージ

※最後の下落は高値の切り下げの角度が急になってきている。この場合は小ダ

※上位足で広範囲を見たときに、（このチャートでは表示されていないが）さら

　ている場合などは、このチャートの世界観よりさらに大きな大ダウ（超大ダウ）

　ておく

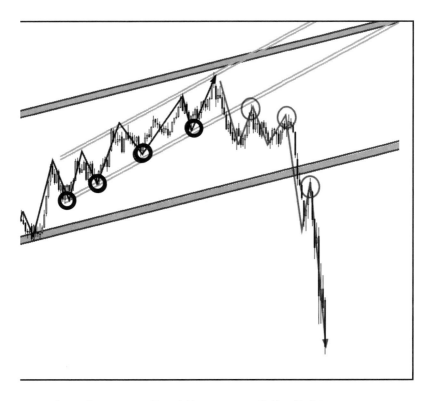

ウの下落の加速であり、下落の（本）入りした可能性を検討する

に下のほうに安値が形成されている場合や上昇トレンドライン（ゾーン）が控え

の安値を形成して安値が買い支えられる可能性をシナリオのひとつとして考慮し

◆図解ｂのケースでの大ダウの押し目のイメージ

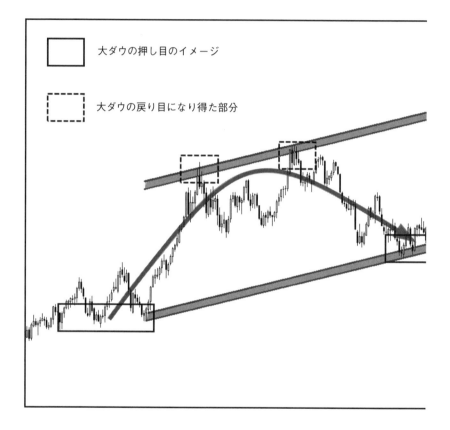

※この例では大ダウで上昇トレンドが発生してきているので、黒破線枠部分付

※大ダウの戻し目として認識できる部分は該当なし（大ダウの下降トレンドが

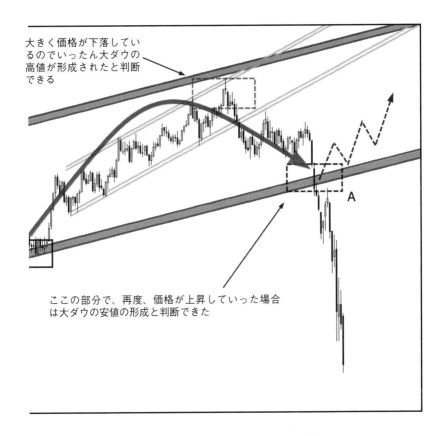

大きく価格が下落してるのでいったん大ダウの高値が形成されたと判断できる

ここの部分で、再度、価格が上昇していった場合は大ダウの安値の形成と判断できた

A

近（A）で大ダウの安値が形成されて押し目になった可能性はある

発生していないから）

ここまでの図解ａと図解ｂで、「①安値と高値の推移の読み取り」「②ターンの区切り」「③トレンドの局面の判断」「④押し目と戻し目の感覚」という４つのイメージをマッピングする方法をお伝えしました。

　これらはダウ理論を元にした概念であり、フィールドやトレンドなどの捉え方としては基礎的な視点ではあるものの、すべての分析の根幹となる、非常に重要なものになります。

　トレードをするにしても、**「今のフィールドはどこからどこまでが意識されている可能性があるのか」「今の動きはトレンドのどの局面にあたる可能性があるのか」**などをマッピングする力ありきが大前提です。ここが十分に鍛えられていないと相場の状況と自分のしたいことがズレてしまい、適切なトレードを繰り返すことは難しくなると思います。

　このマッピングをする練習段階だけでも半年から１年は掛かるはずですが、それだとトレード自体の練習ができなくなる怖れがあります。

　以上を踏まえると、マッピングする練習とトレードプランを立てる練習は同時進行で行うほうがよいかもしれません。実際、マッピングがうまくできていたとしても、トレード自体がうまくいくとは限りませんし、トレードプランも同じようにうまく立てられていないと着地が適切に決まりません。

　繰り返しになりますが、相場をマッピングする力とトレードプランを立てる力は別のスキルと考え、同時進行で練習したほうが好ましいです。抽象的な部分が多く絶対的なものがないぶん、どこまでを定義化するのか個人差が出てきますから、このような目線を鍛えるには時間が相当掛かるかもしれません。

　ただし、どの分析をするにしても、十中八九共通した目線ですので、時間を掛けて鍛えていきましょう。徐々に鍛えていくと、ある日、視野がパッと広がり、それまで捉えられなかったフィールドのイメージやトレンド判断の感覚に変化が出てくるようになります。

「際（先行期）」を狙った
環境認識と入口（エントリー）の話

　前述で(先)とみなせる部分の捉え方、考え方の例をお伝えしました。

　次に（先）とみなせる部分からどのように焦点を絞ってラインを選択していくのかを見ていきましょう［直近トレンドは（終）とみなせるが、まだ継続中とする］。

1）大ダウのトレンド方向なのか、逆方向なのか

　大ダウのフィールドのトレンドラインゾーン、チャネルラインゾーンに到達してきた時点でいったん「際」になり得ます。ただ、それがトレンドラインゾーンに対しての「際」なのか、チャネルラインゾーンに対しての「際」なのかで大きな違いが生まれます。

　先ほどの図解でお見せした「a」の例（202 〜 203 ページにも再掲）では、トレンドラインゾーンに到達してきた部分が次のターンの新しい（先）になるかどうかという見方をしていました。基本的には、トレンド方向と同じ方向に対してついていこうとする視点です（順張りの視点）。

　トレンド方向についていく形となりますので、大枠の流れに逆らっていない分、さらに値動きが拡大していき、今の大ダウのフィールドの「際」まで（この場合はチャネルラインゾーン）、またはフィールドを崩す動きまで派生する可能性があります。

◆再掲：図解ａ：大ダウトレンドラインゾーンに到達してきた場合（下降トレン

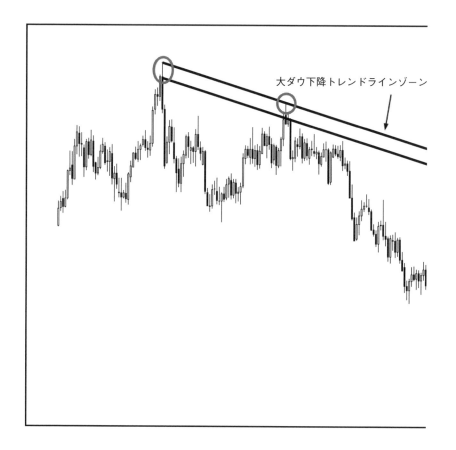

大ダウ下降トレンドラインゾーン

※Ａの部分は大ダウ下降トレンドラインゾーンに到達してきたタイミングで大ダ

※大ダウ目線のトレンド方向に付いていく売りは順張りの目線になる

ドの例）

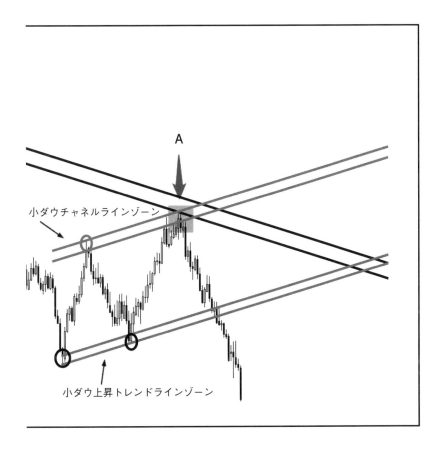

A

小ダウチャネルラインゾーン

小ダウ上昇トレンドラインゾーン

ウ目線の新規売りが出現しやすい

◆再掲：図解ｂ：大ダウチャネルラインゾーンに到達してきた場合（上昇トレン

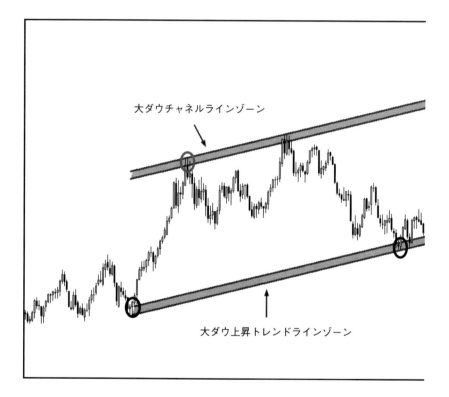

大ダウチャネルラインゾーン

大ダウ上昇トレンドラインゾーン

※Ａの部分は大ダウ上昇チャネルラインゾーンに到達してきたタイミングで大ダ

※大ダウ目線のトレンド方向と逆に入る売りは逆張りの目線になる

ドの例)

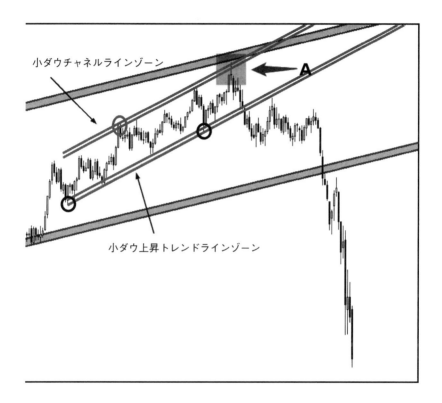

小ダウチャネルラインゾーン

A

小ダウ上昇トレンドラインゾーン

ウ目線の利確売りが出現しやすい

逆に「図解b」の例（204〜205ページ）では、今のトレンド方向のチャネルラインゾーンに到達した時点で「際」となり得ると仮定していました。これは、今のトレンド方向とは逆方向に入っていく視点になります（逆張りの視点）。

　この場合ですと、まだ全体のトレンドは崩れていないので狙いとしては、いったん今のフィールドの「際（上昇トレンドラインゾーン）」までとなってきます。

　もちろん、今のフィールドを崩す動きまで狙える場合は狙っていきたいところですが、一度大きく発生したトレンドは簡単には崩れません。

　そのため、チャネルラインゾーンに到達してきた「図解b」の場合のエントリーは、「図解a」に比べると出口のポジション管理をどうするのかなどの点で、少し難易度が高くなってきます。

　なお、個人的には図解bのタイプの逆張りの入り方を得意としているので、狙っている部分はこのタイプが多かったりしますが、慣れないうちは図解aのタイプのトレンド方向についていく順張りの視点を優先したほうが無難です（トレンド方向に従っているほうが損切りの着地をうまくしやすいときが多い）。

　このように、フィールドの「際」になり得る部分でも、トレンドラインゾーンもしくはチャネルラインゾーン、どちらに対して到達してきたタイミングなのかで、入口の考え方が同じでも、出口の考え方は違ってきます。2つのラインの性質の違い（トレンドラインは強い、チャネルラインは弱い）も合わせてしっかり理解しておく必要があります。

2）小ダウのトレンドが一服するタイミングまで待つ

　大ダウの「際」に到達してきたのを確認した後に大ダウ目線でザッ

クリ入っていくこともひとつの方法として「あり」ではありますが、これだけではまだトレンドが継続していけるのか（順張りの視点）、トレンドが一服して逆方向にいったん向かうのか（逆張りの視点）などを判断しきれていない中で入っていくことになります。

　図解aと図解bでお見せした通り、大ダウ目線のプレイヤーと小ダウ目線のプレイヤーが一致しているタイミングのほうが確実性は増してきます。

　そこで、ここからは小ダウの観点も加えて「今の小ダウのトレンドが一服するかどうか」に注目していきます。

　先ほどの例（図解aと図解b）では、大ダウの「際」と小ダウの「際」への到達が一致するタイミングを捉えている視点でしたが、2つとも"利確が入りやすいタイミング"というだけで、新規で入ってくるプレイヤーの目線が加わっていません。要するに、**「今のターンのプレイヤーの利確（出口）に新しいプレイヤーの新規エントリー（入口）の目線も重なってくるかどうか」** という部分まで見ていくというイメージが必要になります。

　トレンドの局面で考えると、今のターンのプレイヤーにとって利確のタイミングは（終）となり、新しいプレイヤーの新規エントリーのタイミングは次のターン（先）と重なってきます。

　ここで、新規のプレイヤーのエントリータイミングをどのように計っていくかという話になります。これにもいくつもの判断方法があります。その中でも自分が最も得意としているパターンを例としてお伝えします（※大枠の考えで3つ、さらに細分化すると10通りほどありますが、本書ではページ数の問題でお伝えしません）。

　まず、小ダウ目線で今のターン中に引けるホリゾンタルライン（ゾー

ン）、またはトレンドライン（ゾーン）をいったんブレイクしていくかどうかで狙いを定めていきます。

　別の言い方をすると、今のトレンドの（終）で追随している目先のプレイヤー（自分側からすると敵になる）が、撤退し始めるかどうかをまずは様子見している、という感じになります。

　今のトレンドの（終）のプレイヤーが撤退し始めてくれないと、"自分側の目線でのトレンドの（先）"の予兆すら発生しないわけです。

　例えば、今が上昇トレンド中と判断できる局面だとします。その場合は、安値と高値が切り上がって推移してきているので上昇トレンドライン（ゾーン）を大ダウ目線、小ダウ目線の２つで引けている可能性があります（次ページ参照）。小ダウ目線のトレンドライン（ゾーン）は、トレンドの３つの局面（先・本・終）の中のひとつで引くことが多く、大ダウ目線のトレンドライン（ゾーン）は小ダウの上げ下げのターンを往復して形成した２点の安値の切り上がりで引くことが多いです。

　もちろん、必ずそのようになってくるわけではありませんので、例えば大ダウ目線のプレイヤーと小ダウ目線のプレイヤーのどちらとも上昇トレンドと判断している状況では、どちらの目線でも上昇トレンドライン（ゾーン）が引けているときが多いという解釈で大丈夫です。

　小ダウ目線のプレイヤーの出現がない場合は、細かい波形の安値、高値の推移がなくトレンドライン（ゾーン）もうまく引けない状況となっています。そういう場合は無理やり引くのではなく、小ダウ目線で安値、高値の形成が読み取りやすくなるまで待ちましょう。こういうところでも待ちの姿勢が重要になります。

　安値と高値の痕跡がはっきりしていないのに無理にラインを引こうとしても他のプレイヤーが同じように見ていない可能性が高い、つまり意識されにくいものになります。「市場参加者の意識を均す」とい

（図解）小ダウ目線のホリゾンタルライン（ゾーン）

小ダウホリゾンタルライン（ゾーン）をいったんブレイクしない限り、上昇トレンドは継続する

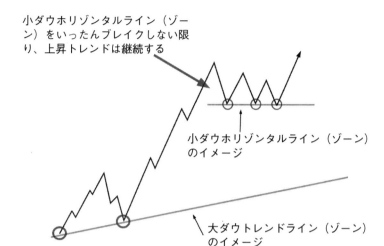

小ダウホリゾンタルライン（ゾーン）のイメージ

大ダウトレンドライン（ゾーン）のイメージ

（図解）小ダウ目線のトレンドライン（ゾーン）

小ダウトレンドライン（ゾーン）をいったんブレイクしない限り、上昇トレンドは継続する

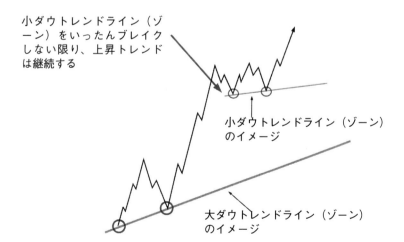

小ダウトレンドライン（ゾーン）のイメージ

大ダウトレンドライン（ゾーン）のイメージ

う意味でも大事な考え方です。

3）狙いの初動は（終）での小ダウラインのブレイク＆リターン

　先の図解のイメージでお伝えした通り、小ダウのトレンドが一服するまで待機した後、小ダウのトレンドが一服する予兆が発生してきたらエントリーのタイミングを計る準備をしていきます。

　狙いは目先の敵が撤退してくる動きに合わせて自分たちが入っていくところです。それを**小ダウ目線でのホリゾンタルライン（ゾーン）、トレンドライン（ゾーン）のブレイク＆リターンでタイミングを計っていきます**（次ページ参照）。

　この例では上昇トレンドの（終）で買ってきている買い手が目先の敵の想定です。この直前で参入してきているプレイヤーたちが入ってくる根拠としていた陣地が何かというと、小ダウのホリゾンタルライン（ゾーン）やトレンドライン（ゾーン）です。

　そして、ラインのブレイクによって直前の買い手の根拠が崩れ、買い手が撤退しはじめる動きが出てきて、その陣地を反対勢力（この例では売り手)が自分たちの陣地にしようと考えている段階になります。

　これが、（終）での小ダウラインのブレイクによって起きる買い手と売り手の大まかな行動例です。

　ここで、ブレイク＆リターンの前後で起きている動きについても説明を加えておきます。

　ブレイク＆リターン前後の動きの要因は、何種類かのプレイヤーに分かれているため、少しややこしいかもしれません。ただ、こういう根本的な解釈や理解ができていることによって、その後の自分の行動の自信につながりますし、再現性にも影響を与えてきますので、面倒かもしれませんが、こういうことを考える癖はつけておきたいです。

◆図解：ホリゾンタルライン（ゾーン）でのブレイク＆リターン

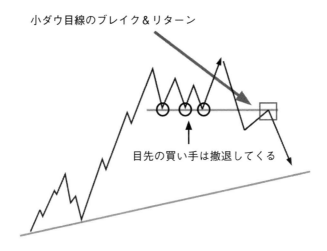

小ダウ目線のブレイク＆リターン

目先の買い手は撤退してくる

◆図解：トレンドライン（ゾーン）でのブレイク＆リターン

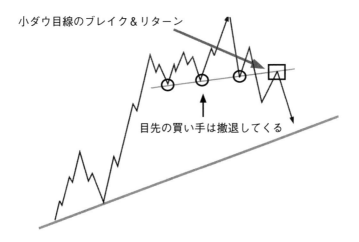

小ダウ目線のブレイク＆リターン

目先の買い手は撤退してくる

解釈の仕方に多少の違いが出てきたりしても、それ自体が重要なのではなく、どういう原理や理屈を元にして、その解釈を自分なりに落とし込んでいるのかというほうが重要です。

①小ダウのラインをブレイクした段階の動き

次ページを見てください。小ダウのラインでのサポートを根拠として入ってきた買い手からすると、ラインをブレイクした段階で自分たちの陣地が崩されてしまったので、何とか損失を防ごうと買値まで戻ってくるのを待って耐えているか、早々に損切りして撤退しているかの2つの可能性があります。この損切りも決済売りではあるので売り圧力に多少変化しています（売り圧力a）。

次に、売り手の中でもラインのブレイクを見て先行して売りで入ってくるプレイヤーも出現してきています。超短期トレーダーのスキャルピングやデイトレタイプのプレイヤーのイメージです（売り圧力b）。このときの売りは新規売りですので、売り圧力としては先ほどの買い手の損切りの売りに比べると強いです。

ただ、大口のスイング目線のトレーダーとしての入り方ではないので、数としてはそこまで多く注文が入ることは少ない傾向にあるため、強い売りに派生していく可能性は低いです。

補足としては、上位足が下降トレンド中であるなど、状況によってはそのまま強い売りに派生して一気に下落していく場合もありますが、今の上昇トレンドを継続している状況下ではいきなり売りに派生することは想定しにくいので「優位性は低い」と考え、リターンが起きてくるのを待ちます。

◆図解：小ダウのラインをブレイクした段階の動き

短期トレーダーの新規売り（売り圧力ｂ）

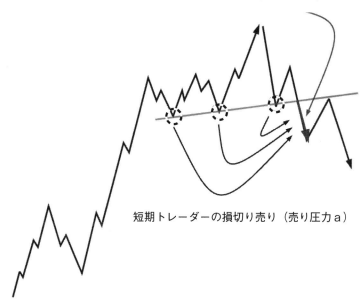

短期トレーダーの損切り売り（売り圧力ａ）

②リターンが発生している段階の動き

　次ページを見てください。ブレイク後にリターンが発生する確率が高い理由として、まだ買い手が残っていることと、超短期目線の売り手の利確買いが入ることが可能性として挙げられます。

　買い手の中でも、全体の上昇トレンドの根拠は崩れていないのでまだ押し目買いを待機しているプレイヤーは少なからずいるはずで、そのプレイヤーたちは買いエントリーしてきます。今のトレンドの(終)が終わりかけている中での遅れてきた買い手のイメージですね。数として多くなかったとしても、このときの買い手の買い圧力は働くことになります。ラインをブレイクした後にリターンが発生する要因のひとつになってきます（買い圧力a）。

　ちなみに、この場合で超短期目線と、スイングなどの中期目線のどちらとも一致している場合は、再度、強く上昇していくターンが発生することも十分あり得ます。

　このように、まだ残っている買い手が新規買いをしたいタイミング（買い圧力a）と、先ほどの超短期目線の売り手が利確買いするタイミング（買い圧力b）が重なってくると買いの圧力が高まり、もう一度、価格は上昇してきます。このときの上昇がリターン部分の動きになります。

③リターンを形成した段階の動き

　上記でブレイク＆リターンの段階の説明をしました。次にリターンを形成した後の我々が狙っている動きは一体どういうものなのかも見ていきましょう。

　我々は直前の買い手が撤退する動きに合わせて入っていくプレイヤーです（売り圧力c）。この例の場合は前述通り、下降トレンドの(先)になり得る部分で入っていることになります（216ページ下段の図）。

　このとき、我々サイドの新規売り以外にも別目線の売りが入ってい

◆図解：リターンが発生している段階の動き

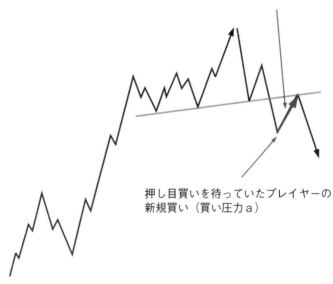

短期トレーダーの利確買い（買い圧力ｂ）

押し目買いを待っていたプレイヤーの
新規買い（買い圧力ａ）

る可能性があります。それが直前にいた買い手です。まだ撤退せずに耐えている買い手です。

　このプレイヤーも、「どこかのタイミングで含み損が減った状態で何とか撤退したい」と考えています。買値まで近づいてきたら含み損を減らした状態、またはぎりぎりプラスに転じた状態で撤退しはじめます（下図の売り圧力d）。ただ、これは、ラッキー利確売りというべきものです。よほどの理由がない限り、ただの運に左右されるので推奨はしません。

　この2つの目線の売りが入ることにより、リターンを形成後、強い下落に転じる可能性が発生してきます。

◆図解：リターンを形成した段階の動き

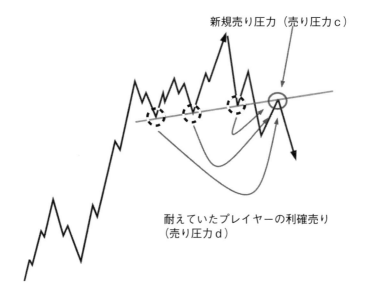

新規売り圧力（売り圧力c）

耐えていたプレイヤーの利確売り
（売り圧力d）

ただし、まだ全体観は上昇トレンドですので、この段階は目先の小ダウの上昇のターンの否定に入ったという段階でしかありません。

　この後、大ダウ目線で買い手が控えている場合は、そのプレイヤーたちとの勝負もまだ待っています。

　このあたりはポジション管理の話にもつながってきます。自分が入っている側のプレイヤーの目線と敵対しているプレイヤーの目線をバランスよく見ていかないとなりません（加えて、上位足と下位足の状況の違いなども考慮する必要があります）。

◆図解：まだ大ダウ目線のプレイヤーが控えている場合がある

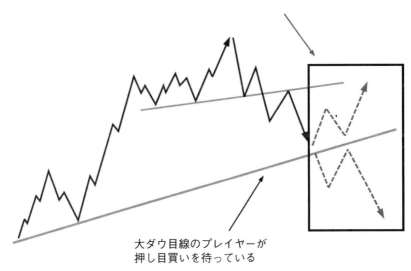

大ダウの目線で「上昇の継続か」、
（上昇を）否定して「下落に転じるのか」を見ていく

大ダウ目線のプレイヤーが
押し目買いを待っている

自分サイドのプレイヤーのことばかり考えていては入口の段階はうまくいくかもしれませんが、肝心な出口までのことを考えられなくなってしまいます。入口がうまく決まったとしても出口での着地を失敗するとチキン利確（※）、もしくは、その後になぜか損切りで終わってしまうという着地を繰り返してしまいます。

※チキン利確：目先の利益が減るのが怖くてビビッて早めに利確してしまうこと。プロスペクト理論通りの行動に支配されていて訓練してないと大体こうなる。

4）ブレイク＆リターンの流れをおさらい

　ここで、小ダウのブレイク＆リターンの話を、もう一度、実際のチャートを見ながら復習しておきましょう。

　まず、次ページの図を見てください。局部的な視点のもので広範囲を捉えた全体感ではありませんが、今の上昇トレンドを３つの局面に分けたときのイメージです。

　小ダウ上昇トレンドを選択できる２点の切り上がった安値は、おおむねA～Eの５つと判断できます（※チャートがゴチャつくので割愛していますが、ホリゾンタルラインゾーンも考慮します）。この時点で選択肢に残るのはBからEか、もしくはCからEで引く小ダウ上昇トレンドラインゾーンの２つです。

　ちなみに、ほかの始点と終点で引くトレンドラインゾーンについては、すでにブレイク＆リターンが細かく起きてきているため除外します。AとEで引く選択もこの時点では可能ですが、角度がゆるくなる＆最後のほうで引けるものを優先しているので除外しているときが多いです。

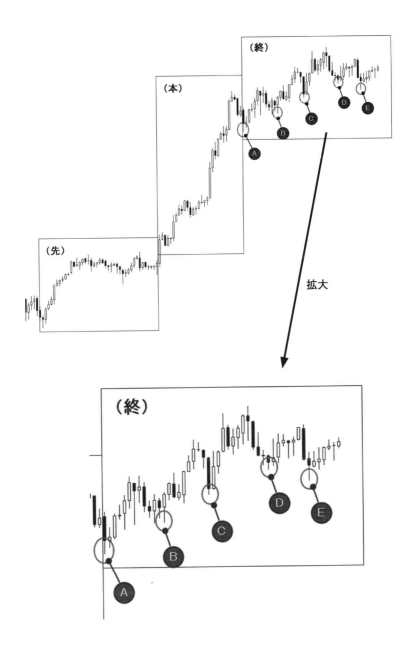

拡大

ＢＥとＣＥで引いた小ダウ上昇トレンドラインゾーンを下にブレイクしてきたタイミングを狙います。この後の推移で、どちらかのラインに対してリターンがくるのを待ちます。

　なお、細かいことを言うと、この時点で最後の押し安値に近い価格と重複する付近はＣＥ小ダウ上昇トレンドラインゾーンなので、こちらを優先する判断基準なども決めておくとよいでしょう。

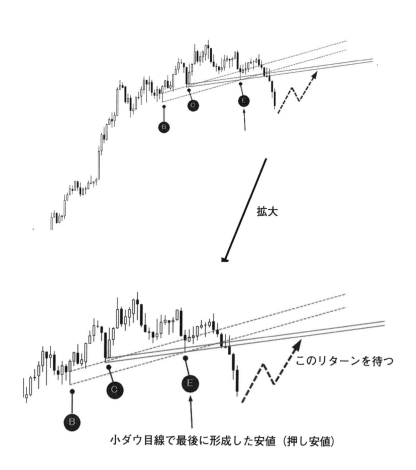

拡大

このリターンを待つ

小ダウ目線で最後に形成した安値（押し安値）

Ｃの安値付近のホリゾンタルラインゾーンが意識されていったん高値を形成したタイミングになりました。仮に、このまま下方向に続伸していったとしても、焦って無理してショートしないように心がけます。当初のプラン通りに動くほうが重要です。

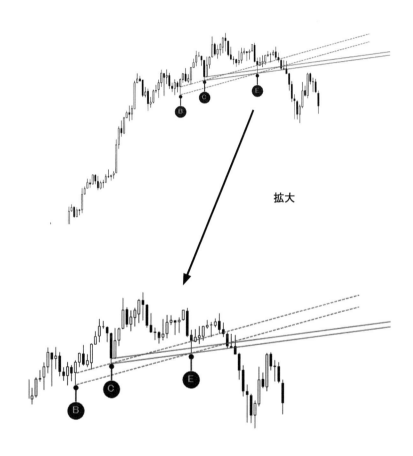

拡大

あくまでもＣＥの小ダウ上昇トレンドラインゾーンに到達してきた
タイミングを狙います。このとき、相場を見ているなら成り行き、そ
うでないなら、指値売りを注文してエントリーします。

　損切りはエントリー根拠にしたライン（ＣＥのライン）の上抜けに
置きます（損切りについては後述）。余裕を持つならＢＥのラインの
上抜けで設定してもよいでしょう。

拡大

BE

CE

上昇トレンドラインゾーンの（終）から下降トレンドラインゾーンの（先）で入っている仮定なので、できれば下降トレンドの（本）の動きまでは狙いたいところです。

　このチャート内だけでは下降チャネルラインゾーンか、ホリゾンタルラインゾーンでの利確目標以外は判断できませんが、通常は、上位足を優先して考えることにしています。

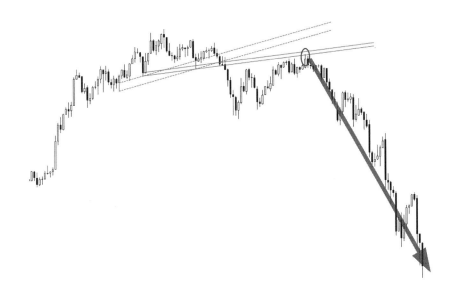

5) ブレイクリターンの形になるまで「待つ」こと

　このやり方に限ったことではありませんが、自分で狙っているエントリーパターンになるまでは「待つこと」が大切です。

　221 ページでも触れているように、狙っている形になる前に思惑通りにレートが進んでしまうと、そこで焦ってエントリーしてしまいたくなるかもしれませんが、そこは我慢して、エントリーパターンになるまで（今回の場合であれば、ブレイクした後、ゾーンに値が戻ってくるまで）、つまりチャンスが来るまで待ち伏せする気持ちと行動が大事になってきます。

１）負けないトレードを繰り返すために必要な損切りという作業

　では次に、出口の考え方を見ていきましょう。

　まずは最優先事項として「損切りをどうするのか」という部分です。利確に関しては二の次、三の次です。

　損切りを最優先に考える理由としては、「自分自身がトータルで負けないトレードを繰り返せるか」という部分に重点を置いていることもありますが、人間が本来持ち合わせている“脳の性質”を考慮していることも関係しています。しかも、この性質は、投資やトレードの世界においては非常にやっかいなものなのです。

　この性質について説いている行動心理学の理論があります。「プロスペクト理論」と呼ばれるものです。ここでは細かい説明は省きますので、より詳細を知りたい方はご自身で調べていただくことにして、この理論を要約しますと、「人間は得をする喜びよりも、損をした痛みのほうを強く感じる」というものになります。別の言い方をすると「人間の脳は痛みを避けて快楽を得たがる傾向にある」ということでもあります。

　これは、人類が果てしなく長い時間をかけて先祖から脈々とDNAに刻み込まれているものです。人間は同じような局面では大体同じよ

うな行動を取ってしまうというわけです。

　例えば、誰かから1万円をもらったとして、そのときに感じる喜び
を想像してみてください。ここでは1万円としていますが、喜びを想
像しにくいのであれば、10万円や100万円など、自分の感情が揺さ
ぶられる程度の金額を想像してみてください。喜びにも個人差はある
かと思いますが、いくらであったとしても、うれしいという感情が多
少なりとも出てくるはずです。

　では、反対に誰かによって1万円を奪われたという状況を想像して
みましょう。ここも、自分の感情が揺さぶられる金額で想像しやすい
ようにしてみてください。

　想像してみると何となくわかるかもしれませんが、1万円もらった
ときの喜びよりも、誰かによって1万円を奪われたときの痛み、苦痛
のほうを強く感じるのではないでしょうか。

　もちろん、人によって逆に感じる場合もあるでしょうが、人間本来
の脳の性質から考えると、やはり喜びよりも痛みや苦痛のほうを強く
感じるという人の割合が多いはずです。

　余談ですが、お金の額については、ある基準を超える前と超えた後
で、「喜び＞痛み」が「喜び＜痛み」へと逆転する場合もありますので、
この逆転が起きる基準がどのあたりなのかを考えてみるのもおもしろ
いでしょう。自分の中のお金の容量と、賭けられる取引量のバランス
などにも関係してくると思います。

　この脳の性質がトレードではどのように影響するのでしょうか。お
そらく、以下の3つのようなトレードになるのではないでしょうか。

**◎利益を得る場面では確実に手に入れることを優先し、損失回避的な
　利益確定をする傾向にある（チキン利確）**

226

◎損失が発生する場面では最大限に回避することを優先する（損切りせず放置）

◎損を取り返そうとしてより大きなリスクを取るような行動を取る傾向にある

　目の前の利益を得ることで快楽を感じ、その快楽を得ようと繰り返し（大多数が短期トレードに走る大きな理由のひとつ）、損失を確定することによる苦痛を受けたくないから損切りをせず先延ばししようとする。まさに「利小損大」「資金を大きく減らす」トレードの典型的な行動です。よほどの変人でない限り、大多数の人間は同じ傾向にあります。決して他人事ではありません。

　私も、勝てなかったころには、こういうトレードを繰り返していました。まさに人間本来の性質のままに従ってトレードをしてしまっていたわけですね（これをチンパントレーダーと言います）。

　利益が出たら、利益が減るのが怖くてすぐチキン利確する。損失が発生したら、その現実から目を背けたくてそのまま放置し、証拠金が耐えられなくなるまでひたすら神頼み。こんな感じです。

　トレーダーとしては最悪な行動を繰り返していたわけですから、当然、勝ち越すことは不可能ですよね。「勝ちに不思議の勝ちあり。負けに不思議の負けなし」という言葉があるように、負けには必然性があります。

　こんなチンパン状態でも1週間で100万円以上勝つこと自体はできていたのですが、結局、最終的に資金を飛ばすということを何度も繰り返していました。"何となく利益が出ている"という状態が本当に長かったです。

　最初の1カ月は頑張れても、勝率や損益率など含めて、2カ月、3カ月という具合には続きません。そんな状態でしたから、短期間で2倍、3倍に資金を増やしたところで、結局はすべての資金を飛ばして

います。しかも、そのような状態を5回は繰り返しています。

　このような散々な経験からも、人間本来の脳の性質に逆らった行動を取れるようにするのがトレードで最も重要な部分であると個人的には考えています。つまり、自分との向き合いの作業が必須になってくるわけですね。物事がうまくいくか、いかないかの原因は、大体の場合、外にあるわけではなく自分の内にあります。

　分析も、それ自体は重要な要素ではありますが、一番大事なのは"こういう部分"です。ここを理解して訓練できていないと、長い期間を通して勝ち越すのは至難の業になると思います。

　そうでないと、どこかで私と同じように頑張って増やした資金をすべて飛ばすか、資金の半分以上減らすような大打撃を食らって相場から退場させられる羽目になります。これを何回も経験すると心が折れかけます。いい加減、自分が嫌になってきます。

　では、上記のようなプロスペクト理論などを踏まえたうえで損切りをどうするのかですが、所詮、我々は弱い人間であり、難しいことをしようとしても最初は無理です。そんなことをしようとしても、トレード歴をいくら積んだ状態であっても再現性が極端に悪くなります。やはり、行動基準はシンプルにしておいたほうが、迷いも少なくてすみますし再現性が保てます。

　お勧めは、損切りの行動基準をシンプルにするためにも、**自分のエントリー根拠が崩れたら損切りする**という考えを基本にすることです。損切りがしやすくなります。

　もちろん、他の損切り基準を設定してもよいですが、他の根拠を判断に加えていったのでは余計損切りが難しくなるので、最低限、この基準を元に損切りが繰り返せるようになるまではあまり推奨しません。

　今回の例では、エントリー根拠は小ダウのラインのブレイク＆リターンで捉えた方法でした（次ページ参照）。敵方の陣地が崩れて、

◆図解：ホリゾンタルライン（ゾーン）での損切りのイメージ

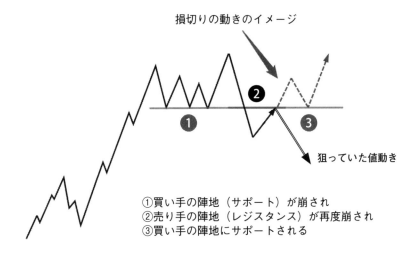

損切りの動きのイメージ

❷

❶

❸

狙っていた値動き

①買い手の陣地（サポート）が崩され
②売り手の陣地（レジスタンス）が再度崩され
③買い手の陣地にサポートされる

◆図解：トレンドライン（ゾーン）での損切りのイメージ

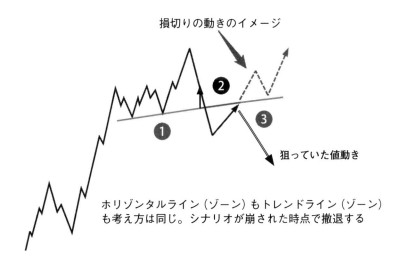

損切りの動きのイメージ

❷

❶

❸

狙っていた値動き

ホリゾンタルライン（ゾーン）もトレンドライン（ゾーン）
も考え方は同じ。シナリオが崩された時点で撤退する

自軍の陣地に切り替わるタイミングを狙っていくという入口の考え方なので、出口も考え方自体は同じになります。それは、**自軍の陣地が再度崩されたら撤退という考え方**です。自軍の陣地が崩され、敵方に奪われ始めているのに自分がそこに留まる理由はないですよね。いつまでもそこに居続けたら敵が陣地を侵略してくる動きに飲み込まれて逃げるに逃げられなくなります（損失の拡大で心理的に余計に逃げられなくなります）。

このような感じで自分なりに行動基準を持ち、後はその行動を納得して繰り返せるかどうかという落とし込みをしていく作業が損切りには絶対に必要です。

人間、理屈だけではなく、感情でも十分納得していないとその行動を取れません。まして繰り返すことなんて十中八九できません。

人間は、自分が思っているよりも合理的に行動することはできない生き物です。感情にかなり左右されて行動しています。特に行動を支配する感情で最も大きな要因は「恐怖」と「欲望」です。

だから、「損失が発生している」という恐怖、「利益が取れるかも」という欲望に支配されて適切な行動が取れなくなります。トレードに限らず、歴史を振り返ってみれば、恐怖と欲望に支配された人間がその都度のシチュエーションでどういう行動を取るのかには共通点があります。

あとは、自分が納得できるかどうかで細かい部分の判断などを自分なりに変えていってもよいですが、根幹となる考え方はあまり変えないほうがよいと思います（考え方や行動に一貫性がなくなるからです）。

２）ポジションサイジングで資金管理を徹底する

損切りの根拠としての大枠のイメージは先の図解の通りですが、資

金管理の観点で言いますと、これだけでは損切りの考え方がまだ不足しています。

　資金に対しての取引量（lot）を適正にしておく必要があります。資金管理が疎かになると、仮に損切りで終わってしまったときに資金が激減するようなトレードになってしまう場合もあり得ます。

　また、相場の状況やメインにしている時間軸の違いなどによっては、損切り許容幅も毎回同じというわけではありません。損切りの仕方はその時々で変えていかないとなりません。

　特に、トレンドラインゾーンを根拠として見ている場合は、トレンドラインゾーンがそもそも毎回決まった固定の幅ではないぶん、トレンドラインゾーンを抜けきった価格まで考慮した許容幅が必要になってきます。

　「マイナス○○円損失が発生したら、マイナス○○ pips（※）で損切りする」などのように固定で設定するのも間違いとは言えませんが、相場は変動するものなので、それぞれのケースに合わせていくことを優先しますと、固定の数値などで損切りを決定するのは資金管理として適切とは言いにくいです。

※ pips
ピップスと読むことが多い。通貨価格の最小単位のこと。円以外の通貨は銭のように細かい単位がない場合がある。円換算で表記しようとすると小数点以下の表記が多くなるので、共通の単位が必要になる。

　上記のようなことに対応するために、ポジションサイジングの考え方を取り入れてみると、その時々の相場状況に合わせた損切り

ができるようになります。仮に、連続で損切りを食らったとして
も、資金が激減することがなくなります。精神的にも安定した損切り
を繰り返せるようになります。

　ところで、ポジションサイジングとは何なのでしょうか。それは、
最初に想定損失額を決定する資金管理法のひとつで、**「想定損失額か
ら逆算して取引量（lot）を決める方法」**になります。想定損切り幅
が○○ pips あるとして、損切りしたときにマイナス△△円までの損
切りに収めたい。その場合、「取引量（lot）はどれくらいでエントリー
すればよいのか？」という逆算で決めていくイメージです。
　これは、トレードの考え方で非常に大事なことです。利益を優先し
て考えていくわけではないのです。「ここでエントリーしたら○○円
儲かるかもしれないな」という利益優先の考え方ではなく、「ここは
エントリーするタイミングだけど、損失は○○円以内で収まるように
しよう」という損失を最初に想定し、そこを優先して出口を考えてい
るわけですね。

　少し例を挙げて見ていきましょう。先ほどの図解（229 ページ）の
ようにエントリー根拠としている小ダウのトレンドラインゾーンやホ
リゾンタルラインゾーンを再度ブレイクされ、根拠が崩れたところで
損切りをするとして、その幅が 50pips はあるとします（実際は、急
激な値動きに対応するためにも、エントリーする前に、逆指値などで
損切りのストップ注文も同時に入れておきます）。通貨はクロス円と
します。ここで、エントリー価格から 50pips で損切りした場合、い
くらの想定損失額になるかは取引量（lot）によって変わってきます。
　例えば、1 万通貨でエントリーしていた場合は、マイナス 5,000 円
の損切りになります。1 万通貨で取引したときの 1 pips の変動額は
± 100 円なので、100（円）× 50（pips）で 5,000 円の計算です。

以下、クロス円の通貨ペアの例を少し載せておきますと、次のように変動します（※1pipsに対する損益の変動額について、ドルストレートの通貨ペアの場合は、ドル円やクロス円などとは微妙に違います）。

◎2万通貨ならマイナス 10,000 円
　※200（円）× 50（pips）＝ 10,000 円
◎3万通貨ならマイナス 15,000 円
　※300（円）× 50（pips）＝ 15,000 円
◎5万通貨ならマイナス 25,000 円
　※500（円）× 50（pips）＝ 25,000 円
◎10万通貨ならマイナス 50,000 円
　※1,000（円）× 50（pips）＝ 50,000 円

　上記のように、取引量（lot）によって同じ損切り幅でも実際の損切り額は違ってきます。そして、自分の資金量によっても、打ってよい適切な取引量も違ってきます。

　例えば、資金量 30 万円の場合、5万通貨でエントリーするのは資金管理の点で言うとかなり危ないです。50pips で1回損切りすると30 万円に対して2万 5,000 円も資金が減ってしまいます。もしも連続で5回損切りしたとしたら、12 万 5,000 円も資金が減ることになります。資金比率から見ると、約 40% も資金が減っていることになります。

　もちろん、これはあくまでも例です。実際は、損切りで減った資金ぶんから証拠金を預けていくことになりますので、途中で必要証拠金ぶんの資金が不足して 30 万円の資金で5万通貨のエントリーを繰り返すことはできなくなります（取引する通貨ペアによって預ける証拠金の額が違います）。

　重要なのは、たった5回損切りするだけで資金の半分近くを失ってしまうような取引量でトレードすることは適切ではない、すべきでは

ない、ということです。ここをしっかり理解してください。

これが資金300万円ほどある場合ならば、同じように5万通貨でエントリーして連続で5回損切りになって資金が12万5,000円減ったとしても287万5,000円も残ります。この条件であれば、資金管理的には問題ないトレードではあります。

このように1回の損切りで資金が激減するような取引量は絶対にNGですし、連続で損切りをしたら資金が半分に減ってしまうような取引量でもNGです。

ここで、資金に対してどれくらいの損切り額が適切になってくるかという部分が重要になってきます。連続で損切りが発生することを前提にして考えると、資金に対してマイナス2％以内に収まる損切りにすることを推奨します。

この数値も絶対的なものではなく、あくまで目安のひとつではありますが、マイナス5％以上の損切り額は資金に占める損切り額のパーセンテージが高すぎますし、当然、心理的な圧迫も高くなります。特にお金の変動に慣れていないうちにパーセンテージの高い損切り設定をすると、ほぼ確実に資金が飛びます。

◆図解：ポジションサイジングの考え

損切りを想定し、資金の－2％以内に収まる取引量を逆算しておく

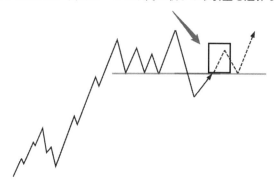

計算方法も記載しておきます。円以外の取引だと日本円に換算しないといけないため、計算が面倒です。例えば、ユーロドルを取引する場合だと、ドル円がその時点で1ドル100円なら、日本円換算するときに、最後1ドル100円で円の価値に換算する必要があります。

【ポジションサイジングの計算】

◎ドル円、クロス円
⇒　資金×2％÷損切り幅（pips）÷100（1万通貨単位に戻す）
◎円以外の取引
⇒　資金×2％÷損切り幅（pips）÷日本円換算値（円）

　損切り幅が63pipsなどのように、中途半端で暗算しにくい場合には、個人的には切りのいい60pipsなどに置き換えて計算するようにしています（実際のエントリーも60pipsの損切り幅から取引量を逆算するようにしています）。ポジションサイジングの計算の例として簡単なものを載せてみますので（次ページ）、慣れないうちはデモトレードなどの段階で大まかにでも取引量を暗算できる程度にはしておきましょう。

　もちろん、実際はチャートの状況を見て自分で損切り幅なども考えないといけません。先ほど、損切りの行動基準はシンプルにしたほうがいいとお伝えしていたのも、損切りの仕方をややこしくするとそれに伴い計算もやや面倒になるからです。なるべく大枠でザックリと考えられるようにしたほうがよいです。

　次ページの表を見てください。ある程度のトレード歴がある方ならば、この資金量と損切りの想定幅を見比べて各トレードがデイトレ（短期目線）なのか、スイング（中期目線）なのかなども判断できるのではないでしょうか。

①資金 100 万円　　損切り幅 40pips　　※ 資金 100 万円の 2％は 20,000 円

②資金 50 万円　　損切り幅 20pips　　※ 資金 50 万円の 2％は 10,000 円

③資金 300 万円　　損切り幅 120pips　　※ 資金 300 万円の 2％は 60,000 円

④資金 150 万円　　損切り幅 80pips　　※ 資金 150 万円の 2％は 30,000 円

　このポジションサイジングの考え方を知っていれば、資金量が多いから損切り幅を多く取るというわけではなく、資金量が少なくても 2％の損切りに収まる取引量でエントリーすれば損切り幅が広く取れるということがわかるようになると思います。

　もちろん、損切り幅を広く設定する場合と狭く設定する場合は相場の状況に合わせて決めますので、何となく損切りが嫌だから広く取っておくというような決め方ではありません。

　先ほどは、大枠の考え方として「エントリー根拠が崩れたら損切り」というのを基準としてお伝えしていましたが、近くに上位足のサポート、レジスタンスが控えているなどの理由からもう少し余裕を見たいケースはあります（次ページ上段）。その場合は、それらをすべて超えていった価格帯で 2％の損切りになるように取引量を決定していくという方法も採用できます。

　ただ、上記のような理由以外で無意味に損切り幅を広げすぎると、途中でまた価格が戻ってくるかもなどと考えだしてそのままずるずる損切りができなくなる、というケースが想定できます（私もそうでした）。こういうことも考慮しますと、やはり損切りが徹底できるようになるまでは、エントリー根拠が崩されたら損切りするという方法で訓練を積んだほうがよいかもしれません。

　ポジションサイジングの考え方を元にした取引量の決め方はここまでの説明で、ほぼ問題ないかと思いますが、トレンドラインゾーンをエントリー根拠にする場合は注意しておかないといけない点があります。

◆図解：損切り幅に余裕を持たせて設定する場合の例

③さらに一段上のレジスタンスまで考慮
抜けた部分で２％の損切り設定になるように取引量を逆算する

②ここまで余裕を持たせたい

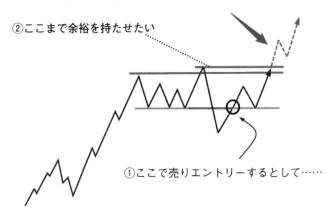

①ここで売りエントリーするとして……

◆図解：損切り幅を広く設定するときの注意点

②逆指値（ストップロス）を設定しておくなど
事前に損切りを入れておかないと
途中の値動きを見て迷い出す怖れがある

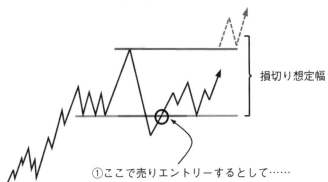

損切り想定幅

①ここで売りエントリーするとして……

トレンドライン（ゾーン）は、ホリゾンタルライン（ゾーン）で捉えられない部分も視覚化できて非常に使い勝手のよいものではありますが、慣れないうちは「損切りを入れる場所に迷う」というやっかいな側面もあります。

　その理由は、トレンドライン（ゾーン）には角度がある都合上、ブレイク＆リターンを元にエントリーするにしても、時間が経過することでエントリーした時点とラインの延長線上にある価格が変化していくという部分にあります。

　ホリゾンタルライン（ゾーン）のように、時間の経過で価格が変化しないものを損切り設定する場合は、ホリゾンタルライン（ゾーン）を上下どちらかに抜けた価格から少し余裕幅を持たせた価格で損切り設定しておけばよいです。

　ところが、トレンドライン（ゾーン）の場合は、そうはいきません。上記の理由からでは、固定した価格での損切り設定を入れにくいです。

　エントリーした時点でトレンドライン（ゾーン）を明確に抜けた価格で損切り設定をしてもよいのですが、あまりに損切り幅が狭すぎると、時間経過でトレンドライン（ゾーン）の延長上の価格も変化していきますので、トレンドライン（ゾーン）を抜ける前なのに（＝エントリー根拠は崩れていないのに）損切りになる可能性もあります（次ページ参照）。慣れるまではトレンドライン（ゾーン）はホリゾンタル（ゾーン）より少しだけやっかいです。

　私はトレンドライン（ゾーン）を根拠にエントリーしていく場合が多く、もう慣れているので、損切りを入れる場合も指値で事前に注文を入れず、根拠が崩れたのを目視で確認してから手動で損切りをしています。指値を使うにしても、ラインをブレイクして根拠が崩された価格帯からさらに余裕を持たせた価格で入れていないと、根拠が崩されていない状況なのに損切りになってしまう場合もあります。

◆図解：トレンドライン（ゾーン）は損切りの仕方に慣れが必要

エントリーした時点でトレンドライン（ゾーン）を抜けた価格帯に損切りを入れていても、時間経過で損切りに引っかかる可能性がある

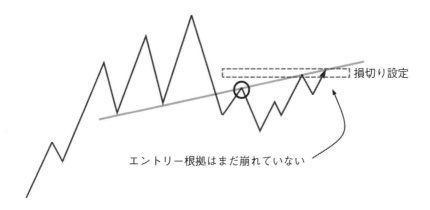

損切り設定

エントリー根拠はまだ崩れていない

以上を考慮すると、ラインをブレイクされたのを目視で確認した時点でも、資金の２％以内に十分収まるように取引量を決めるというやり方がやはり一番簡単ではないかと考えています。

　ただし、これには値動きに対する慣れの問題も大分含まれます。この方法を採用しにくい場合は、次ページの図解の例のように一段上のレジスタンス、一段下のサポートを抜けた時点の価格で損切り設定しておくとよいかもしれません。

　なお、この場合はホリゾンタルライン（ゾーン）ベースで決めたほうが損切り注文が入れやすいです（次ページ上段）。

　もしくは、余裕を持った損切りにしたいのであれば、今の「際」を抜けた部分に損切り設定する手もあります（次ページ下段）。

　あとは、リスクリワードの観点から考えて、そのトレードで狙っている値幅よりも損切りしたときの値幅のほうが広くなる場合は、リスクリワードが悪いトレードになるので「そもそもトレードしない」と決めてもよいでしょう。

　上記以外でも、他に損切りの条件をいろいろと加えることはできますが、あまり加えすぎると損切り自体に迷うことになります。行動原理は極力シンプル化しておくほうが再現性も保てますし、何より好ましいと思います。そもそも、損切りの仕方に迷うような局面であればトレードしないと割り切ることも重要です。

　こういう行動を律する部分も、前提となる考え方を時間をかけて身につけていないと優先できません。おそらく、利益を先行して考えて行動するので、必要のないところでも無理にエントリーして入っていきます。このときに、たまたま利益になると、間違えた成功体験として脳が快楽を記憶してしまい、次も、その次も同じことを繰り返していきます。その結果、最終的に損切りができず、大きく負け越すタイミングに出くわしてしまいます。

◆図解：トレンドライン（ゾーン）での損切り対処法①

簡単にするなら一段上のホリゾンタルライン（ゾーン）の上で
損切り設定

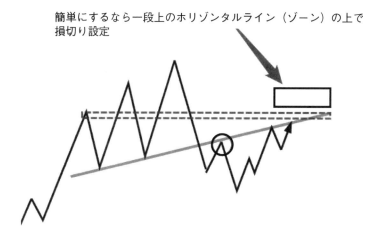

◆図解：トレンドライン（ゾーン）での損切り対処法②

余裕を持って損切りを設定するなら、今の「際」を抜けた部分に入れる。
ただ。個人的には取り入れていない

際

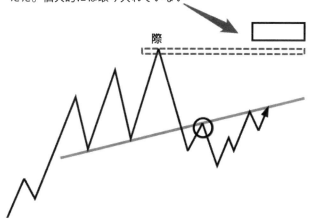

私も、プロスペクト理論通りの行動を繰り返してしまった結果、損切りができなかったタイプですので、心理的な部分がよくわかります。損切りを複雑化して難しくしてしまっては元も子もないわけですね。そういう経緯からも、私は**「損切りの基準は簡単にしておく」**という考えに至っています。

　次ページの図解の例であれば、想定リスク①に対して見込めるリワード①と②は、ふたつとも損切り幅よりも、利益幅のほうが広いので狙ってもよいかもしれません。

　ただし、常にエントリー根拠が崩れたら即損切りのような仕方だと想定リスク①のような損切りまでの距離がタイトな場合、勝率自体が悪くなる可能性も考慮する必要があります。また、リワード①と②に対して、無理やり値幅が狭くなるような損切りの設定にしてはいけません。

　手順としては、損切り幅がどれくらいあるか想定して、資金の２％以内に収まるように取引量を決めてから、次でようやく利益幅がどれくらい見込めるのか考えていきます。利益先行で都合の良いように損切り幅を狭めたり広げたりするのは、考え方としては適切ではないからです。

　次に、想定リスク②に対してリワード①と②を見ますと、リワード①のほうは損切り幅よりも小さくなってしまいますので、この損切り設定の場合だとリワード①を狙うのは好ましくありません。

　リワード②のほうですと、損切り幅よりもやや大きいので狙ってもよさそうですが、損切り幅が「１」だとして、利益幅が「２」は狙える局面ではないので様子見という判断もできます。

　上記のように考えますと、この例の局面ではトレードしないという判断も賢い手です。結局、「負けなきゃＯＫ」という考えを優先しているならば機会損失も感じにくいはずです。

◆図解：リスクリワードが悪くなるならトレードしない

①② 見込めるリワード（想定利益）

①② 想定リスク（損失）

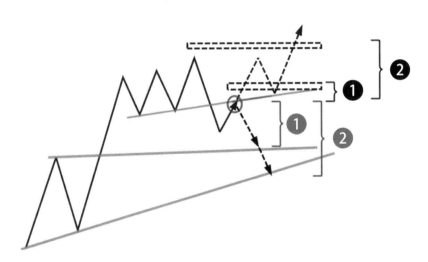

補足コラム　円と円以外の取引での 1 pips の違い

　pips の見方に慣れていない方のために pips の計算方法を載せておきます。

　ドル円、クロス円のような円を使った通貨ペアであれば計算自体は簡単です。円以外の通貨ペアであるドルストレート（ユーロ / 米ドル、英ポンド / 豪ドルなど）は単位が円でないので、慣れないうちは計算がややこしく感じるかもしれません。

　ドル円、クロス円の場合は「1pips=0.01 円」を基準に考えれば計算自体は楽です。普段動く価格も 100.800 円、100.952 円などのように、1 円以下の 10 銭単位で動く部分を見ていますので、10pips 単位の計算に慣れておくと、感覚でどれくらい動いているのか判断できるようになってきます。

0.1pips=0.1 銭 = 0.001 円
1pips = 1 銭 = 0.01 円
10pips = 10 銭 = 0.1 円
100pips = 100 銭 = 1 円

　上記のように覚えておくだけで計算には大体事足ります。先ほどの例だと 100.800 円から 100.952 円へと動いているので、1 円以下の単位で 15.2 銭動いていることになり、pips で表記すると 15.2pips になりますね。銭の部分を pips で置き

換えるだけです。

　少しややこしいのがドルストレートのほうです。こちらは、円という通貨単位ではない、銭にあたる細かい単位がない通貨もあるということも理由となって、ドル円などよりもさらに価格の見方に慣れが必要です。

　円以外の取引のドルストレートは小数第4位が単位となりますので、1 pips = 0.0001 ○○（通貨の単位）を基準に覚えておくと計算がしやすくなります。

　例えば、ユーロ / ドルの価格は 1.08745 ドルなどのように価格表記します。この場合は小数点第4位の部分が1 pipsになるので 0.0004 の部分が基準になります。

　あとは、ドル円のときと同じように繰り上げて計算していくだけなので「基準となる1 pipsがどこなのか」に見慣れると、違和感が少なくなって価格表記を見られるようになります（円のみで基本生活する我々は最初困惑する）。

　例えば、1.08745 ドルから 1.08328 ドルまで動いたとすると、pips 換算では 41.7pips（74.5 − 32.8）動いたという計算になります。

　他にもユーロ / ポンドや豪ドル /NZ ドルなど、円以外の通貨ペアはありますが、基本的に上記で対応できます。

～第6節～
出口の考え方　利確編

1）利確は味方の目標値、敵の陣地までを目指す

最後に、「利益確定をどうするのか」という部分を見ていきましょう。

私個人としては「利確が一番難しい」と考えています。「このあたりまでで利確かな」と事前に想定していたとしても、「どうなるか」は結果を見ないとわからないことが多いです。

結局、我々には先のことはわからない、という前提があります。そのため、同じ出口でも損切りのほうは、根拠が崩されたら撤退することを最優先の考え方としていましたね。先のことはわからない以上、そのタイミングで撤退していないと自分でコントロールできない範疇になるからです。ただの運任せの戦い方になってしまっては勝てる勝負も勝てません。

ですから、損切りは自分で最低限コントロールできる唯一の行動ですし、行動難易度としては簡単にしておかないとならない、という考え方につながるという話でした。

一方、利確のほうはさらに自分でコントロールできる範疇外のことが多くなります（原理原則の優位性）。値動きを自分でコントロールすることなんてできませんから（※大口の機関投資家などは短期的には動かせるかもしれませんが）、当然、コントロールできない値動

きに対して「どこで着地するのか」という話になってきます。

　もちろん、目安を設けたところでそうなるかどうかは最終的にはわからないという前提がありますが、だからといって、ある一定の判断基準を設けていないと行動がブレてしまいます。

　私の利確の考え方も、やはりラインです。まずは以下の２点を優先すると一定の再現性が保てます。

◎今のトレンド方向の大ダウ「チャネルラインゾーン」を利確目標値
◎今のトレンドと逆方向の大ダウ「トレンドラインゾーン、ホリゾンタルラインゾーン（敵の陣地）」を利確目標値

　これは、先ほどの入口のときとほぼ同じ考え方をしています。入口で入るなら味方が後ろ（バック）にいること、敵が撤退し始めるタイミングなど根拠を複数重ねていきます。出口についても根本となる考え方がわかっていれば同じだとわかります。

　例えば、248 ～ 249 ページの図を見てください。ある目線（大ダウ）のプレイヤーＡの「入口」は、逆の目線（小ダウ）のプレイヤーＢからしたら「出口」となっているなど、あるプレイヤーの「入口」が別のプレイヤーの「出口」となってくる可能性は普通にあります。

　もちろん、このように入口と出口は表裏一体となっているときもあれば、250 ～ 251 ページの事例のように、大ダウ＆小ダウ目線から見ても「出口」となっているケースもあります。

　先ほど、先行期を捉えるときのイメージとして紹介した図解ａと図解ｂを、例として再掲しますので、入口と出口のイメージも掴んでみましょう。

　誰かの入口が誰かの出口になっていますが、それがどの目線のプレイヤーにとっての入口と出口なのかという部分を考えてチャートを見ていくと、また視点が変わって見えるかと思います。

◆図解a：大ダウ目線では「入口」、小ダウ目線では「出口」

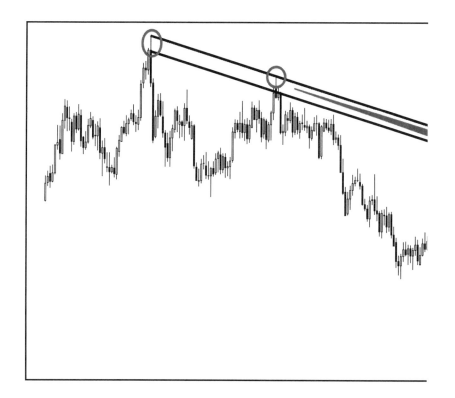

※この例では、背景に下降トレンド方向の味方が存在しているので、それを引

　の小ダウ目線のプレイヤーからしたら「出口」になってくるので利確売りの行

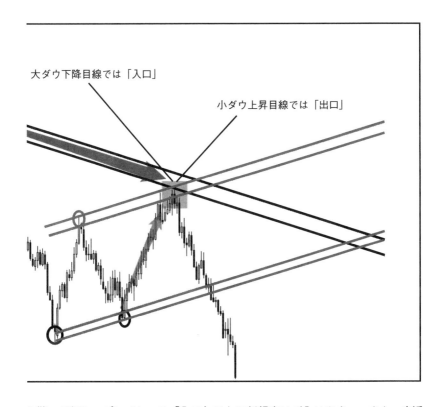

大ダウ下降目線では「入口」

小ダウ上昇目線では「出口」

き継いだ新しいプレイヤーの「入口」になり新規売りが入りやすい。また、直近
動につながる場所でもある

◆図解 b：大ダウ目線と小ダウ目線ともに「出口」

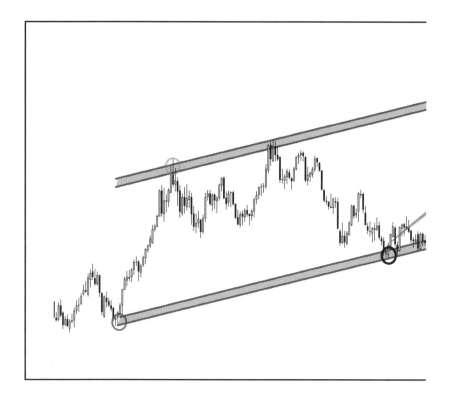

※この例では、大ダウ、小ダウ目線ともに利確売りの「出口」となっている。
※ただし、違う目線のプレイヤーの新規売りの「入口」がどういう目線になって

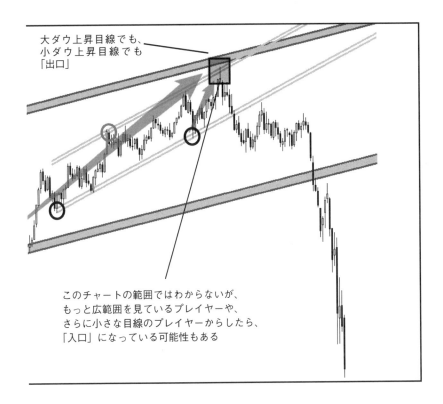

大ダウ上昇目線でも、
小ダウ上昇目線でも
「出口」

このチャートの範囲ではわからないが、
もっと広範囲を見ているプレイヤーや、
さらに小さな目線のプレイヤーからしたら、
「入口」になっている可能性もある

その根拠だけでもそこそこ売りが入りやすそうな状況なのが判断できる

いるのか視覚化できてないため、それを捉える視点が事前にラインで必要になる

ここまでの図解でトレンドラインゾーンとチャネルラインゾーンを利確目標にする考え方をお伝えしました。図解だけでもある程度理解できるかとは思いますが、一応、文章でも説明を加えておきます。

2）今のトレンド方向の大ダウ「チャネルラインゾーン」を利確目標値

　チャネルラインゾーンを利確目標にする判断基準は超基本的な考え方です。利確をあえて複雑化したくないのであれば、このやり方が最も迷わず再現性を保てる方法だと思います。

　ここでひとつ問題になってくるのが「小ダウと大ダウのチャネルラインゾーンのどちらを優先して考えていくか」です。これはどちらも間違いではなく、自分がどちらのフィールド内の動きを狙っているかに左右されます。

　ただし、小ダウのチャネルラインゾーンを考慮しすぎるとチキン利確につながり（※いったんの目標値なので決して間違いではありません）、肝心なスイング目線で伸ばせるときに利を伸ばせなくなってしまうことがあります。

　そのため、個人的には小ダウのチャネルラインゾーンから大ダウのチャネルラインゾーンまでフィールドが拡大していった後は、あまり小ダウのチャネルラインゾーンを意識しすぎないようにしています。完全無視ではないですが、大ダウに比べると優先順位が2段階くらい落ちる、という感じで見ています。

　ただ、これにも正解がありません。繰り返しになりますが、大事なのは**「自分がどのフィールド内の動きを取りにいっているのかを理解しているかどうか」**です。

　256 〜 257 ページの例は、②の部分から売りで入っていたとして、その目標値を小ダウチャネルラインゾーンで見ていくイメージ図です。

また、258 〜 259 ページの例は、②の部分から売りで入っていたと
して、その目標値を大ダウチャネルラインゾーンで見ていくというイ
メージ図です。その後の小ダウチャネルラインゾーンはあまり意識が
強くないのがわかりますね。

　その前段階の「入口（256 ページと 258 ページの②）」の話もして
おきます。この日足では、小ダウのラインに対して、わかりやすいブ
レイク＆リターンがありません。ザックリ入っている仮定の話にな
るため、確証性のある入り方にはなっていません。
　私個人としては、こういうザックリした入り方もよくしますが、こ
の例のように大ダウ下降トレンドの意識の「際（入口）」と小ダウ上
昇トレンドの意識の「際（出口）」のように、大ダウと小ダウで入口
と出口のタイミングが一致しているなど、上位足と下位足の根拠が重
なっていないと確証性が低くなると考えています。どちらかだけでは
根拠が薄いのです。
　仮に、ここから確証性を高めるのであれば、マルチタイムフレーム
（※複数の時間軸を分析して、総合的に方向性の一致や、エントリー
タイミングを計る分析方法）の概念を用いて下位足に視点を落とし、
下位足の世界観で小ダウのラインのブレイク＆リターンが捉えられ
ないかを探していくことになります。

　ただ、意味もなく下位足に視点を落としていっても肝心の上位足の
流れやフィールドを優先していないと不必要な逆張りエントリーに
なったり、フィールドの「際」でないのにエントリーして中途半端に
なってしまったりする可能性もあるので、必ずしも下位足に視点を落
として見ればよいというわけでもありません。
　その必要があるかどうかは、ターンの概念も必要になりますが、直
前のターンがどのような波形を形成してきているのかによってある程

度事前に把握することはできます。

　例えば、直前のターンの小ダウの安値、高値の痕跡がわかりやすく形成されているのか、一直線に近い形で推移してきているのかなどによっても判断できます。

　このあたりの話には「相場の対称性」という概念が関係してきます。安値、高値の関係性である、(サポレジ転換の)「点の対称性」、ターン・トレンドの局面などの「面の対称性」、また時間に対する対称性などさまざまな対称関係が相互作用して相場は成り立っています。

　話をチャネルラインゾーンのほうに戻します。小ダウ下降チャネルラインゾーンは完全に無視するわけでもないですが、意識としては一度ブレイクされているため（257ページのA）、(小ダウの続伸のときに)目標値の意識としても薄れかけています。

　では、その小ダウチャネルラインゾーンをあえて考慮する場合は、どのように判断するのかも少し考えてみましょう。

　例えば、小ダウチャネルラインゾーン以外にも他のサポートが重なっている場合などでは優先度を高めます。今回（256〜257ページの事例）は小ダウ上昇トレンドラインゾーンも控えていて小ダウチャネルラインゾーンと重なっている付近（257ページの④）がありますので、無視はできません（それでも大ダウの流れを優先して見ているなら優先度は落ちます）。

　あとは、上位足のトレンドラインゾーンやホリゾンタルラインゾーンが重なってきているときも優先順位が高まります。ただ、その場合は上位足のラインがあるからという判断基準を優先しているので、小ダウチャネルラインゾーンが控えているからという判断基準ではなくなってきます。

　個人的には年々あまり面倒なことをしたくなくなってきたというのもありますが、**下位足で弱い根拠を複数重ねる ＜ 上位足で強いひと**

つの根拠という判断基準になっています。

　上記のように、上位足のラインや見ている時間軸に対する他のサポート、レジスタンスが控えているなどの理由も重なる場合は、小ダウチャネルラインゾーンに到達後に価格が反転していき、大ダウチャネルラインゾーンまで到達せずに戻ってきてしまうこともあり得ます。

　この場合は、今の小ダウの安値、高値のリズムから変化が出てきてしまったら撤退目安、変化が出ていないのであればホールド続行といったターンの概念から判断するとわかりやすいと思います。直前まで小ダウで安値、高値の切り下げのリズムであるので、小ダウ下降トレンドと定義できるターンです。そこから小ダウで安値、高値の切り上げのリズムに変化してくればターンが変化してきている可能性を察知できますので、それを元にポジション管理を考えていくことになります。

　こういったことからも、すべての行動＆判断基準にダウ理論が関係していることがわかると思います。

　ラインからのマッピングだけでなく、入口や出口にもダウ理論を深く落とし込んで考えられていれば、すべての行動をリンクさせて考えられるようになります。

◆トレンド方向の小ダウ「チャネルラインゾーン」を目標値にする場合

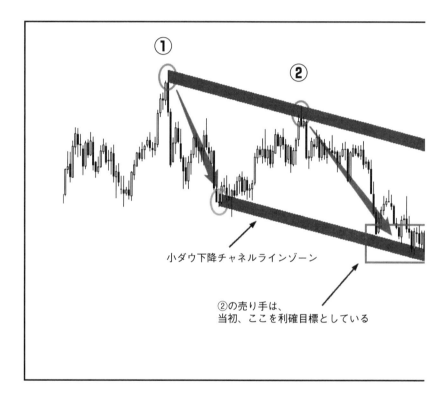

小ダウ下降チャネルラインゾーン

②の売り手は、
当初、ここを利確目標としている

※①の売り手の利確の痕跡が残っているので、②の売り手は、当初、小ダウ下

※仮に③部分で小ダウ目線の売りエントリーをした場合も、小ダウチャネルラ

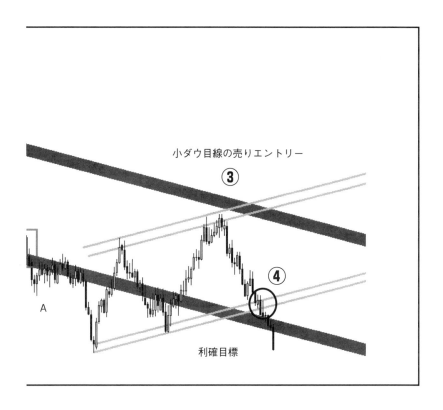

小ダウ目線の売りエントリー

③

④

A

利確目標

降チャネルラインゾーンを目標値にしている

インゾーンが利確目標になってくる

◆トレンド方向の大ダウ「チャネルラインゾーン」を目標値にする場合

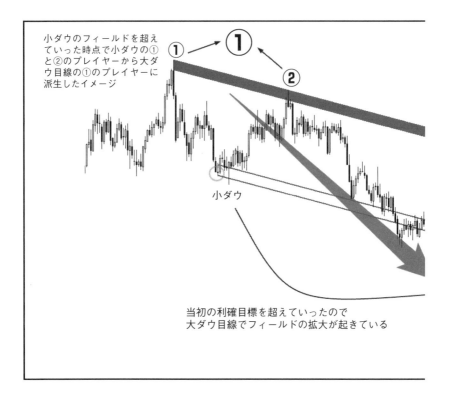

小ダウのフィールドを超え
ていった時点で小ダウの①
と②のプレイヤーから大ダ
ウ目線の①のプレイヤーに
派生したイメージ

小ダウ

当初の利確目標を超えていったので
大ダウ目線でフィールドの拡大が起きている

※②で大ダウ目線の売りエントリーした場合は、大ダウの下降チャネルライン

※入口が小ダウ目線なら出口も小ダウ目線、入口が大ダウ目線なら出口も大ダ

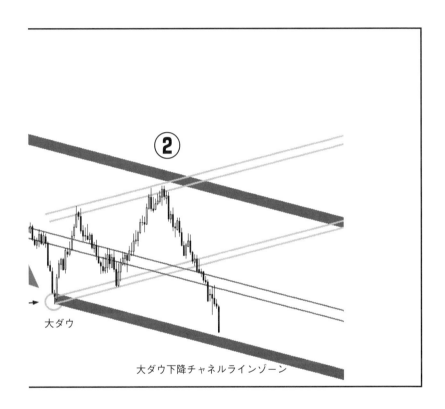

② 大ダウ 大ダウ下降チャネルラインゾーン

ゾーンが利確目標になる

ウ目線、というように入口と出口の目線を一致させることが重要

3）今のトレンドと逆方向の大ダウ「トレンドラインゾーン、ホリゾンタルラインゾーン（敵の陣地)」を利確目標値

　トレンド方向のチャネルラインゾーン以外を利確目標にしていく場合は、自分のエントリー方向と逆側の目線のプレイヤーが注目しているトレンドラインゾーンやホリゾンタルラインゾーンを目安にしていく方法もあります（自分が買い方向でエントリーしている場合、売り方向が逆側の目線のプレイヤーになる)。

　ここでも小ダウと大ダウのどちらを優先するのかという問題が出てきますが、中期スイング目線であれば、基本は大ダウのラインを優先するとよろしいかと思います。

　特に、小ダウ目線のホリゾンタルラインゾーンはトレンドラインゾーン以上に複数選択できる状況が多いので、ある程度、大ダウだけ考慮するというように限定していないと利確の再現性が相当ブレます。

　利確に関してはどうしても「早めに利確してしまった後に続伸して損した気分になる」「利確しなかったら、その後、含み益が減ってしまった」などが常に付きまとうので、再現性を保つために行動基準を限定したほうがよいです。

　262 ～ 267 ページに記載しているチャートを例に少し説明を加えておきます。この例は、「自分が買い方向でエントリーしていると想定して利確目標をどうするのか」という状況になります。

　大ダウ目線の上昇トレンドラインゾーンの「際」から入っている場合、その時点で大ダウ上昇トレンドラインゾーンとチャネルラインゾーンともに引けていますので、中期スイング目線では最終的な利確目標は大ダウチャネルラインゾーンまでは考えたいです。

途中の分岐点（この場合はレジスタンスのこと）で価格が上げ止まり反転していく可能性もありますのですべて無視するわけにはいきませんが、基本は大ダウ目線のプレイヤーが注視しているだろうラインを優先します。

　今回は一度も上抜かれていない大ダウ目線の下降トレンドラインゾーンが引けないケースなので、ホリゾンタルラインゾーンでレジスタンスラインを選択しています。

　この時点で注目しているホリゾンタルラインゾーンは「広範囲で最高値付近のレジスタンス」「目先のレジスタンス」の2つに絞ってあります。この付近の高値は誰が見てもわかりやすい高値群なので大ダウ目線として認識がしやすいという点で選択しています。

　他のホリゾンタルラインゾーンも選択することはできますが、小ダウ目線の細かい高値部分になってきて、大ダウ目線のプレイヤーが注目している可能性が低くなってきますので除外しています。

　他にレジサポ反転部分などの選択もありますが、大ダウ目線では発生していないのでこれも除外しています（※レジサポ反転：レジスタンスからサポート、またはサポートからレジスタンスに変化した部分のこと）。

　あとはもちろん、小ダウ上昇チャネルラインゾーンもわかりやすく引けている場合は、小ダウ目線の買いプレイヤーの利確目標になってくるので少しは考慮に入れています（今回図解の中の記載には入れていません）。小ダウチャネルラインゾーンと大ダウ目線のホリゾンタルラインゾーンが重なってくるときなどは、判断基準の優先度が上がります。

◆今のトレンドと逆方向の大ダウ「トレンドライン（ホリゾンタルライン）ゾーン」

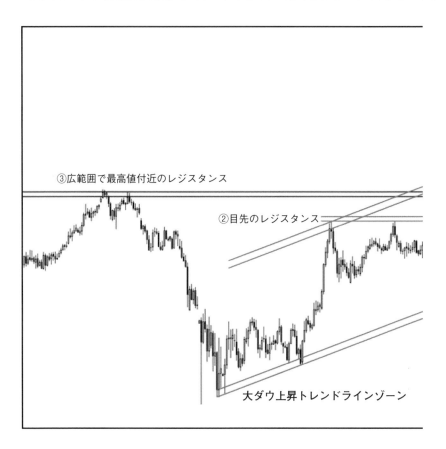

③広範囲で最高値付近のレジスタンス

②目先のレジスタンス

大ダウ上昇トレンドラインゾーン

※この例は、大ダウ上昇トレンドラインゾーンの「際」に到達後、小ダウ下降

※利確目標として取り入れやすいのは「②目先のレジスタンス」「③広範囲で最

※すべて考慮する場合は各目標値に到達したら「分割決済」という方法もあるが、
　いたい

を目標値にする場合① ※この例ではホリゾンタルラインゾーンに注目した場合

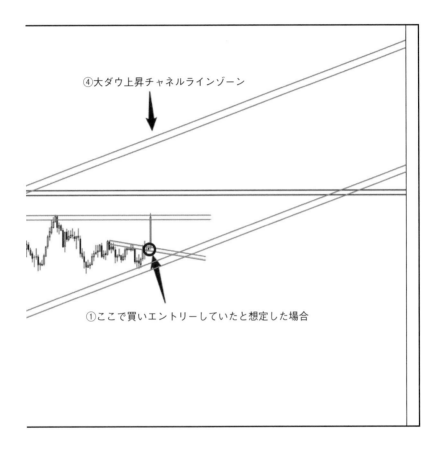

④大ダウ上昇チャネルラインゾーン

①ここで買いエントリーしていたと想定した場合

トレンドラインのブレイク＆リターンを狙って買いエントリーした場合

高値付近のレジスタンス」「④大ダウ上昇チャネルラインゾーン」の３つ

「際」から「際」まで目指すスイング目線ならせめて③、最終的には④までは狙

◆今のトレンドと逆方向の大ダウ「トレンドライン（ホリゾンタルライン）ゾーン」

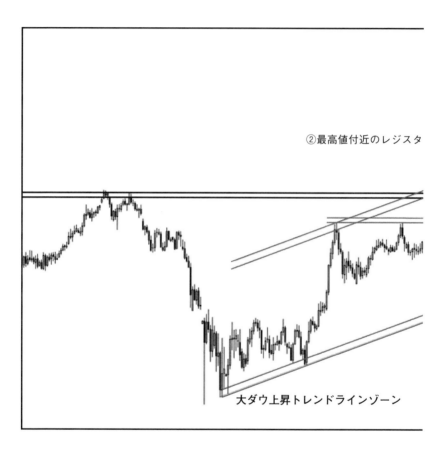

②最高値付近のレジスタ

大ダウ上昇トレンドラインゾーン

※①で目先のレジスタンスの上抜け後は、②で最高値付近のレジスタンスに到

※②のレジスタンスは大ダウ目線の高値になってくるので、強い新規売りが出

　ラインゾーンまで落ちてくることを想定しておくとベター

を目標値にする場合②

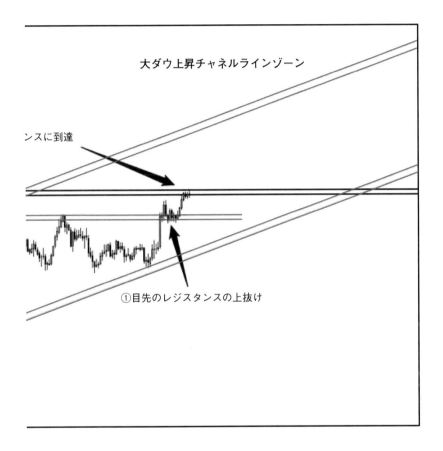

大ダウ上昇チャネルラインゾーン

ンスに到達

①目先のレジスタンスの上抜け

達するかどうかをチェックしていく

現する可能性も考えられる。上抜けできない場合は、再度、大ダウ上昇トレンド

◆今のトレンドと逆方向の大ダウ「トレンドライン（ホリゾンタルライン）ゾー

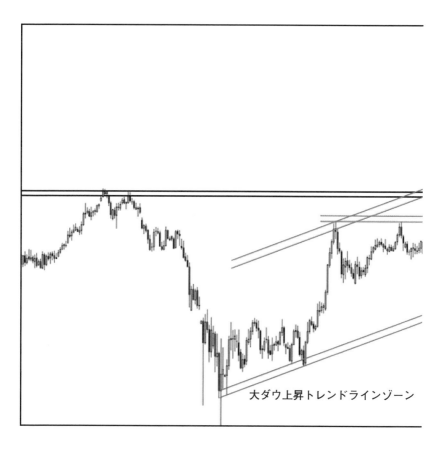

大ダウ上昇トレンドラインゾーン

※①で最高値付近のレジスタンスを上抜けした後は、大ダウ上昇チャネルライ

※②で上昇チャネルラインゾーンに到達したタイミングで全利確でも OK

※通常は上位足のレジスタンスも考慮して判断していくが、慣れないうちは見え

ン」を目標値にする場合③

大ダウ上昇
チャネルラインゾーン

②上昇チャネルラインゾーンに到達
（最終的な利確目標）

①最高値付近のレジスタンスの上抜け

ンゾーンまで到達できるかをチェックしていく

ている範囲でよいから、ひとつひとつの判断を丁寧に繰り返すことのほうが重要

長くなりましたが、**最優先の判断基準として「大ダウのトレンドラインゾーンは毎回考慮する」という判断をまずは繰り返せるようにできれば OK** です。その他はこれが最低限できるようになってそれ以上の必要が出てきたら考えていけばよいです。

　仮に、この判断を考慮しない場合は、それに代わる判断基準として再現性を保てる強固な理由を明確に定義化、言語化できているレベルのものでなければなりません。**"何となく" はダメです、絶対に……**。

４）まとめ

　ここまでで利確についての考え方を説明してきました。再度利確についての個人的な意見をお伝えしますと利確が一番難しいです。

　利確の目標値として、以下のようなものを想定するなど、結局のところ、どのラインを使うにしても、利確に関しては結果論に一番なりやすいと思っています。

◎チャネルラインゾーン
◎敵の陣地を指すトレンドラインゾーン、ホリゾンタルラインゾーンなど

　反対に、エントリーや損切りに関することは簡単です。敵が撤退してきているのか、味方がバックに控えているのか、増えてきているのかなど、ラインをもとに視覚化しているだけなので、アクションとしては捉えやすいし難しくはないです。損切りは、自分の根拠が崩されたら撤退目安なので判断自体はしやすいですしね（エントリー、損切りは焦点が割と「今」に集中している）。

　しかし、利確は「未来」についてのことになり、この未来について

は自分でコントロールできる範疇外のことになってきます。正直、どうなるかはわからない部分が多いです。

　利確の考えで使ってくるチャネルライン（ゾーン）はラインの中でも扱いが難しいですし（小ダウ、大ダウの問題）、それだけに理解をあやふやにしておくと利確の行動がブレてきます。一貫した利確を繰り返せるようになるためにも、チャネルライン（ゾーン）については練習して理解を深めていきましょう。

　また、私は大ダウ目線のスイングトレードをメインとしている関係上、大ダウのフィールドの「際」から入って「際」までを取りにいこうとしているときが多いため、見ているフィールドは大ダウが中心になってきます（大ダウのフィールド内の動きを狙い、いけたらさらに派生した動きも狙っている）。そのため、入口と出口の考え方も必然的に大ダウ目線のときが多いです。

　目線が大ダウなのに、入口と出口のどちらかが小ダウ目線になってはミスマッチなトレードになります。

　大ダウなら大ダウ、小ダウなら小ダウと目線をどちらかに整えたほうがよいと思います。

　訓練が十分積めていない時期は、入口の目線が大ダウでも出口は小ダウ目線になってしまう（特に利確）というのはよくある話なので、ここは意識して目線を作りにいったほうがよいでしょうね。

　念のためお伝えしておきますと、小ダウ目線のトレードも間違っているわけではないので、短期スイングの感覚であれば、小ダウのフィールド内の「際」から「際」まで狙っていっても問題ないです。

◎小ダウのフィールド内の動きを狙う ⇒ 短期スイング（数日で手仕舞うときが多い）
◎大ダウのフィールド内の動きを狙う ⇒ 中期スイング（数日〜数週間、または数カ月になるときもある）

このような目線の違いが自分で理解できているのであれば、どちらも正解です。

　「どのフィールドの何の動きを狙っているのか」を理解できていなかったら、どちらを見ていたとしても間違いです。

　ただし、それでも**「なぜ、私が大ダウ目線を優先しているのか」**についての理由をお伝えしておくと、プロスペクト理論（※）の話にもつながりますが「目先の利益に翻弄されず、長期的な視点で戦うことを優先しているから」です。自分の中の弱い部分を出しにくくするための思考回路などを常に作っておきたいのです。人によってはトレードにおいて何を優先しているのかで判断基準は違います。当然、それに合わせてトレードの仕方も違ってきますから、正直、どんなやり方でもよいとは思います。ただし、プロスペクト理論通りの行動さえしないようにできれば、ということが大前提の話になります。

※参考文献

『Prospect Theory: An Analysis of Decision under Risk』

Daniel Kahneman and Amos Tversky

～第7節～
実際のチャートを見ながら
トレードの流れを確認する

　ここまで、トレンドラインゾーンを使ったトレード手順について解説してきました。以下の一連の流れを実際のチャートを見ながら確認したいと思います。

ステップ1：状況確認
　大ダウ目線のトレンドラインゾーンを引いて、現在の方向性（流れ）を確認。

ステップ2-1：エントリー
　小ダウ目線のトレンドラインゾーン（ホリゾンタルラインゾーン）のブレイク＆リターンでエントリー。

ステップ2-2：損切り設定
　自分のエントリー根拠が崩れたとき、もしくは、資金管理で損切り設定。厳密には、この段階でポジション量も決定する。

ステップ3：利確
　大ダウチャネルラインゾーンなど、自分の狙っている「際」に到達したら決済（利確）。

◆ステップ1；状況確認：2020年4～10月ごろのポンド円の日足

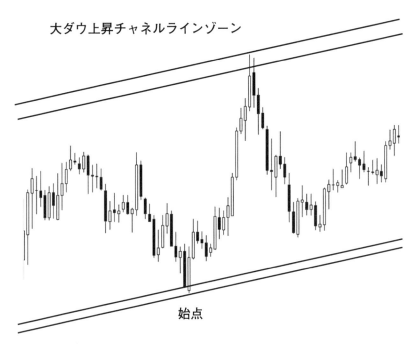

大ダウ上昇チャネルラインゾーン

始点

一度も抜かれていない安値と安値を結ぶ＝大ダウ

この事例では、状況確認として、

大ダウ上昇トレンドラインゾーンが引けている、という設定

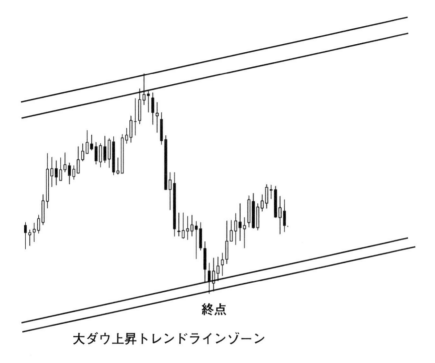

終点

大ダウ上昇トレンドラインゾーン

◆ステップ２－１＆ステップ２－２；エントリー＆損切り設定

大ダウ上昇チャネルラインゾーン

大ダウ上昇トレンドラインゾーン

◆ステップ３；利確（大ダウチャネルラインゾーン到達）

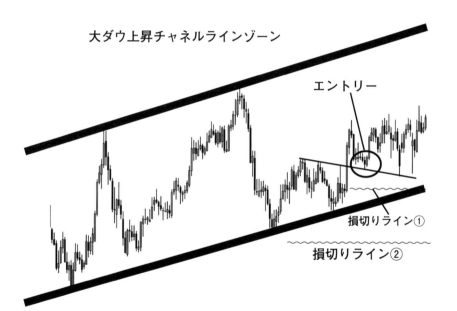

大ダウ上昇チャネルラインゾーン

エントリー

損切りライン①

損切りライン②

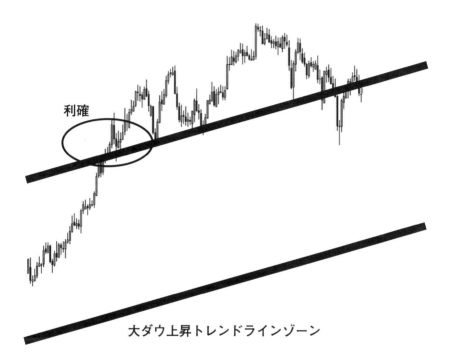

利確

大ダウ上昇トレンドラインゾーン

第5章

各要素の練習

～第1節～
各フィールドを捉える練習

　この章では、前章まででお伝えしてきた内容を踏まえて、各要素をひとつひとつ練習してみましょう。

　どの世界でも同じ話だとは思いますが、トレードにも「総合力」が要になります。最初のうちは、どれかに焦点を絞って練習していくことになりますが、分析だけできてもダメですし（最初はこの罠に陥りがち）、トレードの細かい知識、技だけ知っていてもダメです。すべてリンクさせて活用できなければなりません。

　ひとつひとつの知識や技が5段階中3くらいのレベルでも、十分負けないトレードが実現できますし、資産を増やすことも可能です。まずは「大枠の力を鍛える」ことを目指してください。

1）概要

　本節では、ライン分析の主たる目的のひとつであるフィールドを捉える練習から見ていきましょう。

　「今のバトルフィールドがどうなっているのか」を視覚化するためにラインを引くわけですが、そもそもラインを引く前段階でも必要になることがいろいろありましたね。

　すべての根幹は**ダウ理論**にあります。このダウ理論を深掘りしていくと、「"安値と高値の推移の読み取りの力"がどれだけ備わっている

◆大前提の考え方

```
┌─────────────────────────────────┐
│                                 │
│     本書で狙っているのは          │
│   大ダウの「際」付近のトレード     │
│          きわ                   │
│                                 │
└─────────────────────────────────┘
              ↓        だから

┌─────────────────────────────────┐
│                                 │
│  大ダウのフィールドを捉えることが最優先。│
│   大ダウの「際」を捉えられていないと、   │
│   根拠のないトレードになってしまう     │
│                                 │
└─────────────────────────────────┘
              ↓    大ダウを捉えるためには

┌─────────────────────────────────┐
│                                 │
│  一度も抜かれていない高値（安値）など、  │
│    大ダウ特有の特徴を捉えていく        │
│                                 │
└─────────────────────────────────┘
```

か」という話に行き着きます。安値と高値の推移の読み取りから、大
〜小ダウの安値と高値の区別ができ、そこから大ダウ〜小ダウの各ト
レンド、フィールドの視覚化もできます（※大ダウ、小ダウの推移
の区別にはターンの概念が必要）。

　ここで特に大事なのは、**大ダウのフィールドの「際」付近が今のト
レンド（大ダウや小ダウのトレンドなど）の３つの局面の中の（終）
になり得る［＝次のトレンドの（先）になり得る］可能性がある、**と
いう点です。そのため、やはり大ダウのフィールドを優先して捉えます。

　なお、何かの通貨ペアを分析するときは月足、週足、日足の上位足
の順に見ていきます。「月足＋週足」「週足＋日足」「日足＋4時間足（可
能なら8時間足）」「1時間足＋15分足（or 5分足）」のセットのイメー
ジで、視覚的に見るに堪えうる尺度でチャートにラインを残していく
と見やすくなります（※日足の世界観で引いたラインを5分足など
で見ると、ラインがズレたりして見にくくなります）。

2）大ダウのフィールド

　各フィールドについては第1章や第2章でも触れていましたが、再
度、記載していきます。まず、大ダウの認識の仕方、定義は以下のポ
イントを優先すると捉えやすくなります。

■大ダウの安値、高値の認識の仕方、定義

◎広範囲を捉えている目線
◎一度も抜かれていない安値、高値（一度抜かれていると、そこは大
　ダウの目線ではなくなる）
◎小ダウ、中ダウの推移で上昇のターン、下降のターンを複数またい
　でいる

このあたりを意識してみると、大ダウのフィールドをイメージしやすくなるのではないでしょうか。大ダウのフィールドの中に、中ダウ、小ダウとまた分かれてきますが、そういう細かい部分はいったん無視しましょう。

　284 〜 285 ページにチャートを添付してあります。大ダウのフィールドの視覚化をしてみましょう。100 点満点の答えが絶対にあるというわけでもないので、「自分ならこう捉える」という考え方を大事にしてください。

練習 1 『大ダウの安値、高値の推移の読み取り』 （ EURUSD 月足 1984 年～

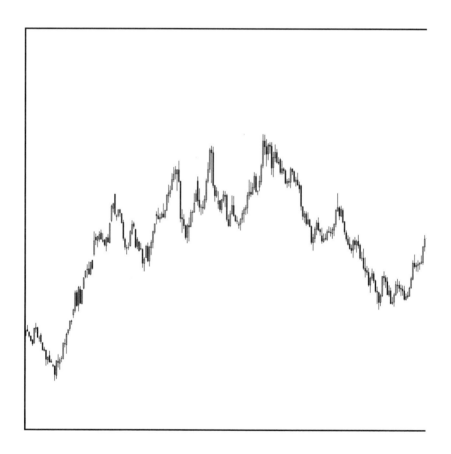

※分析するときは、どの時間軸でも広範囲を見る癖を付ける（鳥の目）

※大ダウの読み取りでは、ターンが変化していない安値と高値を選択すると、視

※この段階で大ダウのトレンドがどうなっているかも判断する

2021 年）

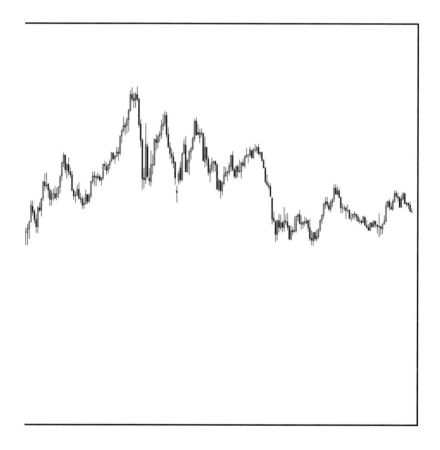

点の再現性が保てる

練習1 『大ダウの安値、高値の推移の読み取り』 解釈例①

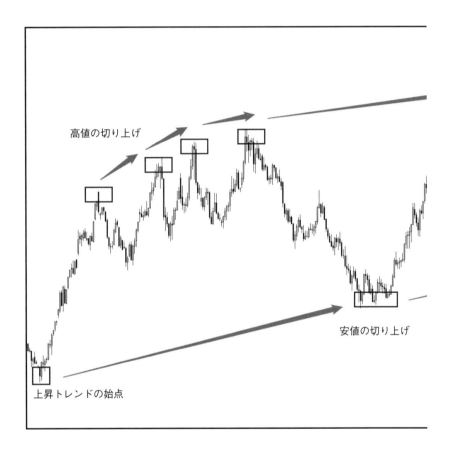

※一度も切り下げていない安値や、切り上げていない高値を大ダウと認識して
※最初のほうの連続して切り上げている高値群は、大ダウというよりも、小ダ
※この例では、大ダウの安値、高値ともに切り上げのターンなので、上昇トレ

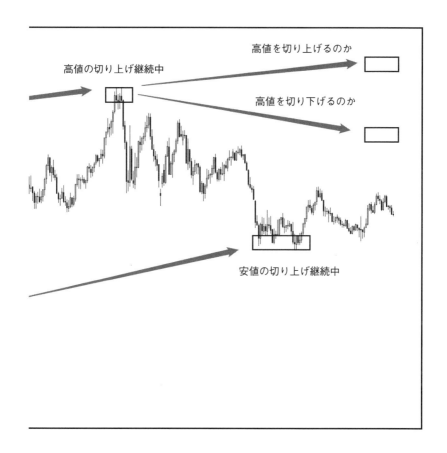

高値を切り上げるのか

高値の切り上げ継続中

高値を切り下げるのか

安値の切り上げ継続中

いる

ウの高値群というイメージに近い（個人的な感覚）

ンドとザックリ判断できる

練習1 『大ダウの安値、高値の推移の読み取り』 解釈例②

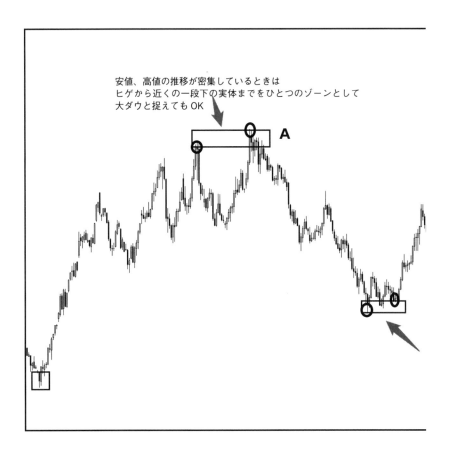

安値、高値の推移が密集しているときは
ヒゲから近くの一段下の実体までをひとつのゾーンとして
大ダウと捉えても OK

A

※前半の高値群のように、少し距離が開いていて「どこを大ダウと認識するのか」迷う

※底の場合は安値のヒゲから一段上か、二段上の実体までを、天井の場合は高値のヒゲ

※どこまで近くの安値、高値をひとつとみなすかについては、角度の問題が出てくる。「同

　ひとつの高値群と捉えてもよい（この場合は超大ダウの高値くらいの感覚になる）

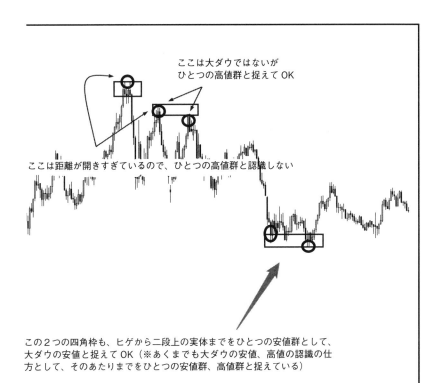

ここは大ダウではないが
ひとつの高値群と捉えて OK

ここは距離が開きすぎているので、ひとつの高値群と認識しない

この２つの四角枠も、ヒゲから二段上の実体までをひとつの安値群として、
大ダウの安値と捉えて OK（※あくまでも大ダウの安値、高値の認識の仕
方として、そのあたりまでをひとつの安値群、高値群と捉えている）

場合（A）は、ザックリと判断するほうが楽

から一段下か、二段下の実体までを、ひとつの安値群、高値群と捉える

じ角度上にあるものはひとつ」と捉える視点ならば、前半の４つの高値をすべて含めて

解釈例をひとつ載せておきましたが、これは個人的に "高確率で毎回そう捉えているであろう目線" になります。

　ただし、「絶対的な答え」というものではありません。人によって捉え方に違いは出てきます。

　重要なのは **「再現性を持って同じように捉えることができるのか」** です。当然、人によって違いはあっても構いません。常に同じように捉えられる考え方を身に付けているかどうかのほうが大切です。

　そのためにも「なぜ、そのように捉えるのか（認識するのか）」という点が定義化されていないといけませんね（この例の場合は大ダウの安値と高値の定義）。

　大ダウの推移を確認している段階では、まだ小ダウの細かい安値と高値は無視して考えてOKです。慣れてくると、先ほどのチャート範囲でも、大ダウと小ダウについて、目視で5〜10秒以内で判断可能になります。

　大ダウの推移がザックリと判断できたら、次はその安値と高値を元にラインを選択していきます。

　トレンドラインの場合、切り上がっている2点の安値があれば上昇トレンドラインが引けます。切り下げた2点の高値があれば下降トレンドラインが引けます。

　ホリゾンタルラインの場合、最高値や最安値付近は大ダウのフィールドの「際」としてまずは意識しておきたい部分です。その他の部分も、基本的には大ダウの痕跡を元に選択したほうが一貫性は保てます。

　また、ホリゾンタルラインもトレンドライン同様、ゾーンで判断していく形でしたね。ゾーンの取り方は、ヒゲの先から実体（近くに他の実体がない場合）、実体から実体（ローソク足が密集しているときなど）の2パターンで練習を繰り返していくことを推奨します。

　その他にも、ホリゾンタルライン（ゾーン）の選択の仕方もありま

すが、私自身は大ダウのフィールドを捉える場合、途中のチェックポイントを捉える視点はあまり持っていないので、ザックリと「際」になり得る部分を選択することが多いです。

　大ダウと認識できる安値や高値以外でホリゾンタルライン（ゾーン）を注視する場合は、安値と高値の反転がはっきりと読み取りやすい部分があれば着目します。ただ、その場合はフィールドの「際」ではなく、小ダウ、中ダウ目線でのチェックポイントという感覚になります。

　大ダウのフィールドを視覚化する目的は「今のメインフィールドを捉えること」にあります。そのため、どこかに抜けている箇所があるとフィールドの「際」を捉える目線ではなくなってしまいます。

　そこで、抜けている箇所を考慮して引く場合は、中ダウのように大ダウの中の別のフィールドを捉える目線が必要になってきます。捉える目的も違いますし、そもそも「際」を捉える目的のフィールドではありません。

　そして、小ダウのフィールドは、さらに複数存在している小さなフィールドになります。

　したがって、慣れないうちは**大ダウの「際」になり得る部分のみで小ダウのフィールドを捉える** ［※今のトレンドの（終）を小ダウのフィールドで捉える］と、目線がガチャつかなくて見やすくなります。

　では、あらためて先ほどのチャートを次のページに記載しておきます。大ダウのラインがどこで引けるのか安値と高値を選択してみましょう。

練習2 『大ダウでラインを引く』

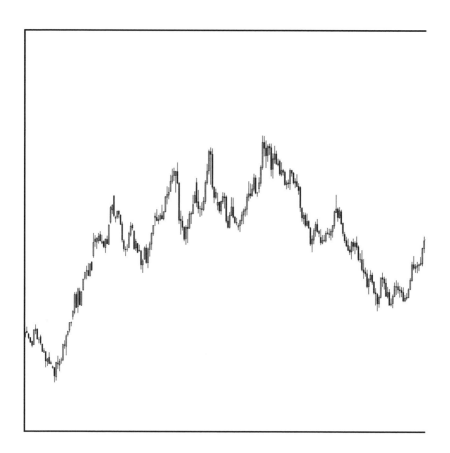

※大ダウ目線でトレンドラインゾーン、チャネルラインゾーンを引く場合は広

※ホリゾンタルラインゾーンも同様に、あまり細かい部分に着目するのではなく、

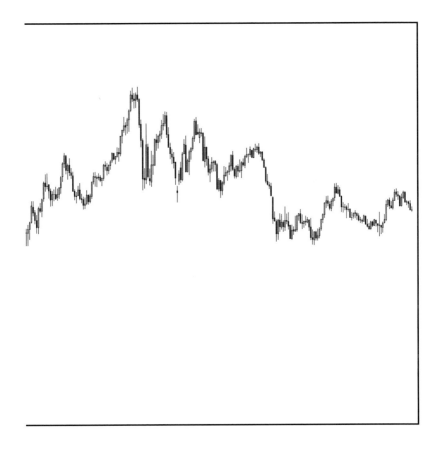

範囲、かつ、一度も抜けてないフィールドを視覚化しやすいようにする

フィールドの「際」を意識するようにする

練習2 『大ダウでラインを引く（ホリゾンタルラインゾーン)』 解釈例①

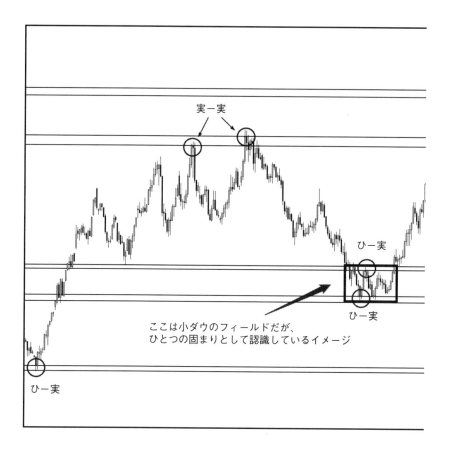

実ー実

ひー実

ひー実

ここは小ダウのフィールドだが、
ひとつの固まりとして認識しているイメージ

ひー実

※この大ダウ目線の例は安値、高値の切り上げの部分に着目して大枠でホリゾ

※小ダウで安値から高値までをひとつの固まりとして認識しやすい場合は

　もOK

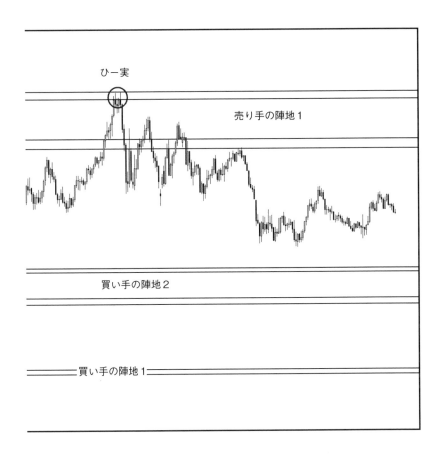

ひー実

売り手の陣地1

買い手の陣地2

買い手の陣地1

ンタルラインゾーンを注視している

（フィールドの「際」付近で）、そこをひとつのゾーンとして大ダウ気味に捉えて

練習2『大ダウでラインを引く（トレンドラインゾーン＆チャネルラインゾーン）』

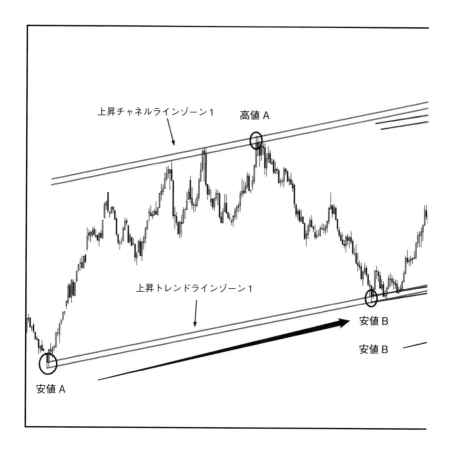

※上昇トレンドラインゾーン1は安値Aが始点、安値Bが終点（始点のローソク足の

※上昇トレンドラインゾーン2は安値Bが始点、安値Cが終点（こちらもゾーンは始

※上昇チャネルラインゾーン1と2は大ダウ目線なので、安値と安値（A～C）の間に

※上昇トレンドラインゾーン1は、後半、意識が薄れかけてきて、上昇トレンドライン

解釈例②

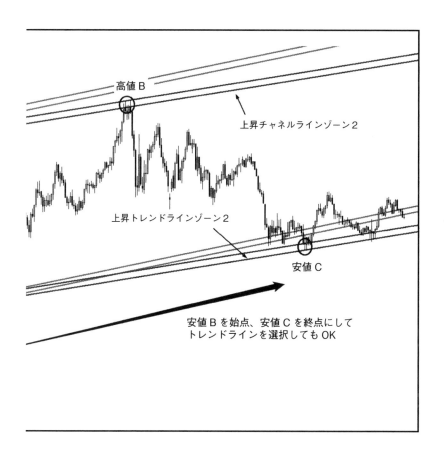

ヒゲと実体がゾーン）

点のローソク足のヒゲと実体）

ある最高値を選択（それ以外にも合わせ方はあるが、まずは基本形を優先）

ゾーン2のほうがメインフィールドになってきていることが読み取れる

練習2 『大ダウでラインを引く（ホリゾンタルラインゾーン＆トレンドライン

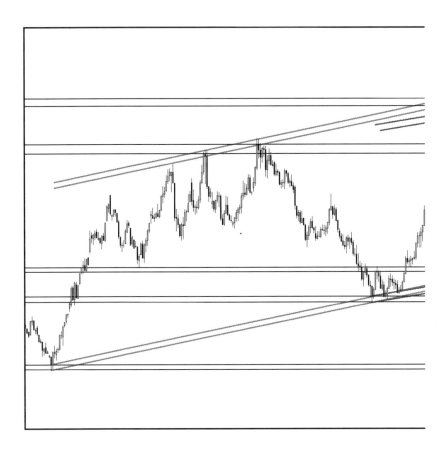

※この例は、先ほどの大ダウホリゾンタルラインゾーンとトレンドラインゾー
　るとかなり見にくくなるので、この段階でチャートがガチャつかないようにす
※大ダウ目線の例のひとつなので、もっとザックリ捉える目線、少し細かい部
　かどうかという定義化がさらに必要（大ダウの定義は前述通り）

ゾーン)』　解釈例③

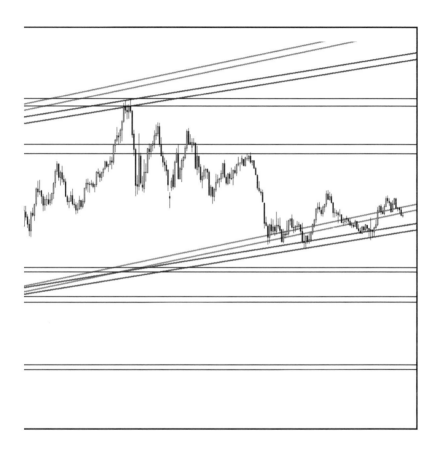

ン（チャネルラインゾーン）を表示したもの。ここに小ダウ目線のラインも加え
るのも大事

分を大ダウに含めて捉える目線のどちらでも OK。ただし、毎回そう捉えるの

3）小ダウのフィールド

　大ダウのフィールドの視覚化ができたら、次はいったん無視していた小さな波形で推移している小ダウの安値＆高値の読み取りをしていきましょう。慣れてくると同時にできるようになりますが、最初は区別するため大ダウなら大ダウ、小ダウなら小ダウと順番に読み取っていくほうがよいかもしれません。

　小ダウは、大ダウに比べ、「安値と高値として認識する部分をどこまで細かくするのか」「小ダウでもある程度大きめな波形を意識するのか」など、認識の仕方が変わってきますのでやや難しくなるかもしれません。

　なお、このようなあいまいになる部分をしっかり自分なりに定義化しておけば再現性が保てるようになります。

　以下に、私が小ダウと認識する安値と高値の定義を記載しておきます。大ダウを優先する癖で小ダウの感覚もやや大きめな波形で見ているときはありますが、定義が定まっていて毎回同じようにできるならば、多少の差があっても致命的な問題にはなりにくいです。

◆小ダウの安値、高値の認識の仕方、定義

◎安値と高値の切り下げ、切り上げのひとつのターンが終わるまでの
　推移
◎トレンドの３つの局面（先・本・終）のうちのひとつの局面内で
　推移している安値と高値の推移に着目
◎斜めの一直線に近い推移のときの安値と高値については、無理に認
　識しなくても OK

細かいことを言いますと、さらに小ダウの定義は出てきてしまいます（次ページから図解を入れます）が、いったん上記を「認識の仕方、定義」として押さえておけば、大ダウとの区別はしやすくなると思います。

　また、大ダウと違い、トレンドのひとつの局面に着目して推移を見ていく視点になるイメージなので、（本）のときには、上位足では、まだ安値と高値の推移がはっきり認識しにくいときがあります。その場合は、下位足に移行して探しても構いませんが、それだと上位足で見ている世界観が変わってしまいますので、下位足にするならば、下位足の大ダウの推移を再度読み取っていくようにしたほうがよいでしょう。

　次ページ以降に、大ダウの練習をしたときと同じチャートを添付しました。今度は小ダウの安値と高値の推移を読み取る練習をしてみましょう。
　大ダウに比べると細かい部分を読み取っていくので、混乱するかもしれません。その場合は、小ダウでも大ダウのような感覚で読み取ってみるとよいかもしれません。慣れてきたら徐々に認識できる部分も増えてきますが、最初は自分が認識できない部分を無理に読み取ろうとしなくて大丈夫です。読み取れない部分を考慮してトレードするかしないかは自由ですが、実際、考慮から外すという選択も「あり」なので、単純にそういうトレードの仕方をしなければ対処はできます。

練習3 『小ダウの安値、高値の推移の読み取り』

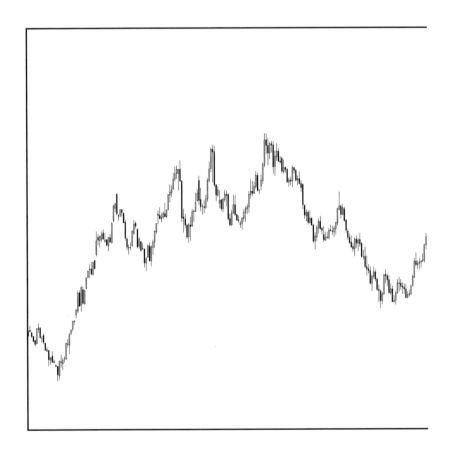

※小ダウ目線の読み取りは、大ダウより細かい推移を見ていくので、ひとつひ
※目視で確認しきれない、または認識しにくい部分は、大多数にとって重要な

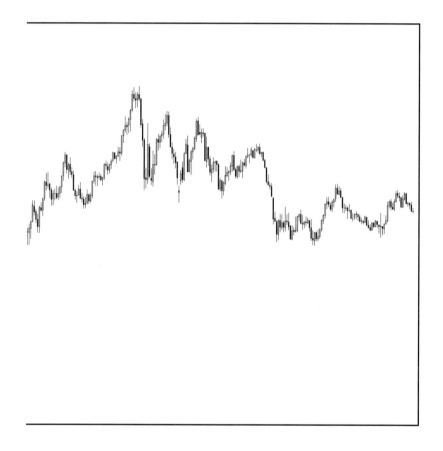

とつの波形に着目する（虫の目）

痕跡とはならないので無視でも OK

練習3 『小ダウの安値、高値の推移の読み取り』　解釈例①

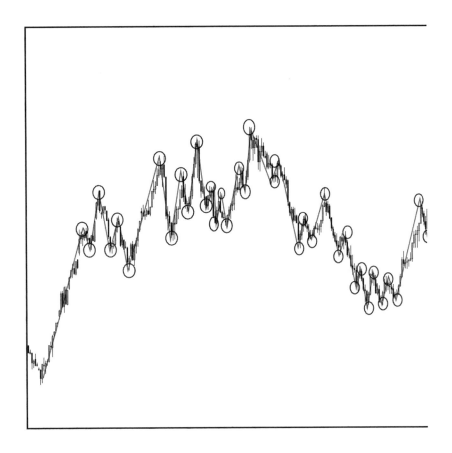

※丸で囲んだところが小ダウの安値と高値として認識している部分。それ以外

※このチャート上で読み取れない痕跡はこの時間軸より下位足を見ているプレ

　ンした目線にするか、下位足に移行して、下位足をメインとした戦いにする

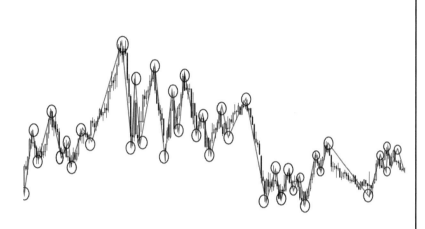

小ダウの安値と高値として意識している部分が黒丸
それ以外で無視している部分は「超小ダウ」の間隔となり、
このチャート上では読み取りにくいので痕跡として重要視していない

は超小ダウの感覚になり読み取りにくいので重要視していない

イヤーにとっての目線になる。その部分を注視したい場合は、局部的にズームイ

練習3 『小ダウの安値、高値の推移の読み取り』　解釈例①をターンのイメージ

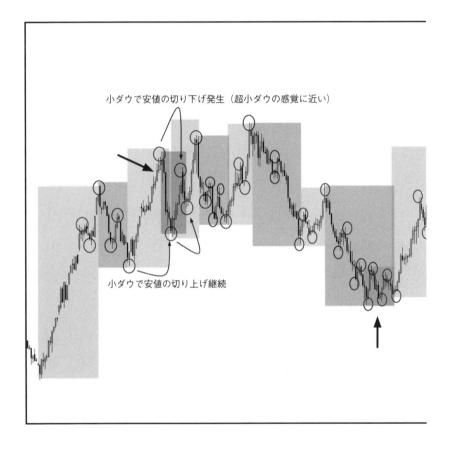

※小ダウでひとつのターンが継続しているときに、さらに小さい超小ダウの感

※慣れないうちは大きく捉えることを優先して、今ひとつのターンのリズムが

で区切ると……（細かい視点）

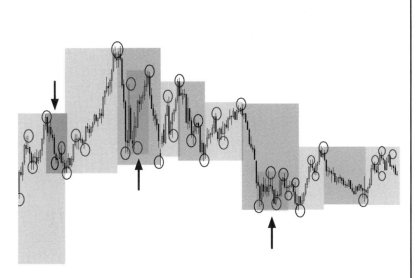

ひとつの上昇、下降のターンに着目して区切った場合の例
ひとつのターン内に安値の切り上げと、高値の切り下げが同時に
発生しているときもあるが、慣れないうちは大きめに捉えて無視
しても OK（図の矢印のような部分）

覚で別のターンが発生しかけていることもある（矢印の部分）

変化していない限り、あえて無視でも OK（次ページの例）

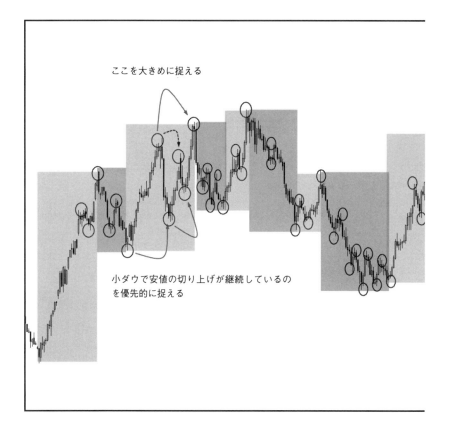

ここを大きめに捉える

小ダウで安値の切り上げが継続しているの
を優先的に捉える

※1ページ前と比較すると、大きめの視点でターンを区切っている

※途中の小ダウの推移を考慮から外して大きくターンを区切っている箇所は、

※細かく言うと、小ダウのさらに小さい「超小ダウ」、中ダウに近い大きさの「小

　と大ダウ、大きめの小ダウの感覚で区切るほうが再現性は保てる

で区切ると……（大きな視点）

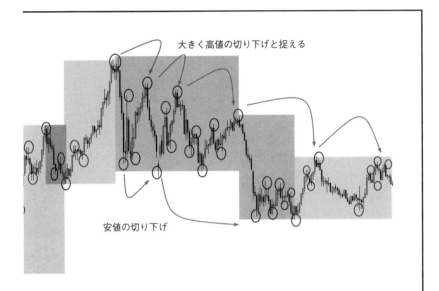

大きく高値の切り下げと捉える

安値の切り下げ

大きめの視点でターンを区切った例
後半の下落ターンの区切り方は中ダウに近い感覚になっている
このあたりは、どれを優先するかによって変わってくる

中ダウの感覚に近い区切り方になる
中ダウ」のようにサブカテゴリーの定義が出てくる。面倒な場合は、ザックリ

小ダウの安値と高値の読み取りについて、小さい視点と大きめの視点という2つの例を挙げました。大ダウに比べて難易度が上がってくるのがわかると思います。ですから、最初は再現性が保てる大ダウを優先して見る癖をつけたほうがよいという理由にもなります。

　小ダウの場合は、大ダウの認識の仕方よりも個人差が出やすいです。2つの例の違いのように、「どこまで細かく推移を読み取っていくのか」によってターンの区切り方が変わってきます。そして、ターンの区切り方が異なると、安値と高値の切り上げ、切り下げの認識の違いも変わってきます。必然的に、トレンドライン（ゾーン）を選択してくる目線も変わってきてしまいます。

　あまりに小さい安値と高値の推移に着目してトレンドライン（ゾーン）を選択してしまうと、他のプレイヤーが重視していないラインを作ってしまっている可能性が出てきます。ですから、考慮しすぎなくてもよいですが、このような目線の違いが出てくるという点は理解しておいたほうがよいでしょう。

　この認識の違いで、ひとくちにスイングトレードと言っても、短期スイングなのか、中期スイングなのか、またはデイトレなのかというように、トレードスタイルに影響が出てきます。

　例えば、短期スイングをする場合は、細かい視点で捉えた安値と高値の推移に着目してトレードすることになりますし、中期スイングであれば、大きい視点で捉えた安値と高値の推移に着目してトレードしていく形になります。

　細かい視点で捉えたひとつのターン自体も、上位足で見ているならば、そのひとつのターン自体が数週間の長さになることもあります。完全に無視してトレードするわけにもいかない場合があります。

　逆に、大きい視点でターンを捉えておけば、ある程度、ゆったりとした波に着目してトレードする形が選択できます。そういう理由で、

私自身はこちらの目線（大きい視点）のほうが好きだったりします。

　このあたりも、「どれが合ってる」「どれが間違っている」というわけではなく、自分の好みやライフスタイル的に取り入れやすい方法などを、練習を通して徐々に選択できればよいかと思います。

　では、次ページ以降で小ダウのラインを引く練習をしてみましょう。

　小ダウの安値と高値の推移の読み取りから「どの部分を安値と高値として認識するのか」については判断できているはずなので、小ダウのフィールドを捉えるラインを小さい視点になりすぎないように選択するといいですね。

　ホリゾンタルライン（ゾーン）であれば、小ダウのひとつのターンのトップからボトムくらいまでを固まりとして捉える選択の仕方だとわかりやすいでしょう（途中は細かすぎるので着目点から捨てる）。

　トレンドライン（ゾーン）の場合、安値と安値の切り上げがあれば、小ダウの上昇トレンドライン（ゾーン）、高値と高値の切り下げがあれば小ダウの下降トレンドライン（ゾーン）が選択できます［チャネルライン（ゾーン）も同様］。

　意識して捉えたいことは**「今の推移がいったんトレンドの（終）と仮定できるかどうか」**という部分ですので、慣れないうちは大ダウの「際」付近で価格が推移しているときに限定してフィールドを視覚化するようにしてみましょう。

　特に、ターンラインのように超小ダウのようなトレンドに着目したいわけではないので、そういう部分は脳内で補完しておけば、あえて引かなくても OK です。

練習4　『小ダウでラインを引く』

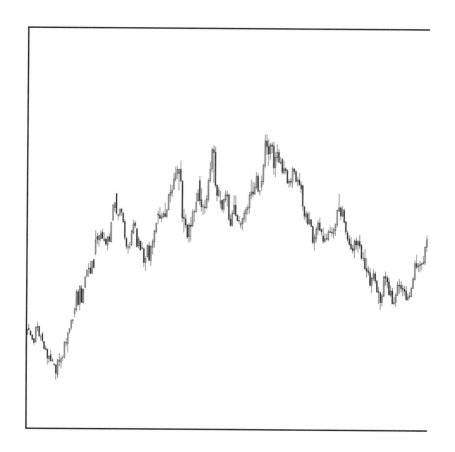

※小ダウ目線はターンの概念がより必要になるので、「どこまでが安値・高値の
※トレンドラインゾーン＆チャネルラインゾーンを引く場合は、ひとつの局面（ダ
※ホリゾンタルラインゾーンを引く場合は、点の意識で捉えすぎると視点がガ
　感覚でイメージしたほうがベター

切り上げ、切り下げのリズムなのか」を詳細に読み取る

ウ理論の３つの局面）内でフィールドを捉える意識で引く

チャつくので、近くの実体から実体までをひとつのゾーンとして捉えるくらいの

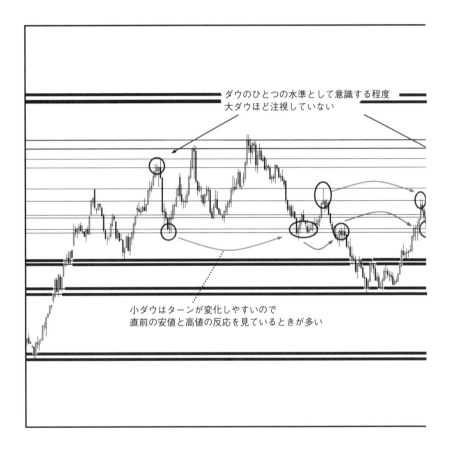

ダウのひとつの水準として意識する程度
大ダウほど注視していない

小ダウはターンが変化しやすいので
直前の安値と高値の反応を見ているときが多い

※太線が先ほどの大ダウ、細線が小ダウ目線のホリゾンタルラインゾーン

※小ダウは、大ダウに比べると、点の意識で見ていることが多いため、直前の動

※安値と高値の攻防がわかりやすく発生している部分をより注視すると、どの小

かい視点）

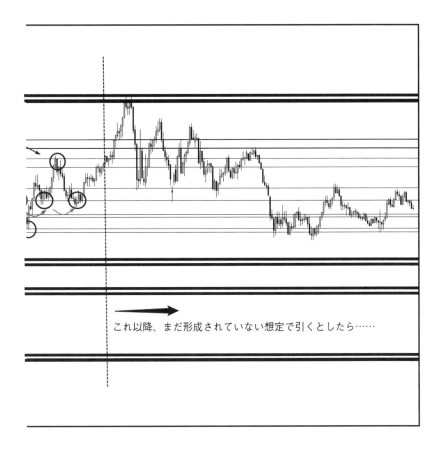

これ以降、まだ形成されていない想定で引くとしたら……

きに対しての反応を見ている感覚になる

ダウホリゾンタルラインゾーンを残すかの判断につながる

練習4 『小ダウでラインを引く（ホリゾンタルラインゾーン)』　解釈例②（大

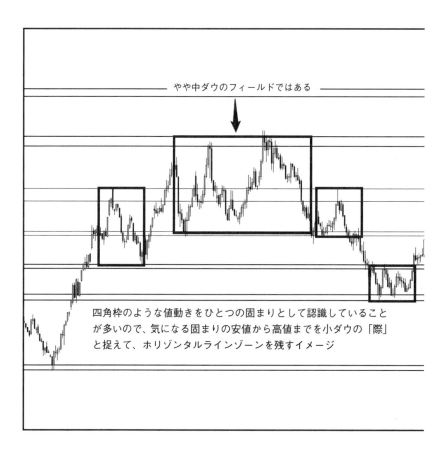

やや中ダウのフィールドではある

四角枠のような値動きをひとつの固まりとして認識していること
が多いので、気になる固まりの安値から高値までを小ダウの「際」
と捉えて、ホリゾンタルラインゾーンを残すイメージ

※小ダウ目線でホリゾンタルラインゾーンを引きすぎるとチャートがガチャつ
※好みの問題ではあるが、小ダウ目線でも「際」を意識したフィールドを捉え
※小ダウの「際」に着目しているぶん、それ以外の部分は注視しすぎないという「捨

きい視点）

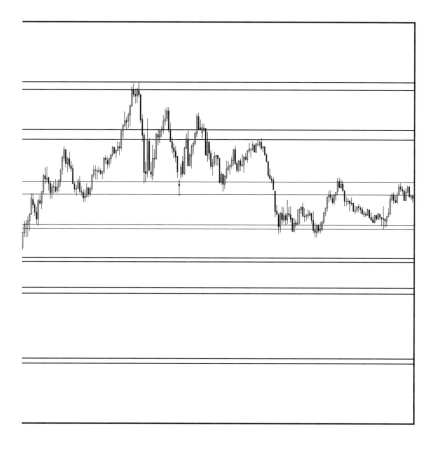

くため、個人的には好きではない

たいので、なるべくそれ以外の部分は排除する目線にしたい

てる」部分が出ることを理解して選択

練習4 『小ダウでラインを引く（トレンドラインゾーン＆チャネルラインゾー

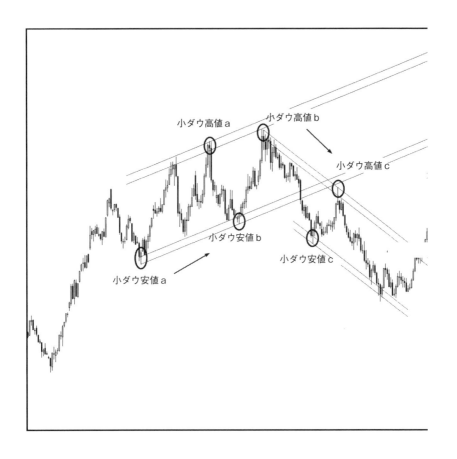

※この小ダウのトレンドラインゾーン＆チャネルラインゾーンは、あくまでも
　的ではない

※小ダウトレンドラインゾーンを選択する箇所はターンが変化していないひと

※この例の小ダウ下降トレンドラインゾーン（小ダウ高値ｂと小ダウ高値ｃ）
　（先）〜（終）を含んでいる]

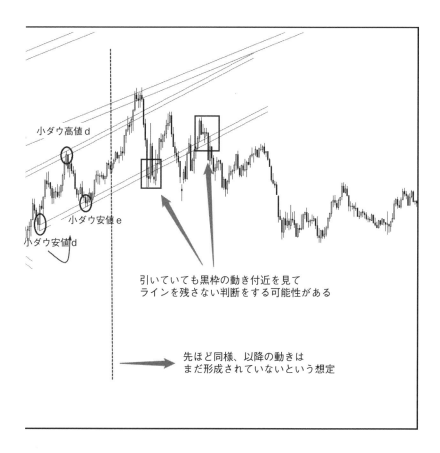

小ダウ高値d

小ダウ安値e

小ダウ安値d

引いていても黒枠の動き付近を見て
ラインを残さない判断をする可能性がある

先ほど同様、以降の動きは
まだ形成されていないという想定

小ダウのフィールドを視覚化しているイメージ。ブレイク＆リターンを捉える目

つの局面内を捉えるイメージ

はややターンラインのイメージに近い［この下落のターンをさらに細分化すると

練習 4 『小ダウでラインを引く（ホリゾンタルラインゾーン＆トレンドライン

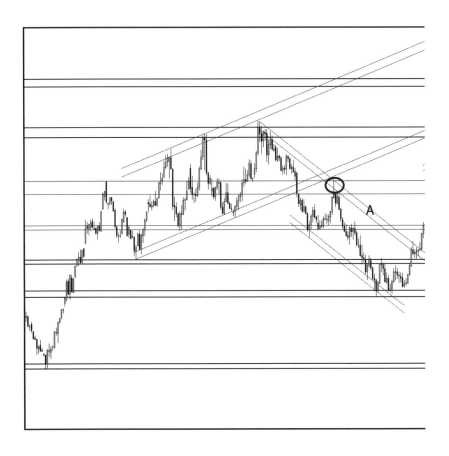

※この例は、先ほどの大ダウと小ダウホリゾンタルラインゾーン、小ダウトレ

※本書でお伝えしている（終）内で小ダウのラインを引き、ブレイク＆リターン

※小ダウ下降トレンドラインゾーン（Ａのライン）の部分は、小ダウの（先）～

　超小ダウの視点で超小ダウの下降トレンドラインゾーンのブレイク＆リターン

ゾーン)』　解釈例④

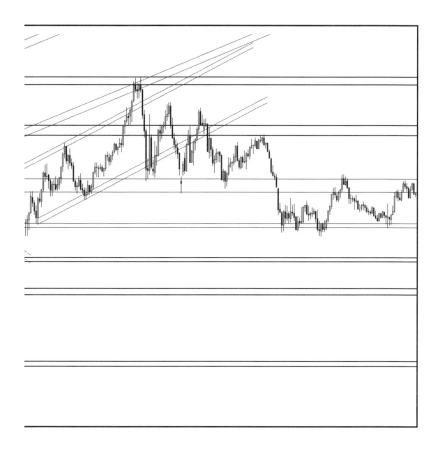

ンドライン（チャネルライン）ゾーンを表示した場合

を捉える視点になり得るのは前半の小ダウ上昇トレンドラインゾーンの部分（丸印）

（終）を含んでしまっているので、この部分で買いの（先）を狙う場合は、さらに

を狙うイメージになる（この世界観では厳しい）

練習 4 『捉えている小ダウのフィールド イメージ例』

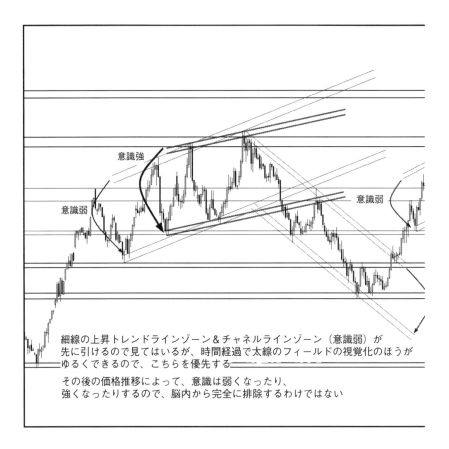

意識強

意識弱

意識弱

細線の上昇トレンドラインゾーン＆チャネルラインゾーン（意識弱）が
先に引けるので見てはいるが、時間経過で太線のフィールドの視覚化のほうが
ゆるくできるので、こちらを優先する

その後の価格推移によって、意識は弱くなったり、
強くなったりするので、脳内から完全に排除するわけではない

※上図に記載がある「意識弱」「意識強」というのは時間経過で個人的に注目し

※「価格がフィールドから離れているのか」「フィールド内に戻ってくるのか」

※小ダウのラインで捉えたフィールドは変化しやすいので、価格推移を点の意
　範囲を面の意識で見ているイメージ）

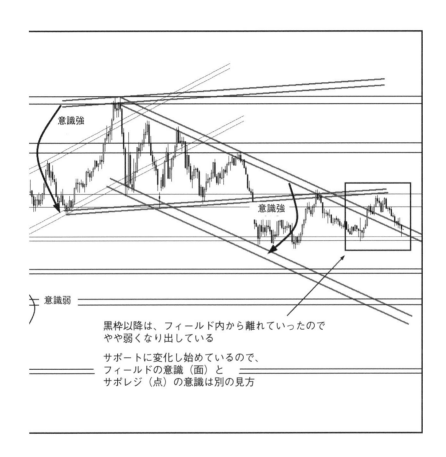

意識強

意識強

意識弱

黒枠以降は、フィールド内から離れていったので
やや弱くなり出している

サポートに変化し始めているので、
フィールドの意識（面）と
サポレジ（点）の意識は別の見方

ている意識の変化のこと

によって、各小ダウのフィールドの意識の強弱は変化する

識ではなく、面の意識で見ていくほうが好ましいときが多い（大ダウはさらに広

練習4 『時間経過で残すであろう大ダウ、小ダウのラインイメージ例』

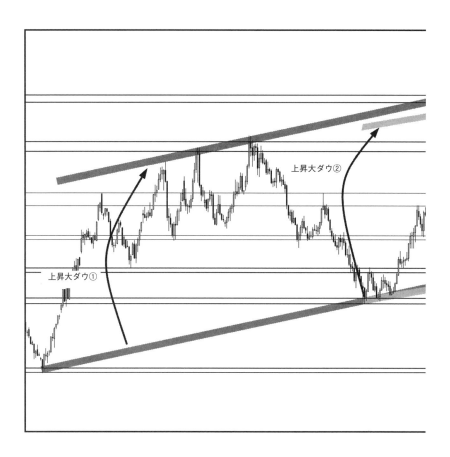

※チャートの右端まで現在時間が進んでいるという想定の例

※途中捉えていた小ダウのフィールドは価格が離れていって反応が悪くなって

※小ダウで残すフィールドは今の価格推移に近いものだけにする

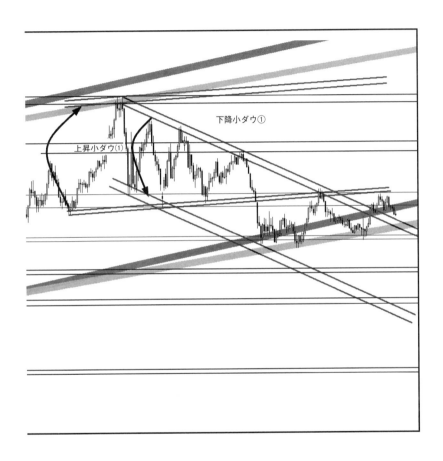

下降小ダウ①

上昇小ダウ⑴

きているので、いったんチャートからは消す（ただし、脳内で補完しておく）

4）中ダウのフィールドを捉える練習

　本来、中ダウのフィールドを捉えるラインについては触れないで進めようと考えていたのですが、前項でも軽く触れたこともあり、折角ですし、定義だけ、記載しておきます。

　中ダウのフィールドを捉える視点は本書でお伝えしているトレンドの（先）を捉える目線とは違う部分を捉える目線になります。その違いをしっかり理解していないと、何でもかんでも引いてしまうラインになりがちです。

　大ダウのラインは大枠のフィールドを捉える目線で一番わかりやすいのですが、小ダウと中ダウは少し区別がややこしくなる部分があります。ここで一度、２つの目線の主な役割や目的の違いを少し整理しておきましょう。

◆小ダウのライン
◎トレンドのひとつの局面内のフィールドを捉える目線
◎トレンドの（終）内で小ダウのブレイク＆リターンを狙う

◆中ダウのライン
◎トレンドの局面、または複数のターン（※）をまたいでフィールドを捉える目線
◎トレンドの（本）内に戻ってくる動きを捉えるためのもの

> ※今のトレンドの（本）から（終）内など２つまたぐ場合
> 　今のトレンドと次のトレンドの（本）局面同士をまたぐ場合、など

本書でメインにお伝えしたいことは**「大ダウと小ダウのラインをセットで使う方法」**です。トレンドの（先）を狙うために、大ダウの「際」と仮定できる部分から、小ダウのラインのブレイク＆リターンで入り、行けたら大ダウの「際」までを出口で狙っていく、という方法でした。

　中ダウのラインの場合は（先）を捉える目線ではなく、（本）を捉える目線となるため、捉えようとしているフィールド、局面が違います。

　（本）を捉える方法は、本書でメインでお伝えする目線ではないので細かくは触れませんが、わかりやすい目線のひとつとして、以下のQRコードで紹介します。

　（先）を狙う目線、（本）を狙う目線、どちらとも他の捉え方や方法はいろいろありますが、大枠の順番としてわかりやすくて再現性の高いものをひとつでも練習していければ、トレード自体はできます。まずはそれを追求していければよいかと思います。

（終）からの
小ダウのブレイク＆リターンを捉える
練習

　先ほどまでの各フィールドを捉える練習では、「月足」の世界観で各フィールドを捉えて、その世界観のまま小ダウのブレイク＆リターンが発生している箇所も捉えていました。ただ、先ほど紹介した例は、あくまでも練習として挙げていたものです。実際はもう少し小さい世界観でフィールドを捉えてトレードしていくケースが多いです。

　あまりに世界観が大きすぎると、入口から出口まで行動に移せる期間が長すぎますし、スイングトレードというよりも、もっと長期的な視点のポジショントレードというスタイルになります。

　このあたりも人によりますが、私のスイングトレードの感覚では、上位足が週足なら下位足は日足、上位足が日足なら下位足は4時間足か、1時間足くらいの世界観で捉えることが多いです。

　そこで、次の練習では、もっと実戦に近い日足をメインとした世界観の中で、小ダウのブレイク＆リターンを捉える練習をしましょう。

　相場はフラクタル構造（図形の全体をいくつかの部分に分解していったときに全体と同じ形が再現されていく構造）と考えることもできます。大きい世界観と小さい世界観、どちらも同じ原理原則で動いているのはほぼ確かと言えるでしょうが、特筆すべきは「大きい時間軸で発生している現象のほうが事実としては強い傾向にある」というところです（これまでお話しした通りです）。

その点を踏まえつつ、原理原則の働きがある程度強く保てる世界観の週足や日足を上位足とし、４時間足や１時間足を下位足としてセットで捉えていくと、捉えるフィールドの意識やラインの働きも再現性を保ちながらトレードできます。

　もちろん、それ以下の下位足でも原理原則は働きますが、上位足の流れを見落としがちになるので、最初はやはり最低でも日足の流れを無視することなくトレードする癖をつけたほうがよいでしょう。

　では、練習に移る前に小ダウのブレイク＆リターンを狙う局面のおさらいもしておきましょう。

◆小ダウのブレイク＆リターンを狙う局面

今のトレンドの（終）内　※大ダウの「際」付近であることがベター

◎ａパターン
価格が、今のトレンド方向の大ダウ「トレンドラインゾーン」に到達してきたタイミング

◎ｂパターン
価格が、今のトレンド方向の大ダウ「チャネルラインゾーン」に到達してきたタイミング

　大ダウのフィールドの「際」になり得るところが、小ダウのトレンドで（終）になり得るという仮定で考えていきますので、そもそも大ダウのフィールドが捉えられていないといけません。そして、同時に「ト

レンドの局面をどう捉えるのか」という目線も必要になってきます。

　基本的には、**大ダウの「際」付近がザックリと小ダウ目線の（終）として判断していくやり方が一番簡単**かとは思います。ただ、その直前まで（先）や（本）という局面を経て推移してきているので、それらについても判断はできていたほうがベターです。

　例えば、大ダウとみなせる下降トレンドラインゾーンの「際」付近に価格が到達してきていても、他に大ダウの上昇トレンドがすでに発生してきて、そちらのトレンドが優先されてきている場合は、小ダウ目線の上昇トレンドにおいても、（先）から（本）へ移行してきている可能性もありえます。

　その状況の場合ですと、大ダウの下降トレンドラインゾーンをそのまま上に抜けていき、小ダウの上昇（終）ではなく、まだ（本）であったと判断を修正するか、または、事前にその場合も想定しておかないとなりません。

　このように、ただ大ダウのホリゾンタルラインゾーンなり、トレンドラインゾーンに到達してきたからといって、小ダウ目線でも（終）に直結するわけではありません。あくまでも、大ダウの「際」付近がいったんの「際」になりえるという仮定のもとで小ダウの（終）が終了するかどうかを見ているだけです。絶対はないですから、基本は、上記のように複合的に判断している感じです。

　また、大ダウの「際」をどのラインに対してみなすのかによって、「順張りと逆張りのどちらの目線での入り方になるのか」が変わってきます。この点は、特に注意が必要です。

　大ダウのトレンドラインゾーンの「際」に到達してきた場合は、まだ全体のトレンドは変化していなくてそのトレンドが継続する可能性がありますので、順張り目線の入り方になります（最初はこちらを優先）。

　一方、大ダウのチャネルラインゾーンに到達してきたときを「際」

とみなす場合は、全体のトレンドに対して逆方向の入り方になるため、逆張りの目線になってしまいます（損切りが徹底できていない段階では取り入れなくてよいです）。

そのため、小ダウのブレイク＆リターンを捉えていたとしても（下位足で順張りになるタイミングだとしても）、全体のトレンドにすぐに復活されてしまい、そのまま続伸していく動きに引っかかってしまう可能性がまだまだあります。

この入り方の場合（大ダウのチャネルラインゾーンを「際」とみなしている場合）は、自分の入る方向とさらに上位足の方向が一致しているのかどうかを把握できていなければなりません（例えば、日足を見ているなら、週足や月足の方向も日足の方向と一致しているなど）。

このように、順張り目線に比べると、逆張りの入り方のほうは慣れないうちは推奨しにくいです。最低限、さらに上位足の根拠が重なっているかどうかは常に確認したいところです。

または、マルチタイムフレーム分析（※下記参照）の観点も加えて、上位足の流れが切り替わる前に下位足で流れが切り替わってくるかどうかを確認できてから入るようにしないと、チャネルラインゾーンをそのまま超えていく動きになる可能性のほうがチャネルラインゾーンに到達した時点ではまだ高いです。

※マルチタイムフレーム分析（MTF と略すことが多い）
上位足と下位足の流れが一致するタイミングを計る分析方法のこと（※この例では上位足がまだ上昇中で、下位足が下落に転じるタイミングを計るイメージで記載していますので、本来の MTF の観点とは若干違うかもしれません）。

このあたりは文章よりも図解での説明のほうがわかりやすいと思いますので、334ページからまた別のチャートを通してどのような状況なのか判断していく練習をしましょう。

先ほどまでと同じように、まずは大ダウ〜小ダウの各フィールドのイメージを捉えていき、目線がゴチャつかないように、実際、どのラインを残すのかを考えてみましょう。

このとき、余裕があれば、小ダウ目線でトレンドの局面を脳内で3つに区切れるなら区切ってみる練習もしてみましょう（※トレンドの局面の区切りとターンの区切り方はまた違う）。

その次に、今の大ダウの「際」が小ダウのトレンドの（終）と仮定できるか、別の大ダウのトレンドが発生してきている可能性があるのか（または過去からすでに発生しているのか）を確認しつつ、小ダウ目線のブレイク＆リターンを狙っていくという流れになります（小ダウのトレンドラインゾーンが引けない場合は、ホリゾンタルラインゾーンで対応できないか確認します）。

例として、ポンド円の日足のチャートを用意しておきます。1枚のチャートからどれだけ事前に捉えられているかで入口から出口までの精度や再現性が変わってきますので、チャート表示のページだけでどこまで考えらえるか練習してみましょう。

なお、今回のポンド円の日足の世界観では、上昇トレンド中の売りエントリーを考える例になりますので逆張りの目線になります。本来は、上位足も必ず考慮します。日足の上位足は週足なので、週足がもともと下降トレンド中の場合、日足のトレンドが上昇トレンドでも（逆張り目線でも）、週足で見ると順張り目線になります（次ページにイメージを掲載）。

このように、下位足の世界観で逆張りになっていたとしても、上位足を優先するのであれば、上位足の順張りを優先します。

◆ポンド円　日足

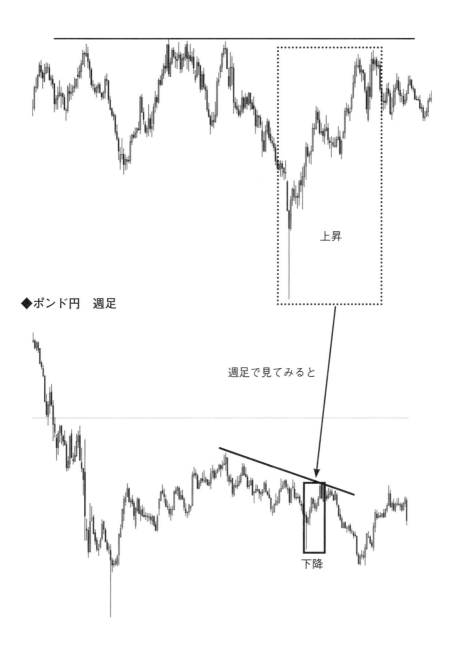

上昇

◆ポンド円　週足

週足で見てみると

下降

練習5 『マッピングをする』　GBPJPY　日足（2017年3月8日〜2018年1

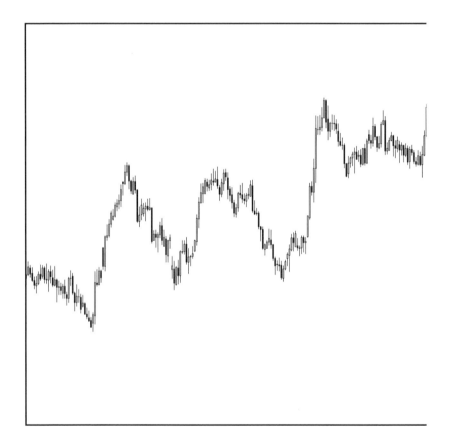

※各フィールドのイメージは脳内で補完しつつ、実際に残すラインをどうする
※大ダウのラインは抜けた箇所がない部分で選択する。小ダウのラインは今の

月 16 日）

かを考える

右端への推移に関係しているものだけ残す

練習５ 『大ダウラインの選択』 解釈例①

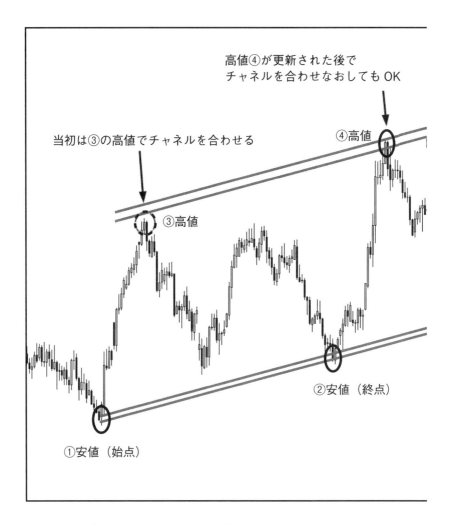

高値④が更新された後で
チャネルを合わせなおしてもOK

当初は③の高値でチャネルを合わせる

④高値

③高値

②安値（終点）

①安値（始点）

※大ダウの「際」になりえる部分を仮定できたら、次に小ダウのラインを選択

※この例は、大ダウ上昇チャネルラインゾーンを「際」と見ている。全体観は

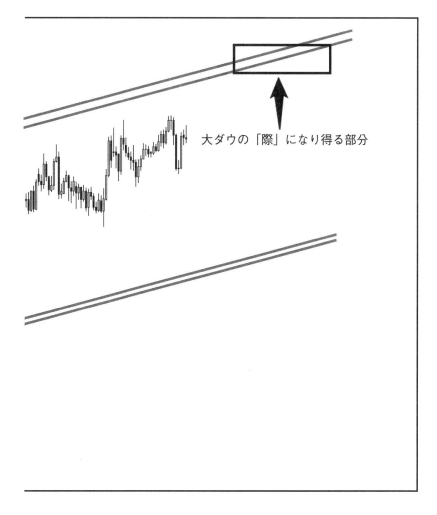

大ダウの「際」になり得る部分

できる箇所を探していく

まだ上昇トレンド中で逆張りの入り方になるため注意

練習5　『小ダウラインの選択』　解釈例②

わかりやすいホリゾンタルラインゾーンも考慮に入れておく
（この例では大ダウ目線と考えても OK）

※小ダウの上昇トレンドラインゾーンを選択している箇所（①と②）は、大ダ
　と仮定できる局面で選択している

※小ダウのラインが複数引ける場合（例えば、角度の急なラインと角度のゆる
　（角度のゆるいラインが複数引ける場合は痕跡を多く含む安値を選択するほう

選択肢に入るのは①と②の小ダウ上昇トレンドラインゾーン

ウチャネルゾーンに接近してきていて、小ダウのトレンドでも（終）になり得る

いラインのどちらも引ける場合）があるので、そのときは２つとも考慮しておく

が再現性が保てる）

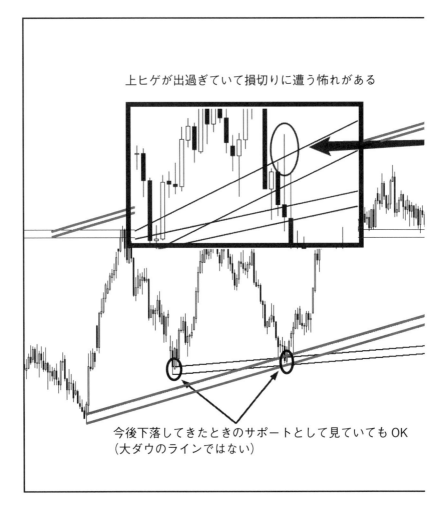

※日足の世界観で小ダウのブレイク＆リターンを捉えられる箇所は①と②の部

※①の部分では、上ヒゲが長く出ているので損切りに遭う可能性は十分ある（小

※②の部分では、角度のゆるいラインに対してきれいにリターンを形成してい

　　ただし、小ダウ目線ではA起点の上昇トレンドのターンになっているので、①

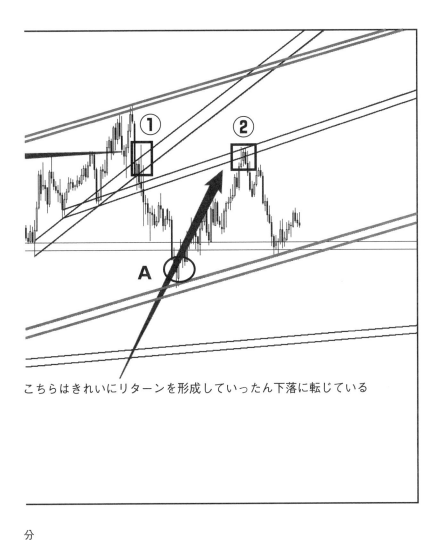

こちらはきれいにリターンを形成していったん下落に転じている

分

さなリターンのイメージ)

る(大きなリターンのイメージ、個人的にはこちらのほうが捉えやすくて好き)。

の部分と狙っている動きが違うことを認識していないとならない

練習 5 『4 時間足 小ダウのブレイク＆リターン（①前後を MTF の観点で見る

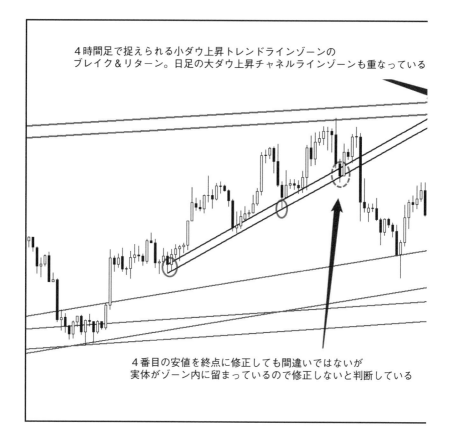

4 時間足で捉えられる小ダウ上昇トレンドラインゾーンの
ブレイク＆リターン。日足の大ダウ上昇チャネルラインゾーンも重なっている

4 番目の安値を終点に修正しても間違いではないが
実体がゾーン内に留まっているので修正しないと判断している

※先ほど（解釈例③）の日足①前後の動きを下位足で見た場合の目線

※日足チャネルラインゾーンに到達しかけているとき、4 時間足に目線を落と

※この例では、上位足がまだ上昇トレンドの継続中。上位足でも逆張りになる

と）』 解釈例④

日足で捉えていた部分

①

して、この世界観でも小ダウのブレイク＆リターンを探すときは多い
ので、この入り方は要注意（ただし、個人的には好きな入り方のひとつではある）

練習5 『1時間足 小ダウのブレイク＆リターン（②前後を MTF の観点で見る

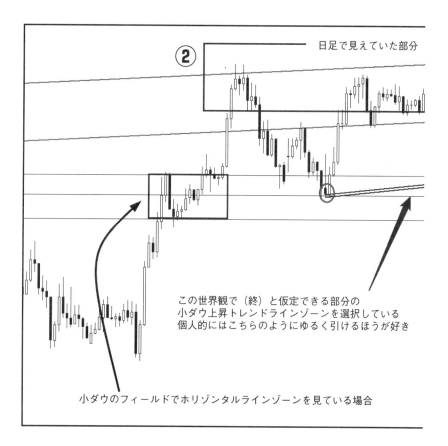

日足で見えていた部分

この世界観で（終）と仮定できる部分の
小ダウ上昇トレンドラインゾーンを選択している
個人的にはこちらのようにゆるく引けるほうが好き

小ダウのフィールドでホリゾンタルラインゾーンを見ている場合

※先ほど（341 ページ）の日足②前後の動きを下位足で見た場合の目線

※この例は日足でゆるく引いていた小ダウ上昇トレンドラインゾーンに対して

※日足の状況的には「大ダウの上昇トレンド継続中に小ダウの上昇トレンドは

と)』 解釈例⑤

小ダウのブレイク＆リターン

リターンを形成した後、下位足でも同じ理屈が発生しているのでわかりやすい

崩された」という状況なので、やや順張りになりかけの入り方になる

練習5 『4時間足 小ダウのブレイク＆リターン（②前後をMTFの観点で見る

1時間足で選択した小ダウ上昇トレンドラインゾーン
この世界観では認識しにくいので選択しない可能性がある

A

この世界観で認識しやすい安値の切り上げ

※4時間足の世界観では、丸印の2点の安値の切り上げだと認識しやすいので、

※先ほど（解釈例⑤）の1時間足で引いていた小ダウ上昇トレンドラインゾーン

※小ダウ下降トレンドラインゾーン（B）も選択することはできるが、同様の理

※時間軸の選択やラインの選択など、毎回違うものを選ばないよう、常に一貫性

と)』　解釈例⑥

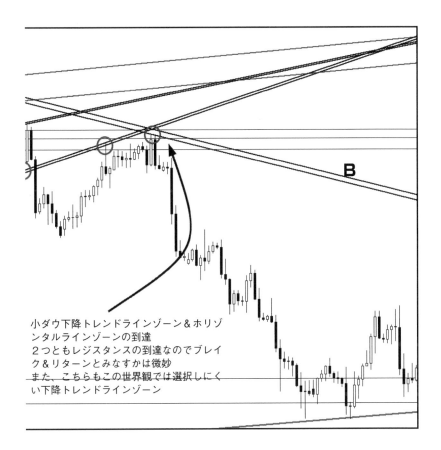

小ダウ下降トレンドラインゾーン＆ホリゾ
ンタルラインゾーンの到達
２つともレジスタンスの到達なのでブレイ
ク＆リターンとみなすかは微妙
また、こちらもこの世界観では選択しにく
い下降トレンドラインゾーン

こちらを選択している可能性が高い

(A) は、この世界観では認識しにくいので選択していないかもしれない

由で選択しているのか、やや怪しくなる

を保てるようにする。「自分ならどれを選択する可能性が高いか」を考える

練習5　『日足の世界観で認識できるもの、できないものを把握する』

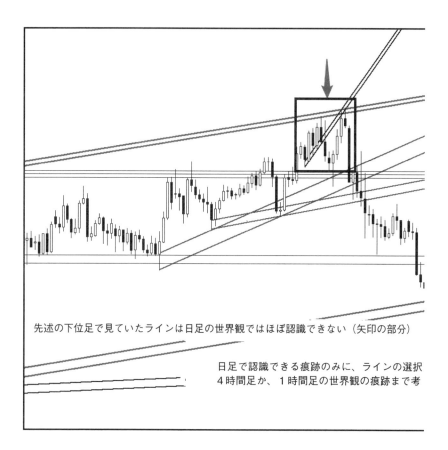

先述の下位足で見ていたラインは日足の世界観ではほぼ認識できない（矢印の部分）

日足で認識できる痕跡のみに、ラインの選択
4時間足か、1時間足の世界観の痕跡まで考

※ここまでMTFの観点で下位足に視点を落としてラインを選択したが、日足で見

※下位足で起きている動きは上位足にも派生していくので完全無視するわけにはい

※下位足に視点を落とす場合は、上位足のラインの「際に近い場合に限る」という

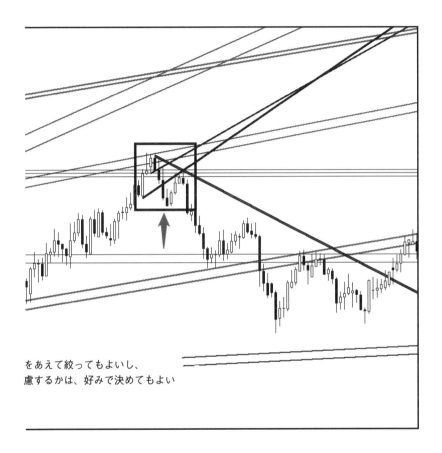

をあえて絞ってもよいし、
慮するかは、好みで決めてもよい

ると、ほぼ認識できない世界観の動きだとわかる

かないが、基本は上位足の痕跡のほうを優先したい

ように、ある程度、基準を決めておいたほうがよい

上記の図解でもいろいろと説明を加えてありますので、特に重要な部分だけピックアップして整理しておきます。

　この項目の目的は**「小ダウ目線でブレイク＆リターンを捉える」**ことにありましたね。

　では、実際にこれを行うために必要になってくる考えや目線が、どのようなものだったでしょうか。

　こういう部分の定義化、言語化ができていないと「わかっている」とは言えませんので、簡単にでも構いませんので、最低限、以下の部分は自分でも言語化できるようにはしたいところです。

◆目的
小ダウのブレイク＆リターンを捉える

◆捉え方
・大ダウのフィールドの「際」で狙う
・大ダウのトレンドの（先）を捉える目線
・大ダウの「際」はトレンド方向のトレンドラインゾーン、チャネルラインゾーン付近でいったん仮定する
・トレンドラインゾーンの「際」は順張り目線、チャネルラインゾーンの「際」は逆張り目線
・小ダウの（終）内でラインの「ブレイク＆リターン」を捉える

大きく要点だけまとめますと前ページの下段のような形になります。まずはここを確実に押さえておきましょう。そうでないと、自分が一体何をしているのか、繰り返しているうちにあやふやになってきます。

　各フィールドのイメージが明確に捉えられるようになってくると、中ダウ、小ダウのフィールド内でも小さなトレンドの（終）を捉えて同じようなことをしようと、次第に始める可能性が出てきます。

　もちろん、これも間違いではないですし、自分が何をしているのか理解できているなら問題ないのですが、スイングトレードの観点を重視するのであれば、大ダウの流れを意識することを最優先したほうが、後々のことを考えると良い結果に集約されてくるはずです。

　人間には、意識していないとすぐに短期的な目線、短期的な結果を求める習性があります。だからこそ、最初からその逆を目指したほうがよいのです。

　スイングトレードができたら、中期的なトレードも短期的なトレードも同じようにできるようになります。逆に、短期的な目線でしかトレードできない場合は、中期的なトレードはなかなかできるようになりません（自分がそうでした。修正に2年は掛かりました）。

　また、その他の事項で記載があった部分で重要な概念も、再度、整理しておきます。

◎マルチタイムフレーム（MTF）
　日足の世界観で痕跡が読み取りにくい場合に下位足に目線を落とす。下位足の世界観の小ダウのブレイク＆リターンを捉える。

◎ステージ観の認識
　上昇、下落がどこの安値、高値から始動しているのか、捉え方によっ

て小〜大ダウのラインの引き方が変わる。大ダウの大きな波の途中に形成されてくる中ダウと小ダウは、始点と終点の選び方の力がかなり問われる。

～第3節～
損切りと利確の練習

この節では、出口の考え方となる損切りと利確の練習をしていきましょう。

まず最優先されるのは「損切りから考えること」でしたね。損切りは「エントリー根拠が崩されたら」という判断基準に基づいて行い、今の事象について考えます。

利確はチャネルラインゾーンを判断基準にするのが優先で、それ以外は今狙っている動きとは反対方向のトレンドラインゾーン（※ 今が上昇トレンドなら、反対方向とは下降トレンドラインを指す）や、強いレジスタンスとみなせるホリゾンタルラインゾーンなどを考慮して考えていきます。

ただし、利確は「未来」のことについての事象になりますので最終的にどうなるかはわからないのが前提でした。そのため、利確は損切りよりも不確実性が増し、難しくなってくるのでしたね。

356 ページからまた別のチャートを例に練習していきます。その前に損切りと利確に関して重要な部分だけ要点をおさらいしておきましょう。

◆損切り
◎取引量はポジションサイジングの考えから逆算で決める
◎資金のマイナス2％以内に収まる取引量

◎エントリー根拠が崩されたら損切り目安（小ダウのブレイク＆リターンを捉えた小ダウのライン）

◎損切りの仕方に迷う or リスクリワードが悪くなる局面ではそもそもトレードしない

◆利確

◎今のトレンド方向の大ダウ「チャネルラインゾーンが利確の目標値」

◎今のトレンドと逆方向の大ダウ「トレンドラインゾーン、ホリゾンタルラインゾーン（敵の陣地）」が利確の目標値

◎小ダウの安値、高値のリズムから変化が出てきたら撤退目安、変化なければホールド続行

◎中〜長期的なスイングの観点を重視するなら小ダウのチャネルラインゾーンやホリゾンタルラインゾーンは優先しない

　まずは、何も記載がないチャートの状態で入口から出口まで、すべて考えていただいたほうが練習になりますので、一度はご自身で最後まで考えてみてください（チャートが1枚しか表示されてないため、この条件下ではかなり難しいとは思いますが）。

　ただ、ラインが引いてある状態でないと解説しにくい都合上、その後のページから私の解釈例を載せます。それを参考にして、一緒に出口までを考えてみましょう。

　フィールドの視覚化やブレイク＆リターンを捉える小ダウのラインの選択など、私の観点での判断になってしまいますが、例のひとつとしてご自身で考えたものと見比べてみてください。

　私の目線が絶対合っているわけでもないですし、「何をしたいのか」によって"違う入口と出口のトレードプラン"になってくる可能性はありますが、ある程度思考の共有が一致していれば大枠は似たプランにはなってきます（※過去のチャートだと先が見えているので練習

用の通貨ペアと時間軸などは各解説の最後に記載しています）。

　厳密には、前提条件として月足、週足の情報は必要ですが、いったん見えている範囲内の動きで考えてみましょう。

練習6 『損切りと利確のプランを考える』

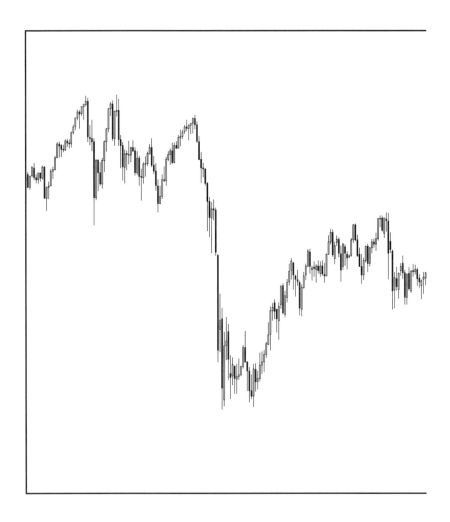

※このチャートが上位足の相場環境になるので、まずは安値と高値の推移を読み取

※最優先は大ダウのフィールドを視覚化して、大ダウの「際」になり得る部分を探

※中ダウ、小ダウのフィールドについては、今の右端の動きに関係なさそうなもの

り大〜小ダウ目線の各フィールドをイメージする

すこと

は目線がガチャつくのでいったん排除する

練習6　『大ダウのラインの選択、「際」部分を探す』　解釈例①

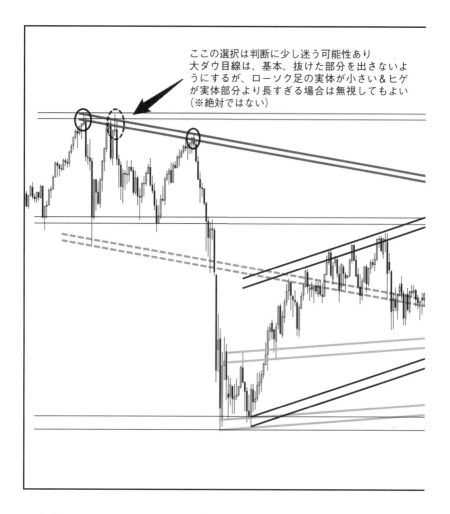

ここの選択は判断に少し迷う可能性あり
大ダウ目線は、基本、抜けた部分を出さないようにするが、ローソク足の実体が小さい＆ヒゲが実体部分より長すぎる場合は無視してもよい
（※絶対ではない）

※大ダウとみなせるラインのみ選択［上のほうのホリゾンタルラインゾーン（A）は、

※上昇トレンドラインゾーン（①）＆チャネルラインゾーン（②）は、引けた時点では

※大ダウ下降チャネルラインゾーン（③。破線部分）は、その後の推移を見て判断に迷

　で、見ていても利確目標値にするとき以外は、フィールドのイメージをするだけに留

358

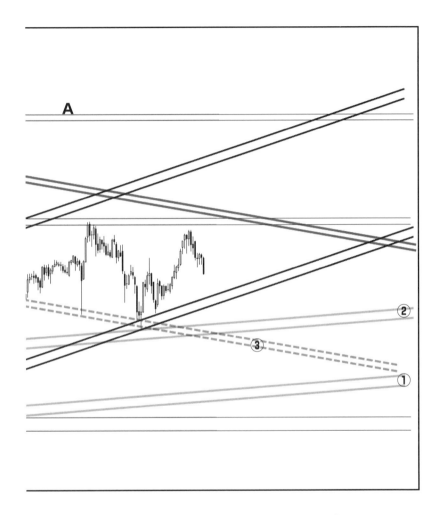

下落の（先）とみなせるフィールドをひとつの固まりとして見ている]

小ダウ目線で、その後は大ダウのフィールドとして認識している

うので、個人的にはチャート上からは消すことが多い。チャネルラインは性質が弱いの

めている

練習6　『大ダウの「際」に到達したタイミング』　解釈例②

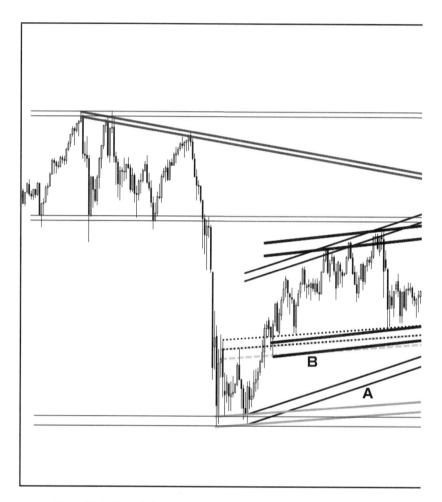

※大ダウの「際」付近（C）に到達　⇒　最安値からの角度のある上昇トレンド

※①の上昇チャネルラインゾーン（破線部分）は、先ほどの時点でゆるい上昇ト

　ゴチャつきそうな場合は「トレンドライン＞チャネルライン」のように性質の

※この時点で今意識されているメインフィールドとみなしているのは、角度のゆる

　の痕跡的にブレイク＆リターンを捉えにくい場合は下位足に目線を落とす（次の

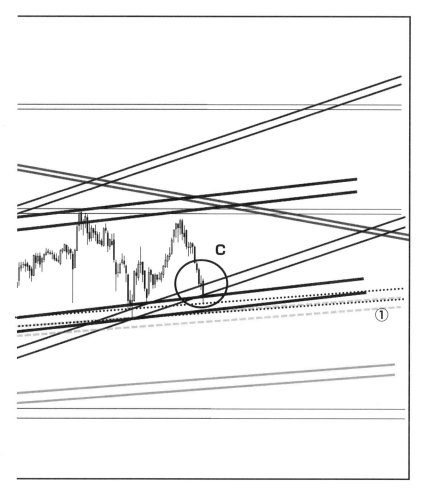

ラインゾーン（A）＆角度のゆるい上昇トレンドラインゾーン（B）

レンドラインゾーンが引けるので消しているときが多い

強いラインを優先して残す

い上昇トレンドラインゾーン＆チャネルラインゾーンの範囲。この世界観で小ダウ

ページへ）

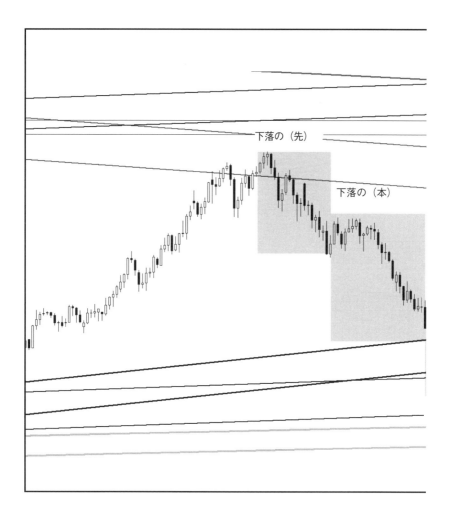

※先ほど（解釈例②）の世界観ではほぼ一直線に下落してきていたため、小ダウ

※小ダウ目線でトレンドの局面が読み取れる範囲＆ラインの選択が可能な範囲ま

※上昇の（先）を捉えた入り方では、背景に「上位足のトレンドラインゾーン ×

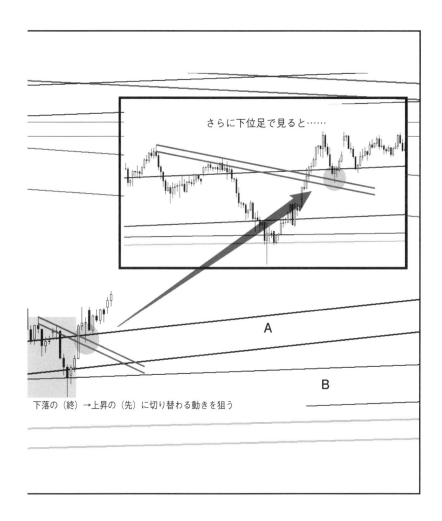

さらに下位足で見ると……

A

B

下落の（終）→上昇の（先）に切り替わる動きを狙う

の痕跡が読み取りにくかった。そこで、一段下の時間軸で痕跡を探している

で時間軸を落とす

2（AとB）が控えている」という点が強い根拠となっている

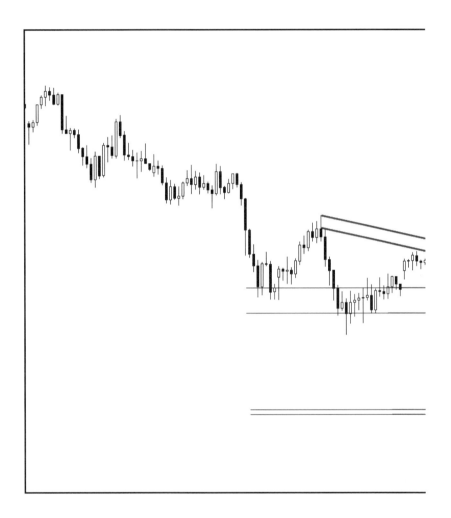

※資金 100 万円の想定と、実際に自分がトレードで使う想定の場合でも考えて

※①はエントリー根拠と直近のホリゾンタルラインゾーンの２つが崩される位

※②はこの世界観で大ダウの「際」とみなせる位置を下抜いた位置。ここが損切

　計算については、372 ～ 373 ページに記載

されたら損切り（始めは損切りを徹底するためこちらを推奨）

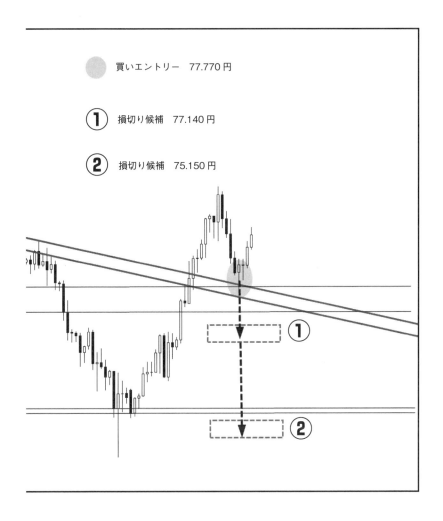

買いエントリー　77.770 円

① 損切り候補　77.140 円

② 損切り候補　75.150 円

みる

置。ここが損切り目安（考えとしてはこちらのほうがスパッと損切りしやすい）

り目安。損切り幅が変わるので取引量も①と変わる。打てる取引量と損切り額の

練習6　『利確目標を考える』（A）エントリー根拠を崩されたら損切り（大ダ

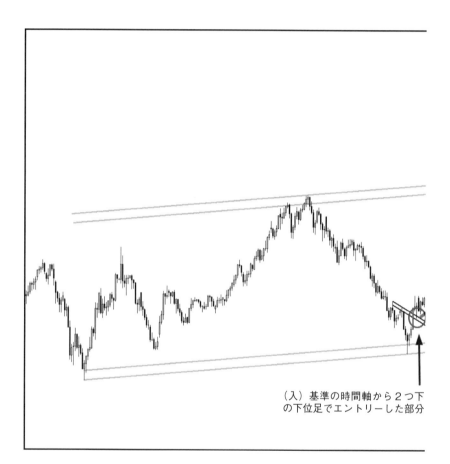

（入）基準の時間軸から２つ下
の下位足でエントリーした部分

※長期スイングの感覚に慣れていないうちは、中期スイングの動きを取りにいく

※この場合は、基準の時間軸（マッピングしたチャート）から一段下の世界観の

※短期スイングでは、小ダウのトレンドのひとつの局面内で小ダウの動きひとつ

　ら（終）までの動きを追いかけるイメージに近い

ウの際を狙う）

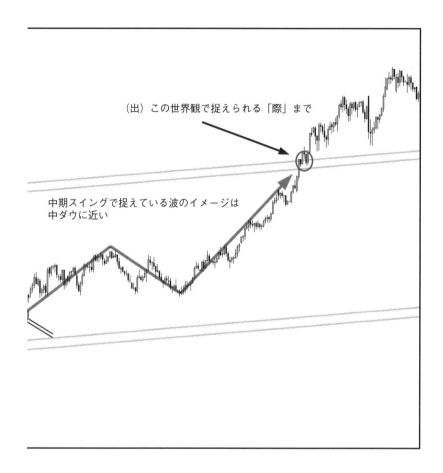

（出）この世界観で捉えられる「際」まで

中期スイングで捉えている波のイメージは
中ダウに近い

イメージで練習する

大ダウのフィールドの「際」まで狙いにいく

ひとつを追いかけるイメージ。中期スイングでは、小ダウのトレンドの（先）か

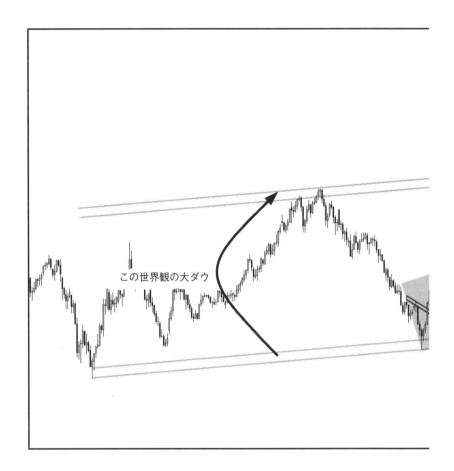

この世界観の大ダウ

※この例は１ページ前と違い、大ダウの「際」ではなく中ダウの「際」まで狙い

※（大ダウの「際」まで到達してこない場合）中ダウの「際」＆強い上位足のレ

　大ダウの「際」だけ見ていると利確を失敗する可能性もある

※ただし、利確に関しては小ダウのフィールドの「際」を意識しすぎない（チキ

ウの際を狙う）

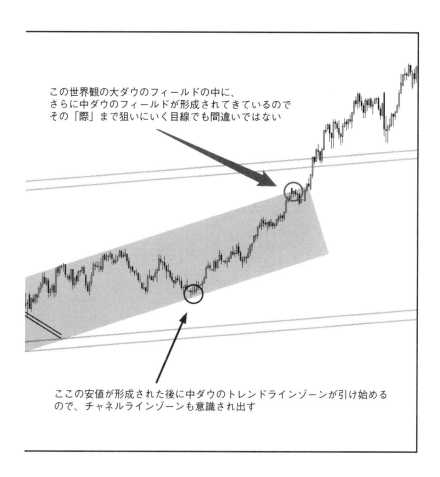

この世界観の大ダウのフィールドの中に、
さらに中ダウのフィールドが形成されてきているので
その「際」まで狙いにいく目線でも間違いではない

ここの安値が形成された後に中ダウのトレンドラインゾーンが引け始める
ので、チャネルラインゾーンも意識され出す

にいく目線

ジスタンスもさらに重なっているなど、こちらの意識が優先される場合もある。

ン利確になる。ただし、最初から短期スイングで狙っているなら OK）

練習６　損切り候補の位置から利確目標を逆算して決める

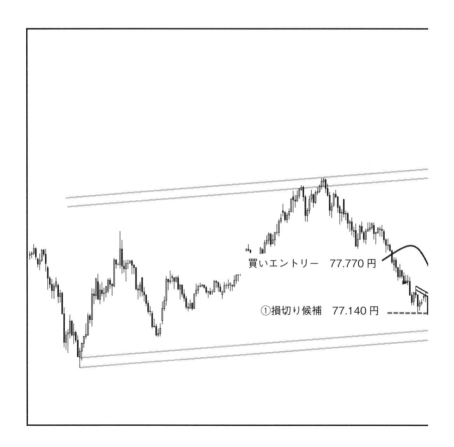

※損切り候補の設定はエントリー根拠を崩された場合

※利確の設定を、基準の世界観から一段下の世界観で捉えている大ダウと中ダウ

※①か②の損切りした場合の①か②の損切り想定幅（pips）と、利確想定幅の①

※損失と利益のバランス（損益率）が悪くならないか（例えば１：２以上あるかど

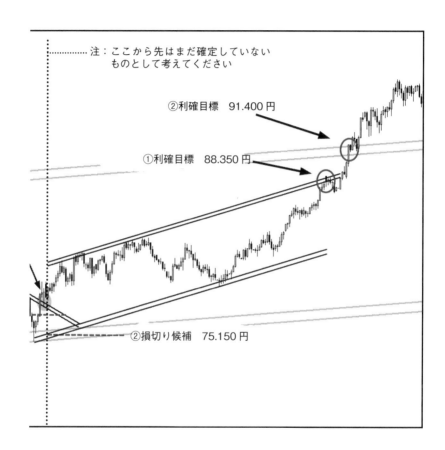

注：ここから先はまだ確定していない
ものとして考えてください

②利確目標　91.400円

①利確目標　88.350円

②損切り候補　75.150円

のフィールドの「際」までにしている場合

か②（pips）を勘案して、まずは100万円の資金で打てる取引量を算出する

うか）を考えて、どの損切り候補、利確目標のプランを採用するかを決めていく

練習6　損切り候補の位置から利確目標を逆算して決める（取引量と損切り額）

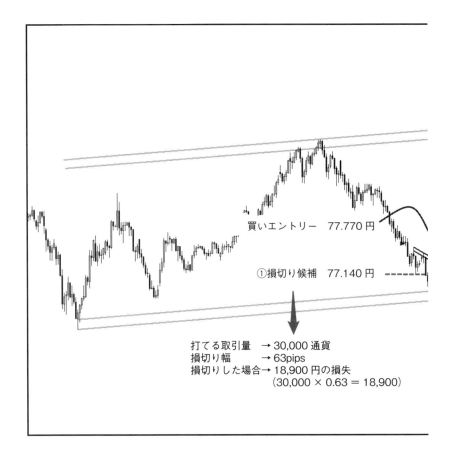

買いエントリー　77.770 円

①損切り候補　77.140 円

打てる取引量　→ 30,000 通貨
損切り幅　　　→ 63pips
損切りした場合→ 18,900 円の損失
　　　　　　　（30,000 × 0.63 ＝ 18,900）

※①損切り候補の場合 ⇒ 買 77.770 円 － 損切り 77.140 円 ＝ 0.63（×100 で
　損切りした場合 63pips が資金 100 万円のマイナス２％になる取引量にする ⇒

※②損切り候補の場合 ⇒ 買い 77.770 円 － 損切り 75.150 円 ＝ 2.62（×100
　損切りした場合 262pips が資金 100 万円のマイナス２％になる取引量にする

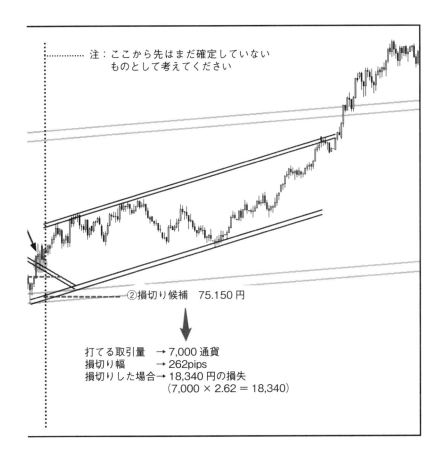

注：ここから先はまだ確定していない
　　ものとして考えてください

②損切り候補　75.150円

打てる取引量　→ 7,000通貨
損切り幅　　　→ 262pips
損切りした場合→ 18,340円の損失
　　　　　　　　（7,000 × 2.62 = 18,340）

pips換算すると63pips）

○○（lot）= 20,000円 ÷ 0.63（63pips）⇒ 31,746（約30,000通貨）

でpips換算すると262pips）

⇒ ○○（lot）= 20,000円 ÷ 2.62（262pips）⇒ 7,633（約7,000通貨）

練習6　損切り候補の位置から利確目標を逆算して決める（①の損切り候補から

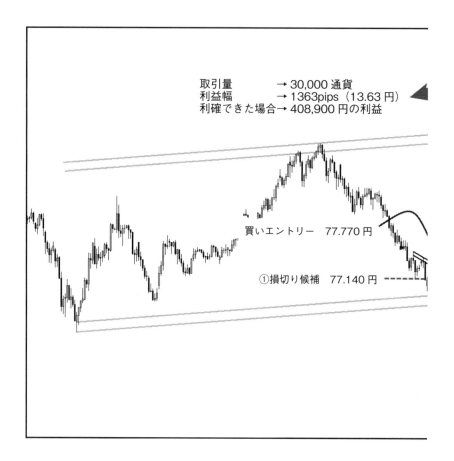

取引量　　　　→ 30,000 通貨
利益幅　　　　→ 1363pips（13.63 円）
利確できた場合→ 408,900 円の利益

買いエントリー　77.770 円

①損切り候補　77.140 円

※①の損切り候補から利確目標を考えた場合、打てる取引量は 30,000 通貨

※①の利確目標の場合 ⇒ 利確目標 88.350 円 － 買い 77.770 円 ＝ 10.58 円（×

利確できた場合の利益額 ⇒ 30,000 通貨（取引量）× 10.58 円（利益幅）＝

※②の利確目標の場合 ⇒ 利確目標 91.400 円 － 買い 77.770 円 ＝ 13.63 円（×

利確できた場合の利益額 ⇒ 30,000 通貨（取引量）× 13.63 円（利益幅）＝

利確目標を考えた場合）

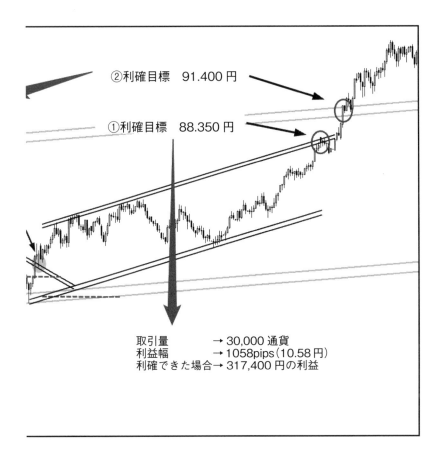

②利確目標　91.400 円

①利確目標　88.350 円

取引量　　　　→ 30,000 通貨
利益幅　　　　→ 1058pips（10.58 円）
利確できた場合→ 317,400 円の利益

100 で pips 換算すると 1,058pips）

317,400 円（利益）

100 で pips 換算すると 1,363pips）

408,900 円（利益）

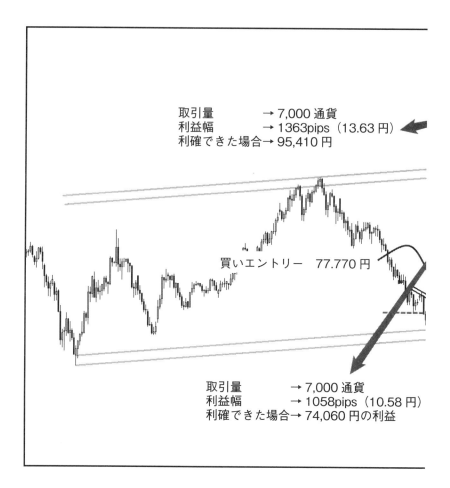

※②の損切り候補から利確目標を考えた場合、打てる取引量は 7,000 通貨

※①の利確目標の場合 ⇒ 利確目標 88.350 円 － 買い 77.770 円 ＝ 10.58 円（×

　利確できた場合の利益額 ⇒ 7,000 通貨（取引量）× 10.58 円（利益幅）＝

※②の利確目標の場合 ⇒ 利確目標 91.400 円 － 買い 77.770 円 ＝ 13.63 円（×

　利確できた場合の利益額 ⇒ 7,000 通貨（取引量）× 13.63 円（利益幅）＝

えた場合）

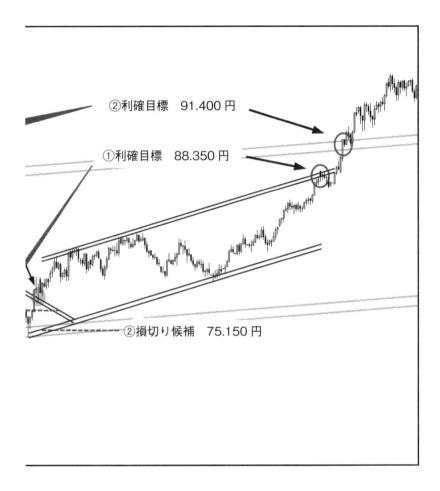

②利確目標　91.400 円

①利確目標　88.350 円

②損切り候補　75.150 円

100 で pips 換算すると 1,058pips）

74,060 円（利益）

100 で pips 換算すると 1,363pips）

95,410 円（利益）

練習6　損切り候補から利確目標を逆算して決める（①と②の整理）

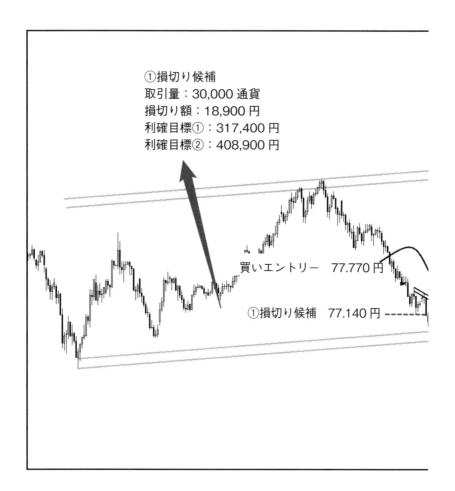

①損切り候補
取引量：30,000 通貨
損切り額：18,900 円
利確目標①：317,400 円
利確目標②：408,900 円

買いエントリー　77.770 円

①損切り候補　77.140 円

※①の損切り候補の場合 ⇒ 損切り額 18,900 円に対して利確① 317,400 円（損

※②の損切り候補の場合 ⇒ 損切り額 18,340 円に対して利確① 74,060 円（損

※ともに損益率のバランスは悪くないので、①と②の損切り設定でエントリーを

※ただし、①の場合は損切りがタイトなので、損切りした後に上昇していくシナ

　なおしは、本書のメインの内容と少し変わってくるので触れません）

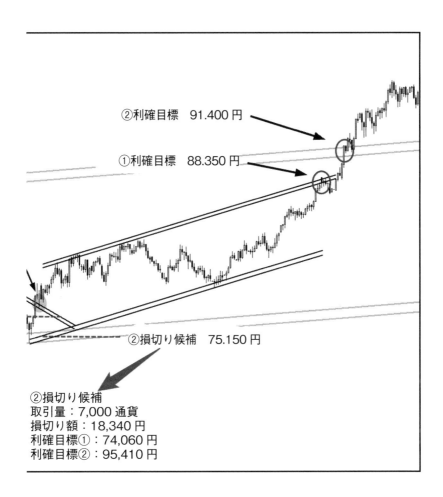

②利確目標　91.400 円

①利確目標　88.350 円

②損切り候補　75.150 円

②損切り候補
取引量：7,000 通貨
損切り額：18,340 円
利確目標①：74,060 円
利確目標②：95,410 円

益率 約 1：16）。利確② 408,900 円（損益率 約 1:21）

益率 約 1：4 ）。利確② 95,410 円（損益率 約 1:5）

検討しても OK

リオも十分考えておかないと入りなおせない可能性が出てくる（この場合の入り

練習6　『利確目標を考える』　さらに広範囲の大ダウの「際」を狙う

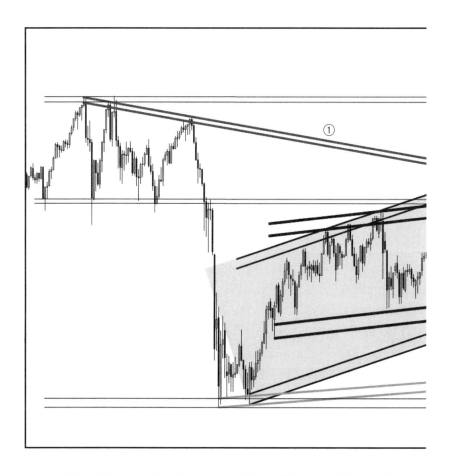

※この例は、当初、マッピングしていた世界観の「際」から「際」までを狙いに

※途中、下降トレンドラインゾーン（①）が控えていて完全無視するわけにはい

　　もある

※一番楽なのは、今の大ダウ上昇トレンドラインゾーン（A）を下抜くまでホー

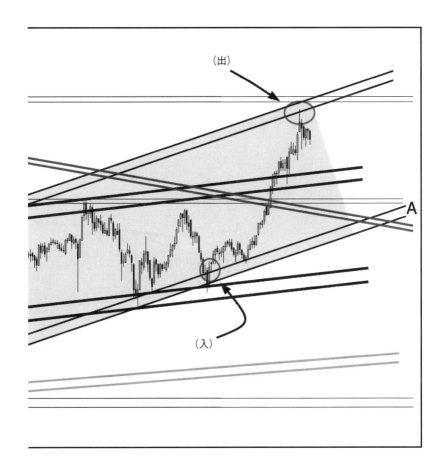

いく目線で、長期スイングの観点に最も近い

かないので、そこで価格が強く下落していく場合はシナリオを変更していく必要

ルド続行というプラン

練習6　『損切り、ポジションサイジングを考える』　(B) 今の大ダウの上昇ト

買いエントリー　77.770 円

※こちらは①と②の損切り候補と違い（364 ～ 365 ページ）、元の時間軸を基準に

※③は損切り幅と利確目標値も合わせて広く見ているので、長期スイング or ポ

　と損切り額の計算は 386 ～ 387 ページに記載

レンドラインゾーンが崩されたら損切り（かなり余裕を持たせたプラン）

③ 損切り候補　72.580 円

買いエントリー

③

した損切りの例。今の大ダウ上昇トレンドラインゾーンが崩された時点で損切り

ジショントレードくらいの感覚でプランを立てる場合のイメージ。打てる取引量

練習6　Bの『損益率のバランスを考える』

※損切り候補の設定は今の大ダウの上昇トレンドラインゾーンが崩されたらの場

※利確はマッピングをした基準の世界観で捉えている中ダウと大ダウの「際」ま

※372 ～ 373 ページの損切り候補①と②に比べると、見ている世界観が大きく

　ただし、ポジションサイジングの観点から取引量を決めれば、損切り額は資金

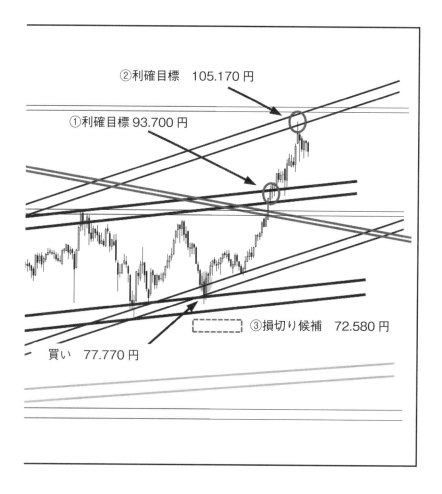

②利確目標　105.170 円

①利確目標 93.700 円

③損切り候補　72.580 円

買い　77.770 円

合

でを利確目標に設定している場合

なってくるので、損切り幅も広くなってくるときが多い

の2％以内で収まるのでリスクは同じようにコントロールできる

練習6　損切り候補の位置から利確目標を逆算して決める（取引量と損切り額）：

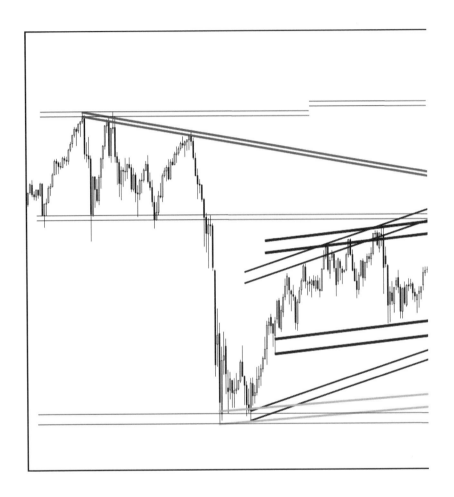

※③損切り候補の場合 ⇒ 買 77.770 円 － 損切り 72.580 円 ＝ 5.19（×100 で
損切りした場合、519pips が資金 100 万円のマイナス 2% になる取引量にする

※FX 口座によって取引量が最低単元 10,000 通貨と、1,000 通貨の場合があるの
下は切り捨てで考えると計算が楽）

Ｂの例

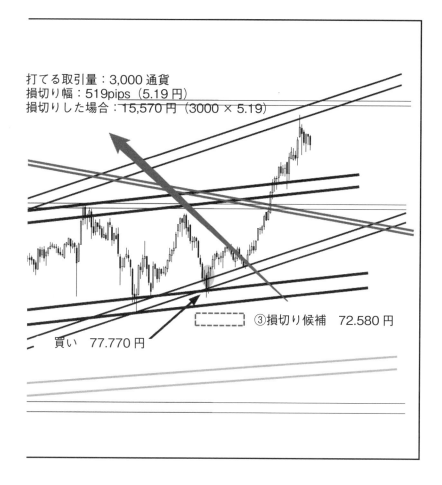

打てる取引量：3,000 通貨
損切り幅：519pips（5.19 円）
損切りした場合：15,570 円（3000 × 5.19）

買い　77.770 円

③損切り候補　72.580 円

pips 換算すると 519pips）

⇒ 〇〇（lot）＝ 20,000 円 ÷ 5.19（519pips）⇒ 3,853（約 3000 通貨）

で、1,000 単位通貨で選択できる口座でないとこの取引はできない（100 単位以

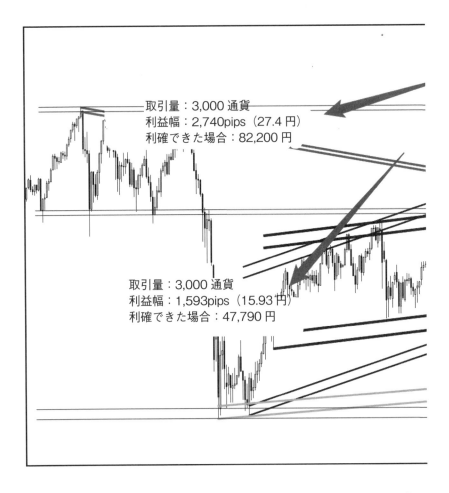

※③の損切り候補の設定で利確目標を考えた場合、打てる取引量は3,000通貨

※①の利確目標の場合 ⇒ 利確目標93.700円 − 買い77.770円 = 15.93円（×

　利確できた場合の利益額 ⇒ 3,000通貨（取引量）× 15.93円（利益幅）=

※②の利確目標の場合 ⇒ 利確目標105.170円 − 買い77.770円 = 27.4円（×

　利確できた場合の利益額 ⇒ 3,000通貨（取引量）× 27.4円（利益幅）=

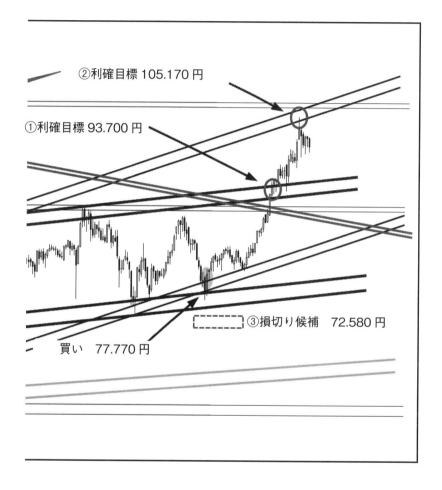

②利確目標 105.170 円

①利確目標 93.700 円

③損切り候補　72.580 円

買い　77.770 円

100 で pips 換算すると 1,593pips）

47,790 円（利益）

100 で pips 換算すると 2,740pips）

82,200 円（利益）

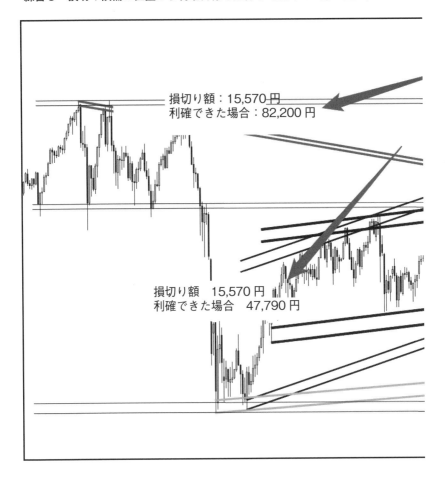

損切り額：15,570 円
利確できた場合：82,200 円

損切り額　15,570 円
利確できた場合　47,790 円

※③の損切り候補の場合 ⇒ 損切り額 15,570 円に対して利確① 47,790 円（損益率 約

※損益率のバランスは悪くないので、③の損切り候補の設定でエントリーを検討しても

※損切りまでの根拠に余裕がある（上昇トレンドラインゾーンが崩れるまで）ので、一

※損切り候補①と②に比べて損切り幅が広くなるので、それに比例して取引量の設定と

　不確実性も高まるので、利確が難しくなってくる点も出てくる

※「負けにくいトレードを最優先するのか」「ある程度の損益率も優先するのか」で、ど

　から採用するのではなく、許容損失額や損切り値幅を元にプランを決めていく

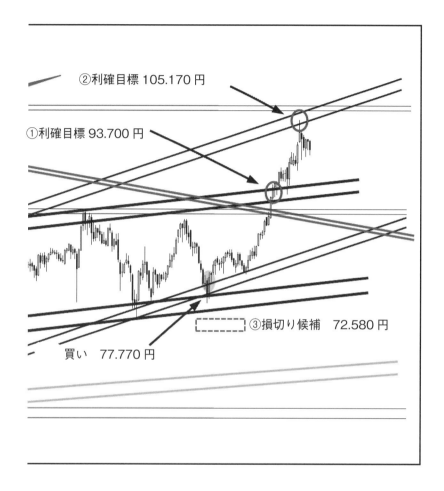

②利確目標 105.170 円

①利確目標 93.700 円

③損切り候補　72.580 円

買い　77.770 円

1:3)、利確② 82,200 円（損益率 約 1:5)

OK

番負けにくいトレードになる可能性が高い

利確目標も決まってくる（今回は損益率が若干落ちてくる）。また、先のことになるほど

の損切り候補を採用するかは人によって変わる。重要なことだが、利益がいくら取れる

上記の図解で損切りと利確の設定の仕方を見てきました。慣れないうちは掲載の添付チャートだけでここまですべて考えるのは難しいかもしれませんので、他のチャートで自分でも数多くの練習を積み重ねてみてください。

　上位足だけで、マッピングからトレードプランを立てるところまで、すべて完結すれば一番楽ですが、小ダウの痕跡が読み取りにくく、上位足で小ダウの（終）からブレイク＆リターンを捉えられない場合も出てきます。

　そういうケースでは、MTFの観点から、上位足から下位足へのチャートの切り替えが必要になってきます。今見ているチャートで「際」を捉えられても、その後の推移を見ていき、下位足に目線を落とすのかどうかの判断も出てきます。

　このあたりの目線の切り替えは、時間推移を伴うため、その都度、確認していくことになります。図解で説明するにもチェックポイントごとの図解の枚数がさらに必要になり、全部を説明するのはページ数の問題で少々難しいです（ここの話は別でメインにした説明がまた50ページくらい必要になり、本書の主題と変わってくるので割愛します）。

　トレード歴が豊富な方はMTFの観点を活用して大ダウの「際」からさらに下位足に目線を落としてトレードプランを立てることができるでしょうが、まだ慣れない方の場合は、日足の時間軸の中で小ダウのブレイク＆リターンを捉えられるかどうかの練習をしていくほうが、中期的な流れを捉える目線の訓練にはなります。無理に複数の時間軸の見比べをして判断すると最初のうちは混乱します。

　下位足に目線を落としたとしても、上位足の流れでしっかり条件が整わないと、次のトレンドの（先）に切り替わりすらしません。その

点を考えると、やはり上位足の方向を確認したうえでブレイク＆リターンを捉えるほうが楽です（下位足に目線を落としすぎるとこの罠に引っかかる）。

　さて、ではこの項目の図解で加わっていた説明も踏まえて重要なポイントを最後にもう一度整理しておきます（次ページを先に見てください）。

　図解の中では、大ダウのフィールド以外にも中ダウのフィールドも利確目標として考慮していましたね。

　このように、中ダウの「際」を分割決済の目安にして、大ダウの「際」まで目指せるか見ていく、という方法が利益確保しながらスイングの観点でトレードできるのでお勧めできます。

　ただし、下位足の目線のフィールドを意識しすぎると、上位足の大ダウのトレンドの流れに乗るために、せっかく（先）で入れていたとしても利が伸びにくいトレードになってしまう可能性があります。

　したがって、**「上位足の大ダウ＞上位足の中ダウ≒下位足の大ダウ＞下位足の中ダウ」**という優先順位は保ったほうがよいかと思います。「下位足の大ダウと上位足の他のレジスタンスが重なっている」などの理由があればそこは考慮する、というように複合的に判断していかないとならないときも多々ありますが、行動がブレそうであれば、**上位足の大ダウと中ダウのみ考慮する**、という具合に一貫させたほうが、トレードの結果は良い方向に集約します。

　もちろん、大ダウの「際」まで到達せずにそのまま戻ってきて損切りになってしまうこともありますが、次のトレードで取り返せる可能性は十分あります。その都度で行動をブレさせないほうがよいです。

　損切りについても、「エントリー根拠が崩された場合」と「余裕を持たせた場合」の２つ、例として載せてあります。

◆目的
損切りと利確を一貫させる

◆損切り
◎取引量はポジションサイジングの考えから逆算で決める
◎資金のマイナス2%以内に収まる取引量
◎エントリー根拠が崩されたら損切り（小ダウのブレイク＆
　リターンを捉えた小ダウのライン）
　　＋α：余裕を持たせる場合は下位足の大ダウor上位足の
　　　　　トレンドが崩れたら損切り目安
◎損切りの仕方に迷うorリスクリワードが悪くなる局面で
　はそもそもトレードしない

◆利確
◎今のトレンド方向の大ダウ「チャネルラインゾーン」が
　利確の目標値
　　＋α：上位足で中ダウのフィールドが確認できる場合は中
　　　　　ダウの「際」を分割決済の目安にする
　　　　　下位足に目線を落としている場合は、その時間軸の
　　　　　大ダウ、中ダウの「際」を利確目標にするのもあり
◎今のトレンドと逆方向の大ダウ「トレンドラインゾーン、
　ホリゾンタルラインゾーン（敵の陣地）」が利確の目標値
◎小ダウの安値、高値のリズムに変化が出てきたら撤退目安、
　変化がなければホールド続行
◎中〜長期的なスイングの観点を重視するなら小ダウのチャネ
　ルラインゾーンやホリゾンタルラインゾーンは優先しない

さらに下位足に目線を落としてエントリーしていく場合は、その時間軸上で損切りも考えたほうが入口と出口の目線や考え方が一致するのでわかりやすいと思います。

　このように、元々見ている時間軸で損切りを考える場合と、下位足で考える場合の２つは、区別したほうが最初はよいかもしれません。

　例えば、エントリー根拠は下位足の小ダウのブレイク＆リターンの動きを根拠にしているのに、利確＆損切りは上位足での設定などにすると目線が一致せず少しややこしくなります（狙っているトレンドの局面の動きが変わってしまいます）。

　そういうことを避けるためにも、エントリー根拠にしている時間軸と損切り＆利確は、最初は揃えたほうが一貫性は保てます。

　仮に、損切りを下位足にてタイトにすることを優先するのであれば、利確も下位足の大ダウの「際」くらいまでを目安にする。上位足で余裕を持たせた損切りの設定をするのであれば、利確目標も上位足の大ダウの「際」まで設定する。こういうやり方にしたほうが目線はスッキリします。

　慣れてきたら、「エントリー根拠は下位足の小ダウのブレイク＆リターンを捉えて入って、損切りは下位足の大ダウの根拠が崩されるまで。利確は上位足の大ダウの"際"まで」などのように、入口と出口の考え方を複数の目線で考えて判断していくこともできるようにはなりますが、いきなりこういうトレードはしないほうがよいかと思います。

　おそらくですが、最初のうちはエントリーと損切りを上位足の大ダウの根拠で考えようとしても、利確だけは下位足の小ダウの根拠でチキン利確を繰り返す、という傾向になります（利小損大）。

　損切りと利確についても、他の判断方法などはありますが、考えたところで、最終的にどうなるかはわからないというのが相場の大前提

です（特に利確）。

　行動に一貫性が保てなくなるのであれば、細かい部分でゴチャゴチャさせずに、大ダウの「際」から大ダウの「際」まで狙う、「エントリー根拠が崩されたら損切り」というほうが考えとしては圧倒的に楽です。

　難しいトレードをしようとすればいくらでもできますが、結果がある一定範囲に集約しないのであれば、それはトレードの考え方として適切ではないですし、取り入れるべきではないと思います。

※第3節で使用した練習チャート（通貨はすべて豪ドル円）

356〜361ページ：週足（2006年12月31〜2012年4月29日付近）

362〜363ページ：日足（2011年12月14日〜2012年6月18日付近）

364〜365ページ：4時間足（2012年5月7日〜6月8日付近）

366〜381ページ：日足（2011年8月15日〜2013年4月1日付近）

382〜391ページ：週足（2006年12月31日〜2013年5月19日付近）

～第4節～
まとめ

　本節ではまとめとして、練習用チャートを2枚添付しておきます（400〜403ページ）。ここまでを通して扱ってきた要素を自分自身の手で練習してみましょう（以下のQRコードから別の問題もダウンロードできます）。

　相場の世界に、優位性はあったとしても、絶対的な答え（明確な答え）はないということを我々は再度しっかり肝に銘じておきたいので、この後の練習にヒントは記載していきますが、明確な私の解釈は付けません。

　自分ならどういう考え方を基準にして、どうフィールドを捉えて、どうプランを立てるか、ここが重要です。

　そして、これらにすべて明確な答えはないからこそ、考え方の定義、言語化が必須になってくるわけでしたね。

　練習の段階で一貫した考え方をチャートに表現できないようでは、リアルタイムの推移を見ているときはさらに迷います。それでは、実戦には立ち向かえません。

練習用チャートには日付が記載してあるので、自分で考えた後に実際のチャート付近を確認して、安値と高値の読み取り、トレンドの3つの局面、ターンの区切りのイメージ、ラインはどう選択できたのか、トレードプランはどう立てられたのかなど、ひとつずつ検証してみましょう。

　また、練習するときに気をつけたいこととして、結果論になりすぎていないか、無理やりラインを引こうとしていないか（価格形成によってはラインが引けていても捉えきれないときは当然ある）など、このあたりのことも意識してチャート分析に取り組むと、実際どこまで対応可能で、どこから不可能なのかという実戦的な考え方に結びつくかと思います。

【練習で意識して欲しい優先順位、思考回路の順番】

<u>共通思考：まずは大ダウの目線、次に小ダウの目線で見ていく</u>

①安値と高値の推移を読み取る（この時点でターンの区切り、トレンドの局面をイメージする）

②大ダウのフィールドを視覚化する（描写しなくてもいいが小ダウのイメージもしておく）

③大ダウの「際」付近をトレンドの（終）といったん仮定する。大ダウのトレンドラインゾーンが引けた後に、再度、大ダウのトレンドラインゾーンまで到達してこない場合もあるが⑤で対応

---

④今のトレンド方向のトレンドラインゾーンの「際」付近に
　対しては順張り目線（推奨）。今のトレンド方向のチャネ
　ルラインゾーンの「際」付近に対しては逆張り目線（慣れ
　ないうちは無理してトレードしない）

⑤（終）内で小ダウのラインを選択してブレイク＆リター
　ンを捉える目線を作る。日足で痕跡が読み取りにくい場合
　は、下位足（4時間足や1時間足）に目線を一段落とす
　（MTFの観点）

⑥トレードプランは損切りから優先して考える（資金のマイ
　ナス2％以内）

⑦損切りは「エントリー根拠が崩されたら」を基準にする（慣
　れてきたら一段余裕を持たせていく）

⑧取引量はポジションサイジングを元に決める

⑨利確は大ダウのチャネルラインゾーン、中ダウのチャネル
　ラインゾーンを分割決済の目安とする（反対勢力のライン
　も見ておく）

⑩最終的に損切りがしにくい局面、リスクリワードが悪くな
　りそうな局面ならトレードしない

⑪結果論の検証にしない。今の自分ができること、できない
　ことの区別を明確にする

練習用チャート1　GBPJPY 週足 2008 年 11 月 9 日〜 2012 年 9 月 2 日

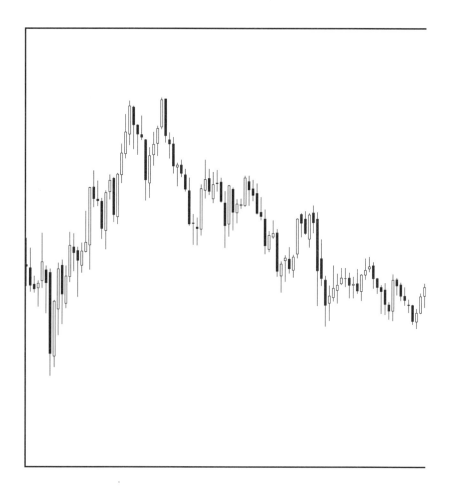

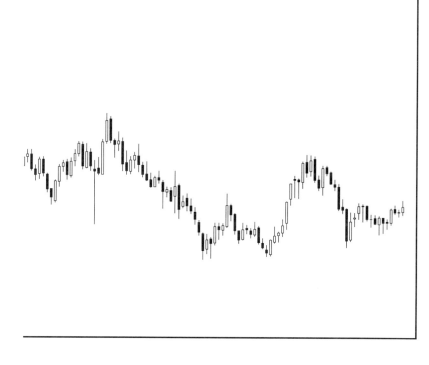

練習用チャート 2　USDJPY 日足 2017 年 4 月 5 日〜 2018 年 9 月 5 日

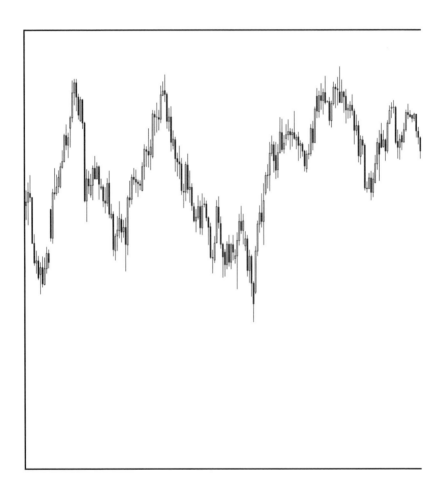

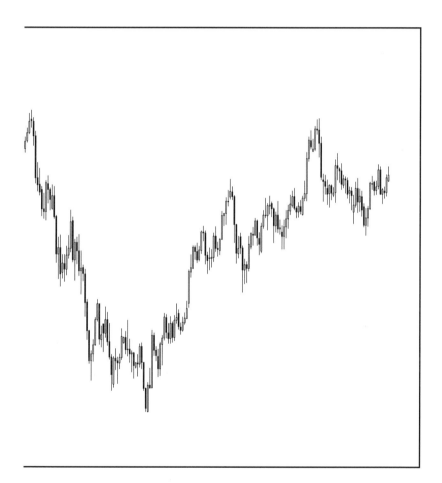

第6章

トレードと
我々の脳

～第1節～

はじめに
～お金が「精神」に与える影響～

　前章まででは本筋から外れてしまい書ききれなかった部分やトレードについて個人的に考えていることなどを、この章では、お伝えしていきます。

　トレードは、お金が直結する世界です。お金が関係すると、それが我々の精神とトレードにどのような影響を及ぼすのかなど、**「脳の構造」**をよく理解して付き合っていく必要があります。

　人によって考え方や感じ方は違ってくるかとは思いますが、人間であれば共通した部分は確実にあります。自分ならどう考えるのか、対応していくのかなど、今後も掘り下げていきましょう。

～第2節～
何も知らないと短期トレードになる

　投資は長期的な視点を持ってするものだ、とよく言われます。

　確かにそういう視点を持っていたほうが、じっくり構えて物事に取り組めるので、途中で予期せぬ事態が起きても焦って変な行動をしにくくなり、その結果、トレードに一貫性が保てるなど、メリットは多くあります。やはり、長い目で見たら結果をうまく着地させられる確率は高くなりやすいですよね（訓練してあるトレーダーならば、意図的に短期も長期も区別してトレードできる）。

　その反面、長い期間をかけて投資行動を継続していくので、途中で何か問題が起こったときに、その都度、修正や管理ができないと、リカバリーするのが困難な状況、または不可能になることもあり得ます。

　長期トレードだからといっても、長期間完全に放置するということと完全同義なわけではありません（FX を投資に分類するか、投機に分類するかの厳密な判断はいったん置いときますが、お金を投下して収益を生み出す行動を投資と分類するのであれば、広義では FX も投資と分類しても良さそうな気はします）。

　上記のように長期目線のトレードにもデメリットがありますが、投資行動を継続するには長期的な視点を持って行動していくほうが負けにくい、行動を一貫して繰り返しやすいというのは個人的な経験でも

「その通りだな」と感じることが多々あります。

　短期トレードは細かい判断が、その都度、求められてくるので、単純に判断ミスをしやすくなる、精神的に持たなくなってくるなどのデメリットもあります（これが人間の脳みその性質に大きく影響してきます）。

　私もご多分に漏れず、最初は短期トレードに走り、一時的に資金を増やしては何度も溶かしてきました。他の方も同じように何も知らずにトレードを始めると、短期トレードに偏る傾向にあるのではないでしょうか。

　この理由を簡単に言いますと「目先の利益が欲しいから」「時間をかけて結果を出すより短時間で結果が欲しいから」というところにほぼほぼ集約されるかと思います。

人の脳は、
まだお金とうまく付き合えない

　なぜ、人は目先の利益を追い求め短期トレードばかりするのか？
その傾向にあるのか？

　ここを理解できているかどうかで、「感情的にトレードを繰り返す
チンパントレーダーになってしまうのか」、それとも「自制した大人
トレーダーとしての行動を繰り返せるのか」が決まってきます。非常
に重要な部分です。

　これには、現状で私が個人的に最も納得している、「人類は狩猟を
している期間が長く続いたので、そこからまだ脳の性質が変化しきれ
ていない」という理由が関係していると考えられます。

　お金という概念が生まれてから現代に至るまで、長い時間が経って
いないので、我々の脳自体がお金という概念にまだ追い付いてきてい
ないと考えると、お金の扱いに慣れてなくても仕方ない気もします。

　正確にはわかりませんが、おそらくお金が発明されてからまだ
3000年は経ってないのではないでしょうか？

　狩猟を中心に活動していた期間のほうが軽く見積もっても20万年
（ホモサピエンス目線で）はあります。

　だから、お金（富の概念も含む）の扱いに我々の脳がまだ慣れてい
なくて、結果、適切に付き合うことができずに苦労することが多い、
ということなのかもしれません。これは、お金がそのまま直結してく

るトレードの世界ですと、もろに影響が出てきます。

◎損切りができない
◎利益が伸ばせる局面なのにチキン利確してしまう
◎捕らぬ狸の皮算用的な感情が優先されて無茶なトレードをしてしまう

　これらの行動は、狩猟が主であった時代に必要な思考回路、感情の変化などを優先してしまっているからなのかもしれません。

　個人的には狩猟もトレードもともに、必要な考え方や行動原理は大体似ている部分があるような気がします。ただ、「今日獲物を獲れないと明日の生活がどうなるのかわからない」という状態で生きていた時代では、明日より今日、1週間後より今日的な考え方が優先されてしまうのも当然だと思います。
　また、自分の生命を脅かす獣が狩りの準備も整っていないときにいきなり出てきたら、狩ることよりもまず一目散に逃げるか、パニックになって体が硬直して動けなくなるか、のどちらかになりそうな気もします。

　このような脳の思考回路の構造上、今含んでいる利益をすぐに確保したい（明日食べられるかわからないから今食べておきたい）、損を含んだら後回しにしたい（狩ることより逃げることが優先、もしくは硬直して何もできなくなる）というところに行き着いてしまうのも必然と言いますか、人間であれば当然の行動とも考えられます。

自分に原因を求めるが、
責めすぎてもあまり意味がない

　前節の話を続けます。「本来、逃げることを優先する」という考え
が脳にインプットされていたとしたら、何が何でも損失を最小限に止
めるべくトレードでも損切りが最優先されるはずですよね？

　しかし、皆さんもおわかりの通り、なぜか実際はそうなりません。
大多数の人は損切りが苦痛で、できることならば、実行に移したくあ
りません。

　マイナスの耐性が付いてくると100万円単位の損切りも軽くイラっ
とする程度で収まるようにはなるものの、それでも何にせよマイナス
の発生により苦痛は多少なりとも感じるわけです。

　「不思議だなぁ、怖いなぁ」とずっと思っていましたが、損切りに
関しては人間の脳内で「逃げる ＝ 損切り」という図式より「逃げる
＝ 嫌なことは見なかったことにする」という図式に変換されているの
ではないかと考えています。

　「嫌なことを直視したくない」という人間の性質上、損切りができ
ないという構造になっているのを知らず、資金を飛ばすたびに「自分
は損切りができない、ルールを守れないダメな人間だ。所詮、自分な
んてチンパンなんだ」と、私も自分のことを何度も卑下しました。

　しかし、そもそも卑下して自分を傷つけたところで、その後も同じ
失敗を繰り返しているわけですし、結果的にあまり意味がありません
でした。

卑下して落ち込んでても、誰かが救いの手を差し伸べてくれるわけではありません。それよりも、その失敗を反省して、「何がダメだったのか」を追求して、次に活かせないと、意味がありません。

　仮に、誰かが手を差し伸べてくれたおかげでその場は一時的に楽になれたとしても、本当の意味では失敗の克服にならないのです。最終的には、自分で何とかするしかないのです。

　自分の失敗は自分で克服しないと、一生自分の心に傷として残りチクチク痛みます。

　時間が経てば嫌なことや辛いことを忘れるように人の脳はできてますが、失敗したという事実までは消えません。だったら、その失敗よりもはるかにうまくいった結果で上書きしていくほうがよいのではないかと考えています。

　1回傷ついた跡は心から完全に消えはしませんが、良い記憶で上書きできれば、結果的に「あのときの失敗があって良かったな」と言えるときがきます。

　私が最終的に悩んで嫌になりながらもわかったことは、「人間の本質なんてそう簡単に変わるものではない」ということと、「何度同じ失敗をしても、結局、自分は何も変わってないな」ということでした。

　それならば、「ここまでやってもダメということは、そもそも人間本来の脳の構造のままトレードした結果なのであって、人間であれば仕方ない要素が結構な部分を占めてくるな」というように、あえて脳内変換するようにしました。

　ある意味、開き直りでもありますが、こう変換したほうが落ち込んでいるよりも自分を客観視できます。原因を追求しようという姿勢に変化していきますし、ダメな自分もある程度割り切って見られるようになります。

人間本来の性質のままの自分ではトレードに向かないかもしれないが、それなら別に“トレーダー脳”を鍛えて、トレーダーとしての自分を別人格で作っていけばいいんだ、と方向転換していくことで変われるきっかけになったのは確かです。

　日本人には勤勉で物事に真面目に取り組む性格の人が特に多いような気がします。自分で自分を追い込みすぎている結果、前に進みにくい状況になっているのかもしれません。

　不真面目よりも真面目なほうがよいと個人的にも感じますが、“こち亀の両さん（※漫画『こちら葛飾区亀有公園前派出所』の主人公である両津勘吉のこと）”のような、くよくよ悩んでいないで行動に移していけるようなメンタリティも見習うべきところがあると思ったりもします。

　今でも迷うときがあります。失敗を完全に己の内部に求めるのか、少しは外部に求めるのか、真面目になる部分とある程度ラフになる部分を備えるべきかなど、バランスを保つのは難しいところではありますよね。

　上記の話に関連した内容は投資心理学の分野で「自己防衛バイアス」「自己高揚バイアス」「自己奉仕バイアス」という言葉で説明されていますので、興味がある場合はご自身で調べてみましょう。

　トレード以外のことにも当てはまっていることが多いかもしれませんよ（言い訳ばかりする、SNSで承認欲求を満たすなど大体の行動が当てはまります）。

　ザックリとですが、簡単にまとめておきますと以下のような脳の性質について説いている理論です。

◎自己防衛バイアス

⇒ 失敗を自分の外部に求める脳の性質

「トレードで損失が出たのは相場が悪かった、手法が悪かったから」
と考えて自分を防衛しようとする

◎自己高揚バイアス
⇒ 成功を自分の内部に求める脳の性質
「トレードで利益が出たのは自分のおかげ、自分がすごかったから」
と考えて自分に酔う、浸る

◎自己奉仕バイアス
⇒ 上記2つを組み合わせた考えに近く、大多数の人間は自分が間違っ
ていない、素晴らしい、と思っている

　この自己防衛、自己高揚バイアスが合わさると、「自分の考え、分
析が間違っているわけがない、相場の動きがおかしいんだ」と無意識
に思うようになり、結果、「損切りができない」「資金管理のルールが
守れない」という行動につながっていきます。大多数の人間はこの理
屈通りに動いているのがわかりますね。

～第5節～
できることと、できないことを
明確化する

　先述したように、「人間本来の脳の性質のままだと損切りができない」という最大のデメリットに直面します。

　そもそも人間の脳は、トレードという世界にあまりマッチしていません。たまに、生まれつきトレーダーに向いた性格の人がいたりしますが、大多数の我々凡人には参考になりません。
　「ある程度、トレードで資産を形成していきたい」などの目的があるならば、多少なりとも相場の世界に合う自分を別に形成していく必要がありそうです。日常生活の自分をそのまま相場の世界に移行させてもマッチしないので、「どのようにトレーダーとしての別人格の自分を作ることができるのか？」「脳の性質をどのように変化させないとならないのか？」など、自分なりの対応を考えていくイメージです。

　私自身も、脳の性質をどのように変化できるのか、強いトレーダー体質にするにはどうすればよいのか、ずっと悩んでいた時期がありました。その結果、最終的に「できる範囲とできない範囲で区別して、割り切るところ、妥協すべきところを探して落ち着くこと」にしました。
　例えば、私が相場と付き合っていく中での基本的なスタンスとして、現状納得して着地している考えを一部、大枠の部分のみ記載してみます。次のような形になります。

◎できる範囲

⇒損失を限定させる。分析で一定範囲なら、値動きの範疇は捉えられる。値動きの予兆を捉えられる

◎できない範囲

⇒値動き自体のコントロール。上がるか下がるかの予想。利益の確約。人間が本来持つ感情をなくす

　このような考え方は、そのときに置かれている状況など、時間とともに変化するものなので絶対的なものではありませんが、今の自分だったらどこがいったんの着地点として納得できるのか、考えてみましょう。

　また、大枠のスタンスの考え方から進んで、細かい分析や技術的な話になったときには、"できることとできないことの範囲（練習次第で体得可能な範囲なのか？　実現できても再現性の問題は？　自分の性格上できるのか？　など）"をさらに明確化させていく必要があります。これができていないと、一貫性がまったくなくなり、結果、トレードで迷子になります。

　ここを自分であらためて言語化したことによってはじめて、自分がしたいことと、自分にできることの2つで折り合いをつけることができます。"自分のできる範囲でトレードを繰り返していけばよい"と、ようやく納得して考えられるようになるイメージです。

　自分が理想とするトレードと自分の性格上得意なトレード、ライフスタイル的に取り入れやすいトレードなどは、それぞれ違ったりするものなので、どこで妥協していくのか、折り合いをつけるのか、私にとっては今でも中々難しいところがあります。

例えば、専業トレーダーの短期トレード（デイトレなど）は、今の自分の習得・技術レベルであれば実現可能なものの、繰り返し続けるとなると、「時間の確保が難しい」「そこまでチェックできない」「日々の損益を目の当たりにしていると精神的にバランスが崩れる」などのように、再現性やライフスタイル、自分の性格などの問題によって「取り入れられる範囲がどこまでなのか」という部分も出てきます。

　好きなものなら取り入れてうまくなっていけばよいと思いますし、そうしたほうが苦にならずにトレードを継続しやすいというのはありますが、それが自分に合っているのかどうかは別問題というわけです。

　こういったところを自分である程度落とし込めるまでに数年か、それ以上は掛かるものです。でも、そこまで待てずに、実際の金額ですぐにトレードしたくなるのが人間の性なので（＝目先の利益がすぐに欲しいので）、「自分に合っているトレードが何なのか」などがわかる前に退場させられる羽目になります。

　私も、次男特有の社交性と素直さは持ち合わせていると思っているものの、「自分で自分の道を切り開いていくんだ！」という無駄なバイタリティという名の頑固さが邪魔をして、人から素直に教えを受けることができませんでした。例えば、話を聞いても自分にとって都合の良いように変な方向に転換させることなどがよくありました。

　上記のようなできる範囲、できない範囲の話や折り合いをつける妥協点など、人から言われたら結構単純なことかもしれませんが、こんな単純なことですら腑に落ち行動に移せるようになるまで３年以上は掛かっています。

　頑なに自分ひとりでやっていってどうにかできるのは、ある種の天才だけです。そもそも凡人では無理かもしれません。私は凡人でありながらひとりで頑張ろうとしたために長い時間が掛かり、いろいろと無駄にしたことも多かったです。

もちろん、今の自分を形成するうえですべてが無駄だったとは思いませんが、失ってしまった「お金」と、原因を追求せずにトレードし続けた「時間」だけは後悔しています。

　する必要のない苦労や苦痛を味わうのは、なるべく避けたほうがよろしいかと思います。場合によっては「失敗を克服する」というレベルではなく、再起不能になります。

　こういう話も人から聞けばある程度は理解できますけど、本当に納得して行動に移せるかというと難しいと思います。そういった意味でも「学び方は素直でないといけない」という言葉を、今になってやっと実感できています。

　他にもいろいろ考えることはありますが、最大の問題である「損切りができない点」については、前述の「プロスペクト理論」「自己防衛、自己高揚、自己奉仕バイアス」などの理論内でも十分説明がされてあります。だから、「人間は大体こういう傾向にあるんだな。じゃぁ、自分も同じだろうし、意識して訓練しよう」と考えられていればOKかと思います。

　ちなみにですが、こういう話も他人事として軽く聞き流す人は「自己奉仕バイアス」が強いという特徴がありますので、おそらく今のままではうまくいかないだろうなというのも、自分がまさにそういうタイプだったという経験上、よくわかります。

～第6節～
我々には未来のことはわからない

　我々がトレードで利小損大になりがちな理由としては「脳がまだお金の概念に追いついてきていない」ということにあるのではないか、という部分は前述の通りです。

　また、それ以外にも、我々の脳に無意識レベルで刷り込まれていて非常にやっかいな勘違いがあることも紹介しました。本節では新たに、我々は未来のことを予想できるという「予想思想」で洗脳されているという部分についてお話ししていきます。

　私はこれを「1＋1は2脳」「AだからB脳」というように言っています。我々現代人は、特にこの傾向にあります。「AだからBに（絶対）なる」と無意識に思っている節があります。

　これは、義務教育の段階で答えありきの思考回路を植え付けられすぎている問題もあるかもしれません。また、「AだからB」と直結させて無意識に思ってしまう情報が日常にあふれているからなのかもしれません。

　例えば、投資の情報では「これから株の価格（FXであればドル円など）が上がるか、下がるか」などの情報に目がいくよう仕向けたような表現が多い気がしています。

　いつ、そのような表現が始まったのかなどは、私も正確には把握していませんが、個人が株の取引をするようになってからどこかの証券会社が「予想、予測」という言葉を使い出したらしいです。予想、予

測をして取引してくれたほうが個人投資家が負けやすいから、そのように誘導しているのかもしれませんね。

　予想や予測に焦点を当てた情報というと、代表的なモノでは天気予報が挙げられます。

　実際、天気予報も情報の類としては、これから天気が晴れるのか、雨が降るのかなど、未来予想に近い情報です。

　このような情報を無意識に毎日見聞きすることによって、我々の脳が「未来は予想できるんだ」と、無意識的にではあれ、少しずつ勘違いしていっていることについては、今の情報社会を生きていれば誰でもイメージできるかと思います。

　もちろん、このような情報は集計されたデータから統計を出して考えられているものでもあるので、完全否定できるわけではありません。「あくまでこういう可能性がある」というくらいに留めて接するほうが健全かもしれませんよね。

　ここを意識せずに情報に触れてしまうと「（脳が）未来予想できる」と勘違いして、結果、その勘違いをそのまま無意識下に刷り込んでしまいます。

　投資の話に戻します。投資、トレードをするにあたっての大前提として「そもそも我々には未来の予想はできないし、わからない」ということを忘れずにいたいものです。

　今は、昔と比べものにならないほど優れたAI（人工知能）が開発されていますが、そのAIですら高確率で起きうるだろうシナリオを複数導き出すことはできても100％未来を当てることは不可能です。

　優れたAIですら100％正確に予想できないのですから、我々にはなおさら難しいです（どんなに理にかなった見通しでも予想の範疇から抜けられません）。

私も普段意識しているのですが、トレードで予想、予測という言葉を使うこと自体しないようにしています。

　仮に予想、予測という言葉を日常生活で使っていると、徐々に自分でも気づかないうちに「その言葉の通り未来予想できるんだ」と脳が勘違いし始めます。その状態でトレードを始めてしまうと「未来予想をして上がるか、下がるか」の博打的な行動をしてしまう怖れがあります。

　「結局、人間の本質はそうそう変わらない」という考え方を私が持っているからでもありますが、どんなに訓練を積んだとしても、少し怠ったり、時間が経過したりすると、「人間はすぐに元の自分の性質に戻ってしまう」と感じています。そのため、元々の自分であるチンパントレーダーに戻らないように私自身は、上記のことを常に意識して忘れないようにしています。

　我々ができることは**「損失を限定させること」「予測しないでその状況に合わせた修正、対応をすること」**くらいです。これら以外に大枠としてはできることはありません。細かい技術を活用して、何とかしてしまうような力技も何回も通用しませんしね。

「過去・現在・未来」の
どこに焦点を置くのか？

　ここでひとつ、我々の思考回路が「予想、予測」にどれくらい偏っているのか、考えてみましょう。

　昔、私が考えたことのひとつに「相場の価格形成において『過去・現在・未来』の優先度を考えてみる」というものがあります（これも私の解釈は述べませんので、ご自身で考えてみてください）。

　前述の通り、我々現代人は予想思想というものに脳が結構やられてます。無意識に「未来」が一番優先度が高いと考えてしまいがちかもしれません。

　今後、価格が上がるか、下がるかだけわかっていれば「絶対勝てる」と思うかもしれませんが、意外とそうでもなく、着地がうまく決まらないと、上げ下げだけわかったとしてもマイナスになる可能性はゼロではありません。

　先ほどお伝えした脳の性質上、人間であれば、どうしても利小損大になる傾向にあります。仮に未来がわかったとしても、結果として、うまく着地できるかどうかはまた別問題なのです。

　そもそもこの手の話は答えが存在しない類のものですし、未来が一番優先度が高いという考え方自体が絶対間違っているというものではありません。

　ただし、「相場の世界でトレードをするにあたって」という前提条

件で考えますと、また少し違った考え方、見え方ができるかもしれません。

　いったん「予想、予測」という言葉の意味を定義化しておきたいので、辞書などではどのように定義されているのか確認しておきます。

予想：将来のことにあらかじめ見当をつけること
予測：事の成り行きや結果を前もって推し量ること

　どちらも「将来のことに前もって見当をつけて、どうなるかを推測すること」という点では同じですね。

　予測のほうがデータなどに基づき具体的であることが多いという違いがありますが、結果に焦点がいっているというのが言葉の持つ意味として重要かと思います。そのため、予想、予測という言葉を多用していると脳が無意識に未来の目線に偏っていくのも何となくわかります。

　しかし、トレーダー目線としては、価格が上がるのか下がるのかという予想、そして結果どうなるかという未来優先型思考よりも、今後起こりうるシナリオを想定して対応していく対応力と修正力、より優位性のある行動を取っていくという確率的思考のほうが重要です。

　予想、予測と想定の言葉の定義があやふやだと、「予想、予測」と「シナリオ想定」の違いがわからず、ピンとこないかもしれませんが、焦点が「未来」に向いているのか、「今」に向いているのかで考えると、大きな違いがあるとわかります。

　将来のことを当てるよりも、その都度、今の状況に合わせて対応していくという力、修正力のほうがトレーダーには必要な力なのですね。

　このあたりからも日々生活しているときの我々の思考とトレーダーとしての思考は切り分けて考えて構築していく必要があると理解できるでしょう。普段の我々の感覚、思考のまま参入してうまくいくなら

ば、誰も苦労しないわけですしね。

　もちろん、日常生活の自分とトレーダーとしての自分、両方を脳内に構築するのは難しい作業になります。第二言語として別の言語を習得する過程と似ているかもしれません。

　トレーダー思考に偏り過ぎても日常生活に支障が出る可能性がありますので、生きていく中でバランスを取るというのが一番難しいことなのかもしれませんね。

　また、普段使う言葉によって思考も左右されますので、極力、将来のことに思考が先行するような言葉を使うのは避けたいところです（言葉と思考は相互作用の関係でもある）。

　これは私の実体験ですが、予想思想の考えに偏っていると日常でイライラしやすくなります。学生のころによくあったことで今でも思い出しますが、予想思想にドップリ脳がやられていた時期だったこともあり、天気予報のようなささいなことにでもいちいちイライラしていました。

　天気予報では今日は晴れ時々雨、と言っているのを自分に都合の良いように解釈して「雨が降るかもしれないけど、まあ晴れるっしょ！」と晴れる一択の選択をして傘を持たずに出かけて、その後、雨が降りだす。そのせいで、朝セットした髪が台無しになり、イラっとする（学生のころの男の子あるある）。

　冷静に考えたら、雨が降る可能性を考慮して折りたたみ傘のひとつでも持っていけばよかったのです。でも自分で勝手に未来予想をして「晴れる」という未来しか考えていない結果の行動ですから、完全に自分に非がありますよね。

　明日晴れると予想して当日雨だったらイライラする、価格が上がると予想して下がったらイライラする。

このように人間は本来、「予想、予測」という言葉が脳の中に強くありすぎると、予想と違う現象が発生したときにストレスを感じるようになっています。

　性格の個人差にもよりますが、大多数の人は結構似たような経験を持っているのではないでしょうか。

　上記のことを考えますと、「トレードでどこに焦点を置いて行動の基準とするか」が見えてきますよね。

　分析を未来予想のために使うのか、現在の状況を判断するために使うのか、同じ分析をしていても、その結果、選ぶ行動はまったく変わってきます（利確から考えるのか、損切りから考えるのか。このようなことでも行動の起点が変わります）。

~第8節~

経験を伴わない知識を得ただけでは知恵・技術には昇華できない

　我々現代人は、ネットが発展したことにより、いろいろな情報を手軽に受け取りやすくなりました。これは人から聞いた話にはなりますが、平安時代ごろの人々が一生の間で得る情報量と同等の量を我々は1週間で得ているらしいです。

　そう考えますと、我々現代人は本来人間が処理しきれる量よりはるかに上回った情報を日々見聞きして触れていることになります。それに対応していくこと自体が「そもそも厳しいのではないか？」とも感じます。

　世の中の流れが大きく変化しなかった時代では、自分の持っている常識や知識が廃れにくいため、問題なかったのかもしれませんが、今は時代の流れが速いので、それに合わせて対応していかないといけません。

　情報をはじめとして変化が早い時代に生きている我々にとっては変わりゆくものが多すぎるということもあり、今の自分に必要な情報や変化を選別して受け取るようにすることが必要なのかもしれません。「捨ての技術」のひとつですね。

　しかし、これも身も蓋もない話ですが、必要な情報を選別するにも何が必要で、何が必要でないのかなどを判断するための前提となる知識や経験がないと選別すること自体ができません。

今までの自分が持っていない、経験したことのない、一度も判断処理したことのない新しい情報や知識、または体験などだとしたら、それらを理解して落とし込んでいくのは余計に難しいと思います。

　情報を受け取りやすくなった恩恵がある反面、その弊害も当然あるかと思います。例えば、情報を適切に処理しきれない、もしくは量が多すぎるからひとつひとつの情報をサラッと受け流してしまうという習慣が、我々に身についてしまっているなどが考えられます。

　私も、このことは日々感じているので積極的に意識するようにしていますが、それでも何かの情報を受け取ったときに"それ"について特に深く考えることもせずに受け流しに近い状態で処理していることも多いです。

　自分の興味のある範囲であれば、受け取った後にいったんしっかり考えているかもしれませんが、それ以外のものについては右耳から左耳へほぼ一直線で通過させている状態です。下手すると、情報を受け取ったことすら脳が認識していないかもしれません。

　興味がない話であれば、多かれ少なかれ、誰でも同じような傾向にあるとは思いますが、自分の興味がある範囲のことですらこの状態になっていると認識したら結構焦りますよね。

　情報を受け取る自分に、それを処理できる前提条件としての知識や経験が備わっていないと、そもそもその情報自体の価値が見出せない、価値が見出せたとしても、結局、それを有効に活用できない、ということになります。

　上記のように、情報を適切に受け取ることができない状態になるのは情報過多であるからとも考えられますが、それだけでなく、我々現代人に欠けている大きな要素としての「経験知」が不足していること

も関係しているかもしれません。

　経験知は「知識は経験があってこそ活きる」という意味合いの言葉で（「暗黙知」とも言う）、言葉の定義としては「経験的に使っている知識だが、簡単に言葉で説明できない知識」となっています。

　経験知の例として「自転車」がよく挙げられています。自転車を乗りこなすには、言葉で説明するには難しい動作を無意識に判断できていないといけません。

　例えば、自転車に乗った状態から漕ぎ出す段階でも、「ペダルを漕ぐ動作」を「前に進むためのエネルギー」に転換していると同時に、左右に自転車がブレないようにバランスを取りながら行っているかと思います。うまく走り出していった後も、障害物にぶつからないように視覚情報を処理しつつ、自転車が左右にブレないようにバランスを取りながら漕ぐ動作を継続して行っています。

　他にも無意識に行っている動作や判断処理している情報などあるかと思いますが、これを言葉で説明するとなると相当難しいですよね。

　しかし、1回でも自転車に乗れるようになったら、練習段階で何度も転倒していたことが思い出せないくらいになります。身体動作の中で明らかに何かを掴んでいるから乗れるようになっているはずです。

　自転車に乗れなかった状態から、何度も転倒したり失敗を繰り返す中で、必要な身体動作の部分、必要でない部分を脳が認識して体に覚えさせていったわけです。

　言葉で説明しにくいにせよ、脳が認識して体が覚えていき動作ができるようになっていく過程は、仕事の作業やスポーツ、トレードでも見られます（実際、トレードに身体的な動作はほぼないですが、脳内で意識的に行っている判断処理は多い）。

　何か新しい概念や知識、情報に触れたときに前提となる知識や経験

がないと、そもそも何を言っているのか理解しにくい、というのは前述しましたね。

　上記の自転車の例は実際同じような経験をしている人であれば、何を言っているのか理解しやすいですが、自転車に乗ったことがない人、または乗れない人にとっては何を言っているのか、少し難しい部分もあるかもしれません。

　トレードに必要な要素や身体動作（脳の処理も含めて）を知識と経験を合わせてある程度備えていないと、新しいことを知ったところでトレードに活用できない、というのは自転車の例とまったく同じです。

　例えば、私は自転車に乗れますが、競輪選手に必要なレベルの知識を話されたら、何を言っているのかイメージはできたとしても、実際に身体動作として表現することは無理でしょう。

　ある程度身体動作に必要になってくる核の部分については、今まで経験してきた他のスポーツなどから見出せるかもしれませんが、実際に体現するとなると、練習とその中で得られる経験が相当な量で必要になってきます。

　そもそも、今の状態では何が必要で、何が必要でないかすら正確に判断することはできません。

　ここは人から話をしてもらったところで、そういうものなんだなと想像することしかできませんし、実際に練習を繰り返しながら、失敗の中から自分の身体的特徴や思考回路の癖などを理解していき、「自分の何が競輪というスポーツに向いているのか、向いていないのか」などを経験していかないと、本当の意味で何を言っているのか、おそらくしっかり理解したうえでの体得はできないです。

　本来、知識が先行してあるからその行動をするのではなく、何かの行動をしていて不足を感じたり必要性を感じるようになるから、それに対応、修正するために新たな思考が生まれて、その結果、次の行動

が生まれるものだと思います。

　知識や情報ありきで行動していると、その根幹となる経験がどういったものなのか、なぜそこからそのような考えに至ったのかなどを想像しないで、出てきた結果のみ見ているので、少しうまくいかなくなるとすぐに行動を変えてしまいます。

　特に注意したいことで、トレードごとに結果が違ってもそれはいったん考慮しきれる範囲外のことですので、そういう部分に意識しすぎてもよろしくありません（一貫した行動を取っているなら）。

~第9節~

損切りを
投資資金の２％以内に収める必要性

1）損切りを投資資金２％以内に収める意味

　第４章で損切りを２％以内にするという例はお伝えしていましたが、話が長くなるため省いていた部分も含めて、詳しく紹介します。

　例として、資金50万円の場合で２％と５％の損切り設定ではどのように資金減少率が違うのか、比較してみたものを次ページに記載します。最初は感覚でもよいので違いを掴んでみましょう（小数点以下は切り捨て、損切りは減少した資金から定率で計算）。

　比較してみると、資金の減少率がどれほど変わってくるのかわかりやすいですね。

　２％の損切り設定なら、連続10回損切りした場合でも約40万円は残りますが、５％の損切り設定にすると、30万円以下になります。資金が激減していることになります。

　上記の比較からも損切りは１回だけではなく連続で発生することを前提に考えたうえで、マイナス２％以内に設定して、その逆算から取引量を決めていくほうが安全だとわかります。

　例として10回の計算でしていますが、個人的な感覚では損切りを

◎ 2%の損切り設定

1 回目	⇒	10,000 円	※ 500,000 の 2%	10,000 減り	残資金 490,000
2 回目	⇒	9,800 円	※ 490,000 の 2%	9,800 減り	残資金 482,000
3 回目	⇒	9,604 円	※ 482,000 の 2%	9,604 減り	残資金 472,396
4 回目	⇒	9,447 円	※ 472,396 の 2%	9,447 減り	残資金 467,624
5 回目	⇒	9,352 円	※ 467.624 の 2%	9,352 減り	残資金 458,272
6 回目	⇒	9,165 円	※ 458,272 の 2%	9,165 減り	残資金 449,107
7 回目	⇒	8,982 円	※ 449,107 の 2%	8,982 減り	残資金 440,125
8 回目	⇒	8,802 円	※ 440,125 の 2%	8,802 減り	残資金 431,303
9 回目	⇒	8,626 円	※ 431,303 の 2%	8,626 減り	残資金 422,677
10 回目	⇒	8,453 円	※ 422,677 の 2%	8,453 減り	残資金 414,224

◎ 5% の損切り設定

1 回目	⇒	25,000 円	※ 500,000 の 5%	25,000 減り	残資金 475,000
2 回目	⇒	23,750 円	※ 475,000 の 5%	23,750 減り	残資金 451,250
3 回目	⇒	22,562 円	※ 451,250 の 5%	22,562 減り	残資金 428,688
4 回目	⇒	21,434 円	※ 428,688 の 5%	21,434 減り	残資金 407,254
5 回目	⇒	20,362 円	※ 407,254 の 5%	20,362 減り	残資金 386,892
6 回目	⇒	19,344 円	※ 386,892 の 5%	19,344 減り	残資金 367,548
7 回目	⇒	18,377 円	※ 367,548 の 5%	18,377 減り	残資金 349,171
8 回目	⇒	17,458 円	※ 349,171 の 5%	17,458 減り	残資金 331,713
9 回目	⇒	16,585 円	※ 331,713 の 5%	16,585 減り	残資金 315,128
10 回目	⇒	15,756 円	※ 315,128 の 5%	15,756 減り	残資金 299,372

連続で10回もするようであれば、そもそもトレードしてはいけない段階である気はします。ただ、3～5回は十分あり得る範囲内かと思います。

　これは、あくまで裁量トレードでの個人の感想です。人によっては連続で損切り10回は普通、あるいは連続で5回は多すぎる、という場合もあるので一概には言いにくいところはあります。

　トレード歴が1年以上は経って（できれば2～3年は見たい）年間で負けなくなった、自分のトレードにおける思考回路、癖なども明確に言語化できるレベルで把握できてきたなどの段階に来たらようやく2％の数値から多少変える検討をしてよいかもしれません。

　それより前段階の基礎、土台が固まってない状態であれこれ変えようとするのはお勧めできません。

　まずはひとつのことに集中して1年間は通して検証の数が200回以上は揃ってこないと「何を、どう修正したらよいのか」もわからないと思います。その期間内に大半の人は退場するか、短期的に結果が出ないからやめるので、最低限のトレードデータ、経験値（知）すら集まらないで終わります。

2）勝率について

　ここで勝率について少し解説します。勝率という数字は絶対的に信用できるものではありません。少し注意が必要です。

　いくら勝率が高くても連続で損切りになることはあります。連敗確率から考えますと、勝率が70％あったとしても3回連続で損切りする確率は2.7％ほどあります。

　そのため、勝率が70％あったとしても、損切り設定10％などで損切りしていたとするとどこかのタイミングで3回連続損切りした場合、資金が30％近く減少してしまうことになります。

また、勝率70％なら、連続で10回損切りする確率は限りなく低いですが、完全に0ではありません。そのときに5％や10％の損切り設定にしていたとすると、資金が半分になっているだけでは済みません。

　ただ、余談ですが、裁量トレードの場合、連続で損切りをしたとしても3回以上になったら、いったん様子見に切り替えるなど、対応は可能です。実際には、連続で損切りして資金を大きく失うよりも、1回の大きな損切りで資金を減少させることのほうがあり得ることだと思います。

　とにかく大きな損切りをしないといけない状況まで持っていかないことのほうが重要かもしれません。

3）損切り比率を変えるとどうなるか　～バルサラの破産確率～

　次にここからは、「損切り設定の比率を変えると、どれくらいリスクがあるトレードになるのか」を把握しておくためにいくつか例を通して見ていきましょう。

　その前に、損切り比率と勝率以外にも押さえておきたい重要な概念があります。それは、「損益率」です。これは、勝った場合と負けた場合の比率を指します。

　損益率も、前述の勝率も、最低限、自分の年間を通しての数値は把握しておいたほうがよいので計算式を載せておきます。

・**損益率：一定期間内の勝ちトレードの平均利益 ÷ 負けトレードの**
　　　　平均損失
・**勝率：総トレード数÷勝ちトレード数**

　ここも先ほどお伝えした通り、最低でも年間を通しての数字で計算したいところです。あまりに短期間の数字ですと、ばらつきが生じま

すし、信用性に欠けます。

　そして、大前提として、トレード内容がそもそも一貫していないと、いくら検証の数が多くても意味がなくなります。

　さて、自分で破産確率を計算するとなると計算式が複雑で面倒ですが、「バルサラの破産確率（表)」というものを見れば簡単に破産確率を知ることができます。

　これは本当に有名なのでご存知の方も多いかとは思いますが、ナウザー・バルサラ氏（Nauzer J. Balsara）の書籍『Money Management Strategies for Futures Traders』で提唱されている数学理論です。

　このバルサラの破産確率表を元に、「一定の基準で行われる投資行動が同じように続けられたとき、どの程度の確率で破産するか」という数値を知ることができます。

　一応、計算式を以下に載せておきますが、表を見れば事足りるので無理に知っておく必要はないと思います。

$$x = px^{(k+1)} + (1-p)$$

$$0 < x < 1 \quad \text{※ × は1以下の数}$$

$$Q = x^{(n / b)}$$

Q：破産確率　n：：資金　勝率:p　損益率：k　資金率：b

　計算式からも資金率、損益率と勝率の３つの要素から破産確率を導き出しているのがわかりますね。資金率というのは１回のトレードでさらすリスクのことで、損切り設定の比率と同義です。

　この資金率の比率によっては、損益率と勝率が同じでも、破産確率が大分変わります。資金率10％では破産確率はかなり高く、２％で

は破産確率は低くなる、というイメージです。

では、実際にバルサラの破産確率表を元に、以下の３つのトレード内容を比較してみましょう。

破産確率は 10% 以内に収めるのがリスク管理として好ましいと言われていますが、個人的には「10% でも高すぎるかな」という感覚でいます。５％以内に留めるほうがリスク管理としては適正かと考えています。

前提となる条件が揃っていないと比較の意味があまりなくなってしまうので、損切り設定２％と５％の場合で、損益率、勝率以外の条件は同じと仮定します。

資金がいくらまで減った状態を破産とするかで数値も変わってしまいますので、この場合は資金が半分の 250,000 円まで減ったら破産とします（実際、資金が半分にまでなったら、トレードをいったんお休みして見直したほうがよいという壊滅的な状態）。

A　損益率 1.8、勝率 50%　（中損益率、中勝率）
B　損益率 0.4、勝率 70%　（低損益率、高勝率）
C　損益率 3.0、勝率 40%　（高損益率、低勝率）

パッと見では以下のような印象を受けるでしょうか？

Ａは、損益率が 1.8 でまあまあ。勝率 50% はやや微妙だが破産する可能性は低い？

Ｂは、損益率 0.4 でかなり悪い。勝率は 70% で結構高いのだが実際のところはどうだろうか？

Ｃは、損益率が 3.0 で結構良い。勝率 40% は悪い感じがするがまあ大丈夫だろう。

実際にバルサラの破産確率表を元に損切り設定2％と5％の場合を見ますと、以下のようになります（減った資金に対して2％と5％の定率で損切りしていく計算）。

A：2％の損切り設定：破産確率0％
　　5％の損切り設定：破産確率0.47％

B：2％の損切り設定：破産確率100％
　　5％の損切り設定：破産確率100％

C：2％の損切り設定：破産確率0％
　　5％の損切り設定：破産確率1.06％

　今回は「資金が半分の250,000円になれば破産」という前提で計算していますので、ここの金額を0円とするのか、100,000円とするのかで計算結果は変わります。ですから、大まかに損切り設定のパーセンテージ、損益率と勝率のバランスでどのように破産確率が変わるのか、イメージが掴めていれば、とりあえずは大丈夫です。

　上記の例で見ますと、当たり前と言えば当たり前ですが、勝率だけ高くても損益率が低すぎると、破産確率は格段と高くなる、ということがわかりますね。この例のBには破産への道が待っています。
　おそらくですが、大多数の人は高勝率を求めるがゆえにチキン利確ばかりになり、結果的にBタイプになる傾向になりがちかもしれません。AとCタイプの数値を保つには、意図して訓練しないと難しいです。
　どの数値のバランスを求めるのかは、最終的にその人の好みにもよりますが、損益率は「2」付近、勝率は「50〜60％」付近がキープで

きてくると、かなり安定したトレードになってきます。

　過去に大負けを何度もしていたときの私の数値は、Bに若干近いトレードタイプでした。勝率は高く、そこそこ利が乗った状態で利確できていましたが、損切りができずに大きく負け越すというパターンに陥っていました。

　勝率自体は良かったとしても、その後の1回の損切りで資金の大半を失っていたので、それまでのトレードの数値を集計すると、結果Bのような数値になってくる感じです。

1回目　利益 100,000 円
2回目　利益 150,000 円
3回目　利益 100,000 円

・

・

9回目　利益 200.000 円（ここまでで計 100 万円以上は勝っている計算）
10回目　損失 2,000,000 円（このタイミングでナンピンしているとさらに損失が膨らむ）

　イメージとしてはこのようなものです。こういうトレードを繰り返して途中まで資金が増えていたとしても最終的に資金が飛ぶわけです。

　反対にCのようなタイプで破産している人はあまりいないのではないでしょうか。

　もちろん、Cのタイプも損切り設定2％なら破産確率は限りなく低くなりますが、5％設定ですと途端に破産確率が高くなってくるので、損益率と勝率のバランス以上に損切り設定の数値がいかに重要か再認識できますね。

この３つの例を比較してみたうえで、実際のトレードで実現可能、かつ目指しても妥当なタイプを考えますと、ＡとＣのトレードタイプになってきます。（先）を狙うトレードスタイルですと、最初のうちのイメージは、ややＣのタイプに近くなるかもしれません。

　上位足に対しては順張りで入っていたとしても、直近のトレンドに対しては逆張り気味の入り方になることもあるので、あまり早くに入りすぎると連続で損切りになってしまう場合もあります。そのため、（先）を狙うスタイルだと、少し勝率が低くなる側面もあります。

　うまく着地できれば損益率は５〜10近く、またはそれ以上狙えたりしますので、勝率自体が低くても大きな問題にならないのも（先）を狙う利点でもありますが、勝率が低くてヤキモキする段階ではこのあたりも含めて練習すること、そして、慣れも必要になってきます（損益率10、勝率60％に徐々に近づけていくイメージ。ここを理解して体現しないとならない）。

　損益率が低く、勝率が高いＢタイプがほぼ確実に破産するのは、先ほどの例の通りでしたね。

　この事実から、勝率だけ高くても意味がないということを、知識だけでなく、経験を通した体感でも理解しておかないと、（先）を狙うトレードでヤキモキする問題は克服できないかもしれません。

　また技術的な話では、ポジションのホールドの仕方や同値撤退などの技術が多少必要になってきます。このあたりの技術が備わってくると高損益率、かつ勝率60〜70％はキープできるようになります。

　ただ、細かい技術の話になると、難易度が途端に上がりますので、最初のうちは大枠の考え方を元にしっかり損切りできるようにする練習を積んだほうが結果的に近道になります（再現性の問題でも）。

　ここで、損切り設定を５％以上などにすると破産確率がどれほど跳ね上がってくるのか、先ほどの３つの例を元に見てみましょう（先

ほどと同じく半分の 250,000 円を破産とみなす場合)。

　チキン利確が克服できず（目先の利益に翻弄されている状態）、勝率だけを上げようとしても、そもそも損益率が「2」以上をキープできていないと破産確率はかなり高くなってきます。

　勝率だけ高くても意味がないということ、損益率と勝率が高くなってきても、結局は損切り設定を低くしておかないと、どこかで資金を飛ばす可能性が高いことを、感情的にも納得できるようにしておきましょう。

◎損切り設定 6 ％

A　損益率 1.8　　勝率 50 ％　⇒　破産確率 1.29 ％
B　損益率 0.4　　勝率 70 ％　⇒　破産確率 100 ％
C　損益率 3.0　　勝率 40 ％　⇒　破産確率 2.48 ％

◎損切り設定 7 ％

A　損益率 1.8　　勝率 50 ％　⇒　破産確率 2.63 ％
B　損益率 0.4　　勝率 70 ％　⇒　破産確率 100 ％
C　損益率 3.0　　勝率 40 ％　⇒　破産確率 4.57 ％

◎損切り設定 8 ％

A　損益率 1.8　　勝率 50 ％　⇒　破産確率 4.49 ％
B　損益率 0.4　　勝率 70 ％　⇒　破産確率 100 ％
C　損益率 3.0　　勝率 40 ％　⇒　破産確率 7.23 ％

◎損切り設定 9 ％

A　損益率 1.8　　勝率 50 ％　⇒　破産確率 6.82 ％
B　損益率 0.4　　勝率 70 ％　⇒　破産確率 100 ％
C　損益率 3.0　　勝率 40 ％　⇒　破産確率 10.32 ％

この時点でCタイプが破産確率10%を超えてきたので、実際、トレードできる限界値くらいでしょうか。

◎損切り設定10%

A　損益率1.8　　勝率50%　⇒　破産確率9.52%
B　損益率0.4　　勝率70%　⇒　破産確率100%
C　損益率3.0　　勝率40%　⇒　破産確率13.73%

◎損切り設定11%

A　損益率1.8　　勝率50%　⇒　破産確率12.51%
B　損益率0.4　　勝率70%　⇒　破産確率100%
C　損益率3.0　　勝率40%　⇒　破産確率17.35%

　この時点でAタイプも破産確率が10%を超えてきているので、単純に数字だけで判断して採用できるトレード内容は損切り10%の設定が限界になってきます。

　前述したように、3回連続の損切りが十分起こり得る範囲内ということも考慮しますと、AタイプもCタイプも実際は損切り10%の設定でトレードするのはかなり無茶があります。このあたりも踏まえると、損切り設定2%という数値が推奨されている理由がわかってきます。

　ちなみに、損益率10、勝率50～70%のようなトレード内容になってきますと、損切り設定10%でも「破産確率1.08%、0.24%、0.04%」と低くなってきますので、一応、採用すること自体は可能になります。

　それでも、損切り設定2%に比べると1回の損切り額が大きくなってきますので、精神面のことを考えますと、よほど損切りに対して精神的な耐性が付いていないと無茶なことには変わりありません。

ついでに、ＡとＣタイプのほうをもう少しだけ見てみると、以下のように破産確率が高まります（Ｂはそもそもの時点で100％なので省きます）。

●

◎損切り設定 12％
　⇒　Ａ：破産確率 15.71％　　　Ｃ：破産確率 21.09％

◎損切り設定 13％
　⇒　Ａ：破産確率 19.05％　　　Ｃ：破産確率 24.89％

◎損切り設定 14％
　⇒　Ａ：破産確率 22.48％　　　Ｃ：破産確率 28.67％

◎損切り設定 15％
　⇒　Ａ：破産確率 25.96％　　　Ｃ：破産確率 32.44％

●

　これはあくまで確率上の数字の話なので実際のトレードとは異なる部分はありますが、潜在的に破産確率がどれくらいあるのかを知っておくのは良いことです。

　これらを考慮しますと、「2％の損切りは厳守したほうがよく、慣れてきてリスクを取れるようになってきた場合でも、限界値はＡタイプで10％、Ｃタイプで8％程度で留めたほうが良さそうだ」とわかると思います。

Bのタイプは2％と5％の損切り設定の時点でも、ほぼほぼ破産するという計算になりますので、ここまでくるともはや取り入れるかどうか検討する以前の問題であることがわかりますね。チキン利確、高勝率を求めても先がないのが実感できるのではないでしょうか？

　勝率を高くキープすることよりも高い損益率を目指すトレードを狙ったほうが、実現可能性や再現性を考えても現実的かと思います。それが（先）を狙うトレードの発想になってきます。

　最後にオマケで、各タイプの損切り設定と勝率が同じ場合での損益率の限界値を載せておきます。先ほどもお話ししたように、これはあくまでも数字上の話なので厳密に捉えすぎなくて大丈夫です。ここまで細かい数値を気にしてトレードを維持するのは実際には不可能です。

◆損切り2％と5％の設定と勝率が同じ条件で破産確率10％以下になる分岐点（小数点第4位以下は切り上げ）。

◎損切り設定2％
A（中勝率、中損益率）勝率50％　　損益率1.095　　破産確率9.89％
B（高勝率、低損益率）勝率70％　　損益率0.457　　破産確率9.64％
C（低勝率、高損益率）勝率40％　　損益率1.683　　破産確率9.93％

◎損切り設定5％
A（中勝率、中損益率）勝率50％　　損益率1.277　　破産確率9.95％
B（高勝率、低損益率）勝率70％　　損益率0.506　　破産確率9.91％
C（低勝率、高損益率）勝率40％　　損益率2.067　　破産確率9.98％

バランスを重視するのであれば損益率1.3以上、勝率50%以上をキープしていれば破産確率は10%を下回らないと考えておいても問題はないです。もちろん、できれば、損益率を高めるトレードを目指したほうがよいということは言うまでもありません。

～第 10 節～
資金が半分まで減ったら
元に戻すのは難しい

　先ほど破産確率の説明のときにも、半分の資金まで減った段階を破産とみなして話をしていました。実際、資金が半分まで減ってしまったら元の資金に戻すのがどれだけ難しくなるのか、見てみましょう。

　先ほど同様、資金量 500,000 円で A タイプ（損益率 1.8、勝率 50%）を例とします。こちらは損益率が「1.8」なので、トータルでは勝ちが 18,000 円、負けが 10,000 円という損益バランスのイメージです。1 回ごとのトレードはもちろん違いますが、「均す」とこういう数字になるという感じです。

　勝率のほうも見ていきます。勝率は 50% なので、勝ち負けを交互に繰り返している限りは 8,000 円ずつ資金が増えていき、単純計算上では資金が飛ぶことはありませんね。
　しかし、実際のトレードでは毎回 8,000 円ずつ資金が増えていくことはまずあり得ないですよね。

　ここで、勝率という数字の部分をもう少し考えたいと思います。仮に、年間通して 100 回のトレード回数があるとして、その 100 回の中で連続で 50 回損切りして、残りの 50 回を連続で勝ったとしても勝率は 50% になってしまいます。

他の勝率であっても、上記のような連続で損切りが起きる可能性は0％ではないので、単純に勝ち負けを交互に繰り返したうえで勝率○○％のイメージでは考えないほうがよいです。

　前述したように、勝率には連敗確率というものも考慮する必要があります。勝率50％でも最大連敗数が10回を超えてくるような可能性はあります。

　連敗数10回は、確率としては0.098％です。0.1％以下ですらありますが、0％でない以上、どこかのタイミングで起き得るということです（長期間であればあるほど）。

　大多数のトレーダーは、途中までうまくいっていても、どこかのタイミングでこのような状況に陥り、資金を大激減させるか、失ってしまっている可能性もあり得ます。

　ただ、実際は連続で損切りをしたからではなく、そもそもの資金管理ができていなくて1〜2回の負けで資金を飛ばしている確率のほうが高いかもしれません。

　損切り設定5％で連敗10回だとすると、最初に用意した資金500,000円は299,372円まで減少してしまいます。この状況に陥ってしまうと、資金を元に戻すには、残資金に対してリターンが約67％（200,531円）は必要になります。

　年間通して60％のリターンは実現可能な範囲内なので時間をかければ再起は可能ですが、1カ月、2カ月などの短期間で取り戻すことは困難になってきます。

　このことからも、損切り設定5％での連敗10回の損切りは、かなりの大打撃と考えたほうがよさそうです。

　一方、損切り設定2％であれば、同じ状況に陥ったとしても、資

金は 414,224 円残ります。元の資金に戻すには、残資金に対してリターンが約 20%（85,776 円）で済みます。

　20% のリターンであれば、短期間でも元の資金に戻すことは十分実現可能な範囲です。

　最大連敗数から比較してみても、5％の損切り設定よりも、2％の損切り設定のほうが資金管理の観点を相当重視した数値であることがわかります。

　常に負けから優先して考えるというのは、1回ごとの損切りに対してはもちろんのことですが、

◎年間を通して負けないのか
◎さらに何年先でも大打撃を受けて相場から退場していないのか
◎最悪の事態で大きく資金を減らしてしまっても戻せる可能性が十分
　あるのか

ということまで考えて戦っていくということです。

　短期的に勝ちを続けるのは簡単で、誰にでも実現しやすいものですが、長い期間を通して資金を減らさずに生き残る、となると難易度も相当変わってきます。

　連敗数と資金の逓減率の話とは少し変わりますが、個人的には資金を減らしてしまう大きな要因としては、やはり「1回の大きな負け」が大半を占めるのではないか、と考えています。

　システムトレード、もしくは機械のように心のない人が淡々とトレードを繰り返して、パーセンテージ通りに損切りして資金が減っていくというのはあり得ますが、個人の裁量トレードの場合はそのよう

な資金の減らし方をする人のほうが割合として少ないのではないでしょうか。

1回の損切りのパーセンテージを守れているうちは問題ないですが、徐々に減ってきた資金を見て一気に取り返そうとしているときや、損切りできずにズルズル含み損を増やしているときなどでは、人はそれまで守っていたルールを破り出して今抱えている嫌な問題を一気に解決しようとします。

その結果、資金的に打ってはいけない取引量まで増やしてエントリーする、価格が戻ってくることをただひたすら祈って放置、一番最悪な「神様どうかお願いします」的なナンピンエントリーなどの行動を起こし、その結果、地獄へ足を踏み入れます。

私自身は、これらをすべて経験して、何回も資金を飛ばしています。連敗して順々に資金を失ったわけではありません。

この個人的な経験からも、「最大連敗数の確率」、もしくはそれよりもさらに起こりうるであろう「連敗数の確率」などについては、上記のようなおかしな行動をしはじめる可能性があるものとして、常に考えることにしています。

話を戻します。連敗して残った資金量によっては、必要証拠金の兼ね合いもあり、元の資金で打てていた取引量では取引できなくなることも、元の資金に戻すことを難しくさせてしまう要因になります。

取引量によっては、元の資金に戻すのが困難になる場合も出てきますので、打てる取引量に必要な証拠金ぶんの資金は、最低限、残っていないといけません。

例えば、ドル円の価格が100円の場合だと1万通貨の取引量の必要証拠金は40,000円（※次ページ参照）になります。5万通貨なら必要証拠金は200,000円、10万通貨で取引していたとしたら必要証拠金は400,000円です。

※計算式は「基準価格×1/ レバレッジの倍数」

　レバレッジが25倍の国内口座の場合、取引金額の4％が証拠金になると覚えておけばOKです。海外口座などレバレッジ100倍の口座の場合、取引金額の1％が必要証拠金になります。

　ドル円の価格が120円の場合、次のようになります。

　120（円）×1万（lot）×1/25（倍）=48,000（円）。
　100倍の口座だと12,000円。

　500,000円の資金に対して10万通貨の取引量でエントリーする場合、必要証拠金が480,000円になります。500,000円から必要証拠金を差し引いた残資金20,000円が余裕資金です。

　10万通貨で取引していたら1pipsの変動は1,000円なので20pips（0.2円）の値動きまでしか耐えられません。資金管理としては、かなりリスクのある取引になってしまいます。下手したらエントリーしてすぐに証拠金不足でロスカットされます（ロスカット基準が100%の場合。基準が50%の口座もある）。

ポジションサイジングの観点で言うと、10連敗した後の残資金299,372円に対して、2％の損切り設定として、5,987円の金額に収まる取引量を逆算して考えなければなりません。

　元の500,000円に戻すまでは残った299,372円の資金に対してリターンが約67％必要になってくるという厳しさに加え、上記の通り、資金管理の面で元々の取引量では取引できなくなるという重しも加わってきます。

　この状況に陥ったとしたら、短期間で元の資金まで戻すのは相当困難になってくることがわかると思います（一か八かにかけて、残った資金で打てる限界の取引量でトレードし始めたら、もうその時点で終わりです）。

　「元の資金に戻せるまでの期間をどれくらいで考えるのか」で現実的かどうかも変わってきますが、長い時間を掛ければ戻せる可能性は高くなります。

　ただし、その状態になると、長い時間を掛けて資金を戻すということを考えることなく、一気に資金を飛ばすルートが見えますので、資金が半分になった時点でいったんトレードから離れて冷静になるほうがよいです。

　これらのことからも、資金が半分になった時点で元に戻すのは難しくなっているので、事実上、「資金が半分減る＝短期間でリカバリー不可能な破産とみなす」という考え方もおわかりいただけるかと思います。

おわりに

「相場の世界に答えはない」

　冒頭で記載していたことをもう一度書いてみました。これは常に忘れないようにしましょう。どんなに優れた考え方、分析であろうともすべてはそれを使う我々自身に掛かってきます。

　超一流の野球選手からバッティング技術を教わったところで、考えの根幹となっている部分への理解力、それを体現するための土台作り、日々の練習、細かいズレを修正していく作業などができていないと、何を知ろうが教わろうがまったく意味がないのと同じです。

　そもそも、こういう世界を突き詰めようとしても終わりはありませんので、ある程度のところで自分なりの妥協点、着地点を考えたほうがよいかもしれません。

　「トレードは、トータルで負けなきゃ OK」 という部分をいったんの目標として考えておけば、長い目で見ても、ライフスタイルを考慮しても、バランスが良いかと思います。

　さらにトレードの世界に面白さを感じて追求していきたくなったら、そのときにまた深掘りして、考えて、鍛錬していければよいのではないでしょうか。

　本書ではライン分析を活用した「トレンドの先行期を捉える視点」をメインにお伝えしていきました。これは FX トレード以外にも投資では非常に重要になる考え方です。

　投資の世界で食い物にされる側は、常にトレンドの利食い期で参入してくるプレイヤーです。だからこそ、先行期を捉える視点が求めら

れるのです。

　この考えは、投資に限らず、世の中の流行ものやビジネスなどにも通じます。トレンドの先行期を常に捉える視点は、日々生きていく中で役に立つはずです。

　本書でお伝えしたライン分析は、トレンドの先行期を捉える視点以外にも、本格局面、最終的局面内で入る視点なども活用できます。ただ、最初から手を広げすぎず、まずはもっとも重要なトレンドの先行期を捉える視点を鍛えていくことをお勧めします。

　最後に「損切り」について記載して終わりにします。

　どんなに優れた分析ができるようになっても、結局、損切りができないとどこかで資金が飛びます。私も損切りできずに、資金を増やしては飛ばしを繰り返してきました。

　損切りは守りの技術です。「トレード＝損切り」と考えておけば、「何を訓練して徹底すべきか」を忘れないようになると感じています。

　「損失から決定させる」。ここに重点を置いてトレードをしていけるように意識していきたいところです。

◆著者；野田尚吾

2004年に塾講師のアルバイトで貯めた資金で株式投資を始め、2010年からFXトレードをスタート。塾講師の経験から、人に教えたりテキスト作成するのが好きになったこともあり、知り合いに頼まれFXトレードを教え始める。資産を増やせても、コツコツドッカンを繰り返し、思うようにいかない状況の中、トレンドラインを平均化するトレンドラインゾーンという概念で、日足ベースの「際」を捉えるトレードスタイルに変えたところ、成績が安定。現在は、自らが編み出したやり方だけでなく、相場の原理原則を教えている。

2023年6月4日　初版第1刷発行

現代の錬金術師シリーズ ⑰

買い手と売り手の攻防の「変化」を察知し、
トレンドの「先行期」をいち早くキャッチする

天から底まで根こそぎ狙う「トレンドラインゾーン」分析
―市場参加者の意識の「総和」を捉える勝負思考

著　者	野田尚吾
発行者	後藤康徳
発行所	パンローリング株式会社
	〒160-0023　東京都新宿区西新宿7-9-18　6階
	TEL 03-5386-7391　FAX 03-5386-7393
	http://www.panrolling.com/
	E-mail　info@panrolling.com
編　集	ひじり合同会社
装　丁	パンローリング装丁室
組　版	パンローリング制作室
印刷・製本	株式会社シナノ

ISBN978-4-7759-9186-2

ご購入者限定 特別プレゼント

**こちらから
お受け取りください！**

※図書館等の貸し出しでは、特典利用はできません。
特典の提供は予告なく終了することがあります。あらかじめご了承ください。

特典1 書籍で登場したチャートを原寸大＆カラーでプレゼント！

書籍で解説する際に使用したチャートのサイズが小さく、また色の表現に限界があったので、原寸大＆カラーのチャートをプレゼントいたします。とても見易いのでご活用ください。

特典2 野田式ライン分析解説動画

籍ではお伝え切れなかった野田式ライン分析の解説を動画でプレゼントいたします。野田氏が実際にどのようにラインを引いていくのか分かりやすく解説しています。 特典1 と合わせて学習していただくことであなたのトレードの精度が向上するので是非ご活用ください。

特典3 書籍に書ききれなかった内容と練習用チャート＆解説 資料

ページ数の問題で書籍に載せきれなかった内容の解説と練習用チャート＆解説を、無料出版記念セミナーにご参加いただいた方へプレゼントさせていただきます。

※本特典の提供は副業アカデミー事務局が実施いたします。販売書店・取扱図書館とは関係ございません。
お問い合わせはinfo@fukugyou-academy.comまでお願いいたします。

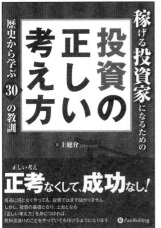

小次郎講師流 目標利益を
安定的に狙い澄まして獲る
真・トレーダーズバイブル

小次郎講師【著】

定価 本体2,800円+税　ISBN:9784775991435

エントリー手法は、資金管理とリスク管理とセットになって、はじめてその効果を発揮する。

本書では、伝説のトレーダー集団「タートルズ」のトレードのやり方から、適切なポジション量を導き出す資金管理のやり方と、適切なロスカットをはじき出すリスク管理のやり方を紹介しています。どんなに優れたエントリー手法があったとしても、資金管理（適切なポジション量）とリスク管理（どこまでリスクを許容すべきか）が構築されていないと、その効果を十二分に発揮できません。何をすべきか（どういうトレードルールを作るべきか）。その答えを本書の中で明かしています。

小次郎講師流テクニカル指標を計算式から学び、
その本質に迫る
真・チャート分析大全

小次郎講師【著】

定価 本体2,800円+税　ISBN:9784775991589

安定的に儲けるためにはチャート分析が不可欠である

チャート分析について勉強すると、すぐに「どこが買いポイント、どこが売りポイント」というところにばかり興味がいきます。しかし、それだけの研究はお勧めしません。
すべてのチャート分析手法、テクニカル指標は、過去の相場の達人たちの経験と知恵の結晶です。相場の先人たちが何をポイントに相場を見ていたのかを本書では学べます。

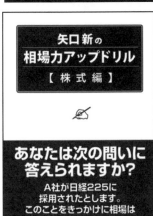

スピード出世銘柄を見逃さずにキャッチする
新高値ブレイクの成長株投資法

ふりーパパ, DUKE。【著】

定価 本体2,800円+税　ISBN:9784775991633

買った瞬間に「含み益」も大げさではない！
ファンダメンタルの裏付けがある「新高値」の
威力とは？

「新高値」を使った成長株投資を行うと、極めて重要な「投資の時間効率」が格段に向上する。ファンダメンタル分析だけで石の上にも3年的な"我慢の投資"から解放されるのだ。スピード出世する銘柄に出合いやすい点は大きなメリットになる。「新高値」を付けるときには、会社のファンダメンタルズに大きな変化が起きている可能性も高い。つまり、業績を大きく変えるような「何らかの事象が起こっていること」を察知しやすいというメリットも「新高値」を使った成長株投資にはある。

上げても下げても「買い」だけで生涯資産を作る
一粒萬倍の株式投資宝典

松川行雄【著】

定価 本体2,800円+税　ISBN:9784775991619

やるべきことは、すでに決まっている！

「株式投資でいかに儲けるのか」という話になると、普通は手法が中心になる。しかし、手法に詳しいだけでは足りない。総合的に株式投資のことを知っておく必要がある。株式投資自体は難しくはない。知らなければいけないものだけを理解しておき、やらねばいけないことを決め（＝ルール化し）、決めたことを実行し続けるだけでよい。本書では、株式投資に精通していない人にも取り組んでもらえるように、結果を出しやすい銘柄をまとめた「リスト」を付けている。さらに、圧倒的なパフォーマンスを挙げた手法（週単位）も紹介している。

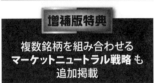

相場の上下は考えない
「期待値」で考える
株式トレード術 増補版

増田圭祐【著】

定価 本体2,000円+税　ISBN:9784775991596

相場変動に左右されない、期待値の高い取引＝サヤ取り投資

サヤ取り投資とは、値動きの似た2銘柄について、「買い」と「売り」を同時に行い、その2銘柄の価格差（サヤ）の伸縮から利益を狙う投資法である。両建する（買いと売りを両方同時に保有する）ので、株価が上がろうが、株価が下がろうが、損益には影響しない、期待値の高いやり方である。本書では、サヤチャートにボリンジャーバンドを表示して行う、平均回帰と平均乖離という2つのやり方を紹介している。

資産を作るための株式投資
資産を遺すための株式投資

石川臨太郎【著】

定価 本体2,800円+税　ISBN:9784775991671

「命の期限」を受け入れたうえで、なお伝えたかったこととは……。

本書では、「サラリーマンを続けながら株式投資すること」を、繰り返し推奨している。なぜなら、株式投資だけで生活するのは、想像以上にストレスも溜まり、一筋縄ではいかないからだ。だからこそ、ストレスなく続けられる中長期目線のバリュー投資を紹介している。また、愛する人を想定し、かれらに資産を遺すことを考えながら投資をしていくことも本書のテーマとなっている。資産を作ることだけでない。資産を遺すことについても著者の"遺言"として語っている。

暴落を上昇エネルギーに変える
V字回復狙いの
短期システムトレード

korosuke【著】

定価 本体2,800円+税　ISBN:9784775991756

暴落は絶好の買い場！ 買うべき暴落を誰にでも
わかるように「数値」で紹介

本書で紹介している売買ルールは、検証に検証を重ねています。実戦で"使えること"を証明しています。本書を読むとわかるように、「売買ルールをどのように深化させていくか」にページを割いています。システムトレードに興味のある方は、その情報を参考に、売買ルールの作り方を学んでいただければと思います。

米国商品情報を活用して待ち伏せする
"先取り"株式投資術

松本英毅, 東条麻衣子【著】

定価 本体1,800円+税　ISBN:9784775991732

大きく動く前に仕込むための
思考法とアクションプラン

インターネットの普及によって、個人投資家でも本当に多くの情報を入手できるようになりました。その点では、機関投資家など、プロの投資家との差もほとんどなくなったと思いますが、その分、情報の賞味期限もどんどん短くなっていますから、何か材料が出てから動いているようでは、間に合わなくなってきているのです。これからの時代は、材料が出るのを待つのではなく、一歩進んで「この先、どのような材料が出てくるのか」を予測し、先手を打って仕掛けることでしか勝てなくなっていくのではないでしょうか。

対TOPIX業種指数チャートの動きに乗る
個人投資家のための
「市況株」短期トレード

浜本学泰【著】

定価 本体2,000円+税　ISBN:9784775991558

著者がファンドマネジャー時代に生み出し、当てまくった対TOPIX業種指数チャートの動きに乗るだけの、テクニカルの通用する業種での短期トレード

当てにいかずに、ただ、「動いた」という事実に乗るだけ。だから、結果として当たりやすくなります。それが市況株の短期トレードの醍醐味です。その有効性を、ぜひ試して、実感してみてください。

あなたのトレード判断能力を大幅に鍛える
エリオット波動研究

一般社団法人日本エリオット波動研究所【著】

定価 本体2,800円+税　ISBN:9784775991527

正しいエリオット波動を、正しく学ぶ

エリオット波動理論を学ぶことで得られるのは、「今の株価が波動のどの位置にいるのか（上昇波動や下落波動の序盤か中盤か終盤か）」「今後どちらの方向に動くのか（上昇か下落か）」「どの地点まで動くのか（上昇や下落の目標）」という問題に対する判断能力です。

エリオット波動理論によって、これまでの株価の動きを分析し、さらに今後の株価の進路のメインシナリオとサブシナリオを描くことで、それらに基づいた「効率良いリスク管理に優れたトレード戦略」を探ることができます。そのためにも、まずは本書でエリオット波動の基本をしっかり理解して習得してください。